中国・四国地方の
神楽探訪

三村泰臣

南々社

中国・四国地方を代表する14の神楽など

芸北神楽：「筑波山」
（広島県安芸高田市・横田神楽団）

安芸十二神祇神楽：「将軍舞」（広島市安佐南区・阿刀神楽団）

芸予諸島の神楽：「吉丸」（広島県呉市・広小坪神楽）

比婆荒神神楽：「荒神の舞納め」（広島県庄原市・比婆荒神神楽社）

備後神楽：「五行祭」（広島県世羅郡世羅町・津口神楽会）

備中神楽：「布舞」（岡山県井原市・神光社）

出雲神楽：「大社」（松江市・佐陀神能保持者会）

石見神楽：「八岐大蛇」（島根県江津市・大都神楽団）

山代神楽：「山の神」（山口県岩国市・釜ヶ原神楽団）

周防神舞：「湯立」（山口県岩国市・長野神楽舞）

長門の神楽 :「帯舞」（山口県萩市・木間神楽舞保存会）

讃岐の神楽 :「カラスの舞」（高松市・佐料編笠神楽保存会）

伊予の神楽：「鬼四天」（愛媛県大洲市・藤縄神楽保存会）

土佐の神楽：「鬼神争い」（高知県吾川郡いの町・本川神楽保存会）

中国・四国地方の神楽探訪

まえがき

神楽の中には生や死、哲学の全てが含まれている

私が神楽の不思議に出会ったのは今から三十数年前、中国山地の広島県山県郡安芸太田町戸河内《とごうち》で行なわれた「中国地方選抜神楽競演大会」を見たときである。そこで「塵倫《じんりん》」という鬼神の舞に目を奪われた。五十センチメートルもある巨大な鬼女面をつけた鬼（塵倫）が髪を振り乱し火炎を噴いて舞台を乱舞し、クモ（紙糸）を投げつけて抵抗したが、ついに退治されステージに伏していった。

鬼を退治した神《しん》が太鼓と歌にあわせて華麗な喜びの舞を舞うと、ビールを片手に弁当を広げていた観客たちが声援を飛ばし、拍手喝采で盛り上がった。その迫力ある演技も会場の異様な雰囲気も、私は生まれてこのかた、味わったことのないものだった。「不思議なものが広島にはあるのだな」と思いつつ、釘付けになってこの鬼神舞を見続けていたのである。

私たちの通常の生活は時間に振り回され、人間関係も職場組織も本音の出てこない世界なのに、神楽の世界では時間も建前も全然気にしない。理屈も規則も何もない。こんな世界があるのかと不思議に思った。哲学など西洋の合理精神を夢中で勉強していた私に、そんなものをはなから無視して舞い続ける神楽の世界は、新鮮な驚きどころか、目からウロコが何枚も落ちるような衝撃であった。神楽の中には生や死や哲学の全てが含まれているのではないかと思ったのであった。

それ以来、私は神楽競演大会だけでなく、中国・四国地方をはじめ全国各地の神楽を探訪するようになった。広島県の神楽から県境の神楽へ、そして中国地方から四国・九州地方へと神楽探訪を続けた。さらに韓国や中国の長江流域へも足を延ばした。日本全土には三千を超える神楽が存在し、いろいろな神楽があっておもしろい。

全国トップクラスの質・量・多様性を誇る中国・四国地方の神楽

いうまでもなく神楽は古代（あるいはそれよりも前の時代）から行なわれてきた古い芸術である。それは生や死などに関わる人々の切実な祈りから発生したのであろう。その意味で神楽は「祈祷としての神楽」から始まり、やがて神や人々も楽しめる「芸能としての神楽」へ発展し、そして今や人々が楽しむ「演劇としての神楽」にまでなっている。

私が暮らしている広島県西部は島根県西部と同じように、この「演劇としての神楽」が異常に発達した地域である。両地域は今や空前の神楽ブームに沸いていて、年がら年中どこかで神楽が楽しめる。

中国・四国地方全体には「祈祷としての神楽」、「芸能としての神楽」、「演劇としての神楽」がうまくブレンドされていて、いろいろな角度から神楽を楽しむことができる、日本でもまれな地域のようだ。中国・四国地方の神楽ほど質・量ともに優れ、バラエティー豊かなものはほかにはないのではないかと感じている。この中国・四国地方の神楽を紹介し、読者と共に探訪してみたいと思う。

それぞれの神楽が、かけがえのない地域資源

本書では私が最もよく楽しんだ広島県の神楽を中心に、中国・四国各県の神楽の全体像を「概説」し、併せて折に触れ足を運んで見てきた神楽の一部を「神楽探訪」というかたちで紹介してみようと思う。神楽に興味や関心を持っておられる方々、また神楽団に所属し直接神楽に関わっておられる方々に読んでもらいたい。自分たちが見たり演じたりしている神楽が中国・四国地方の神楽の中で、どのような位置にあるかを理解していただければと思う。

また、本書は地域の文化を通して市や町を元気にしようと、日夜頭を悩ませておられる方々にも読んでいただきたい。めぼしい地域資源が見当たらず、地域の活性化に悩んでおられる市町村は意外と多いのではないかと思う。地域の伝統文化を核にした「まちづくり」を考えておられる方々に、私たちの地域にはそれぞれ素晴らしい神楽があるのですよ、ということが伝えられればいいと思っている。

保護すべき神楽は山のようにある

さらに本書は、文化財の保護・保存に取り組んでおられる方々にも、ぜひ読んでいただきたいと思う。中国・四国地方には文化財として大切に保存伝承していかなければならない神楽が、まだまだ相当数あることを認識し、一日も早くそれらを文化財に指定し保護していただきたい。神楽探訪の中で取り上げたもの、また神楽探訪の中には取り上げられなかったものも含めて、行政が早急に保護していかなければならない神楽は山のようにある。

本書を読まれた方々が、自分たちの郷土には考えているよりもはるかに優れた文化資源があることを知っていただければ幸いである。本書を読むことによって、中国・四国地方に伝わる神楽の豊かさを理解していただき、各地の神楽を探訪しその素晴らしさに触れていただけるなら筆者にとっては望外の喜びである。

なお、本書は平成十六年に出版した『広島の神楽探訪』を加筆修正し、さらに浦崎神楽（広島県）をはじめ中国・四国地方の神楽探訪を新規に十五（中国地方七、四国地方八）書き加え再構成した。

紹介できなかった神楽は「中国・四国地方の神楽探訪 ―記録―」とし、付録に一覧表を掲載しておいたので参考にしていただきたい。

第六章　中国地方の神楽探訪

第七章　四国地方の神楽探訪　261

装幀　久原大樹（スタジオアルタ）
DTP編集　竹内幸弘（アルバデザイン）

序章

広島県の神楽①

神楽競演大会

神楽競演大会

広島県は神楽競演／共演大会天国

広島県では、神楽の技を競う「神楽競演大会」がたいへん盛んである。特に芸北地区の神楽団は、この神楽競演大会に出場することが多い。神楽競演大会は神楽団にとって大切だが、神楽ファンにとっても重大なイベントである。

広島県内にはどのような神楽競演大会があるのだろうか。「表1」は平成二十五年に行なわれた神楽競演大会と神楽共演大会の全てを示したものである。この表から、広島県はまさに神楽競演／共演大会天国であることがお分かりいただけるだろう。近県では「陰陽選抜神楽競演大会」（島根県吉賀町）、「陰陽神楽競演大会」（島根県邑南町）など伝統ある大会も行なわれている。

記念すべき「第40回広島県神楽競演大会」

表1　広島県内の神楽競演大会（H25 年）

大会名	実施日	会場	場所
2013グリーンアリーナ新春神楽	H25.1.2 H25.1.3	広島県立総合体育館武道場	広島市
2013RCC早春神楽共演大会	H25.2.24	広島市文化交流会館	広島市
あさきた神楽発表会	H25.3.10	安佐北区民文化センター	広島市
三矢の里神楽共演大会	H25.3.17	安芸高田市民文化センター	安芸高田市
春選抜吉和神楽競演大会	H25.4.27	もみのき森林公園	廿日市市
広島県西部神楽競演大会	H25.5.12	湯来総合体育館	広島市
さつき選抜2013神楽大会	H25.5.25	神楽門前湯治村	安芸高田市
中国地方選抜神楽競演大会	**H25.6.1**	**戸河内ふれあいセンター**	**安芸太田町**
壬生の花田植と文化財合同祭協賛神楽	H25.6.2	千代田開発センター	北広島町
神楽の里千代田神楽競演大会	H25.6月中旬	千代田開発センター	北広島町
布野近郊神楽共演大会	H25.6.22	布野運動公園屋内運動場	三次市
RCC神楽スペシャル	H25.7.21	上野学園ホール	広島市
芸北神楽共演大会	H25.8月中旬	芸北オークガーデン	北広島町
君田近郊神楽共演大会	H25.9.7	大柳公園芝生広場	三次市
おおあさ鳴滝温泉神楽大会	H25.9.7	鳴滝露天温泉	北広島町
西中国選抜神楽競演大会	**H25.9.21**	**加計体育館**	**安芸太田町**
とよひら神楽競演大会	H25.9.21	とよひらウイング	北広島町
さくらぴあ神楽共演大会	H25.9.22	はつかいち文化ホール	廿日市市
美土里神楽発表大会	H25.9.28	神楽門前湯治村	安芸高田市
芸石神楽競演大会	**H25.10.5**	**千代田総合体育館**	**北広島町**
高宮神楽まつり	H25.10.12	高宮ハーモニー広場	安芸高田市
広島県神楽競演大会	**H25.10.20**	**広島サンプラザホール**	**広島市**
千代田神楽発表大会	H25.11.2	千代田開発センター	北広島町
大朝神楽競演大会	H25.11月上旬	大朝中学校体育館	北広島町
近県選抜優秀神楽発表大会（王座決定）	H25.11.9	千代田総合体育館	北広島町
ひろしま神楽グランプリ2013	H25.11.23	神楽門前湯治村	安芸高田市
帝釈峡近郷神楽共演大会	H25.12.2	東城町老人福祉センター	庄原市

毎年、秋に行なわれる広島県神楽競演大会

神楽競演大会はどのように行なわれているのだろうか。一般的に神楽競演大会は、だいたい昼頃から始まり深夜まで行なわれる。十数団体が参加し、新舞と旧舞の部に分けてその技を競い合う。中間部と最終部に、特別出演の神楽団の演技が披露される。最終部の特別出演の間に審査員が評価を出し合う。

その内容を知るために、平成二十四年に行なわれた「広島県神楽競演大会」第四十二回大会プログラムを「表2」に示した。参考のため審査員七名も記載しておいた。

広島県神楽競演大会は、毎年秋に、広島市内で行なわれている。広島市在住の山県郡出身者で組織する、広島山県郡友会が開いた神楽の集いがそもそもの始まりである。旧山県郡内の七町村から各一団体が出場して技を競っていた。昭和四十六年に第一会大会が広島県立体育館（中区）で行なわれ、平成十二年の第三十回大会を広島サンプラザホール（西区）に変更し四十年以上続けられている。

殺気立った大会ではないが、席を確保するため、会場は早朝から神楽ファンで長蛇の列となる。

広島県神楽競演大会（広島市西区・広島サンプラザホール）

広島県神楽競演大会は、主催が広島県神楽競演大会実行委員会（広島山県郡友会があたる）で、広島県、広島市、広島県教育委員会、広島市教育委員会、広島商工会議所、（財）広島市未来都市創造財団、中国新聞社、NHK広島放送局をはじめ、県内のテレビ局が後援している。審査員には、広島県の神楽の文化財指定に尽力した方々が名を連ねている。

広島県の行政・企業・学識者・マスコミが積極的に関わっているため、一般人は広島県の神楽とはこのようなものなのだと無意識に認識していくようになる。

表2　第42回広島県神楽競演大会（平成24年）

順番	時間	団体名（市町名）	演題
	10:20～10:40	開会式（会長挨拶、祝辞、審査委員紹介）	
儀式舞	9:15～ 9:35	西宗神楽団（北広島町西宗）	四方祓い
特別出演	9:40～10:15	琴庄神楽団（北広島町都志見）	滝夜叉姫
	10:45～11:20	栗栖神楽団（廿日市市栗栖）	頼政
	11:27～12:02	津浪神楽団（安芸太田町津浪）	塵倫
	12:09～12:44	西宗神楽団（北広島町西宗）	葛城山
	12:44～13:00　（休憩）		
特別出演	13:00～13:35	神代神楽八ヶ社（神石高原町下豊松）	白蓋行事
	13:42～14:17	大塚神楽団（北広島町大塚）	紅葉狩
	14:24～14:59	三谷神楽団（安芸太田町中筒賀）	矢旗
	15:06～15:41	上河内神楽団（安芸高田市美土里町）	大江山
	15:48～16:23	本地中組神楽団（北広島町本地）	伊吹山
	16:30～17:05	筏津神楽団（北広島町筏津）	天の岩戸
特別出演	17:12～17:47	大森神楽団（広島市佐伯区湯来町）	八岐大蛇
	17:55～18:15	閉会式（審査結果発表、表彰）	
審査員	藤井　昭	広島女学院大学名誉教授	
	片桐　功	エリザベト音楽大学教授	
	三村 泰臣	広島工業大学教授	
	桑原 隆博	広島県教育委員会事務局管理部文化財課課長	
	福岡 美鈴	広島市市民局文化スポーツ部文化振興課課長	
	前　靖治	「神々の神話」研究家	

広島県を代表する、三つの神楽競演大会

たくさんある神楽競演大会の中で、広島県で最も重要な神楽競演大会は先にあげた「広島県神楽競演大会」である。また「表1」に太字で示した「西中国選抜神楽競演大会」「芸石《げいせき》神楽競演大会」など、歴史のある競演大会も多い。

「西中国選抜神楽競演大会」は、昭和二十二年に安芸太田町加計《かけ》で始まった県内最古の伝統を持つ神楽競演大会である。県内はもとより、島根県や山口県の中国山地から選抜された神楽団も参加して熱演する。京阪神・九州・四国方面から見学者が詰め掛ける、神楽ファン必見の大会としても知られている。

第一回大会では、横田神楽団（安芸高田市美土里《みどり》町）が「葛城《かつらぎ》山」で優勝を飾っている。第九回大会（昭和三十年）から新舞と旧舞の部に分かれ、平成十年から高校生選抜神楽競演大会もこの大会の一週間前に催されるようになった。

県内で二番目に古い伝統を持つ神楽競演大会が山県郡北広島町（旧千代田町）で行なわれる「芸石神楽競演大会」である。昭和二十四年に始まり、近辺の市町、および隣県島根から演技の優れた団体が出演し、毎年十月に千代田運動総合体育館で行なわれる。

山県郡安芸太田町戸河内で行なわれる「中国地方選抜神楽競演大会」

広島県西部神楽競演大会（広島市佐伯区湯来町）

は、県内で三番目に古い伝統を持つ神楽競演大会である。昭和五十五年に始まったこの大会は、県内の神楽競演大会の幕開けを務め、神楽ファンには待ち遠しい。六月第一土曜日に安芸太田町戸河内ふれあいセンターで行なわれる。私が神楽の世界に初めて触れたのは、実はこの神楽競演大会であった。

以上、三つの神楽競演大会は、広島県内で最も重要な大会として位置付けられている。ほかにも人気のある神楽競演大会が広島県と近県では、まだまだたくさんある。たとえば、広島市佐伯区湯来《ゆき》町で行なわれる「広島県西部神楽競演大会」は一年で最も爽やかな五月にあり、必見である。

「ひろしま神楽グランプリ」は、神楽の甲子園大会⁉

神楽競演大会の頂点に位置付けられている大会が、安芸高田市美土里町にある神楽門前湯治村の神楽ドームで十一月最終土曜日に行なわれる「ひろしま神楽グランプリ」である。神楽の甲子園大会のようなものである。歴史は浅い大会だが、三百に及ぶひろしま神楽の頂点を決める大会で、神楽競演大会で優勝した県内の神楽団体を招聘し演技を競っている。

新舞と旧舞からそれぞれ六団体が出場するが、その出場資格は、「表1」にあげた県内の神楽競演大会で優勝しているか、もしくは優秀な成績をあげた団体でなければならないことになっている。

平成二十四年の神楽グランプリは十一月二十四日（土）、正午から深夜十一時まで行なわれ、三千人を収容できる神楽ドームは超満員になった。出場した団体とその演目は「表3」の通りである。この年、グランプリに輝いた神楽団とその演目は、旧舞の部が津浪《つなみ》神楽団の「塵倫《じんりん》」、新舞の部が横田神楽団の「滝夜叉姫《たきやしゃひめ》」であった。

そのほかの神楽大会

神楽の技を競う神楽競演大会とは別に、神楽を見て楽しむ場を提供している施設もある。最も手近に神楽が見学できる施設は、安芸高田市美土里町の神楽門前湯治村にある「神楽ドーム」である。毎週金・土曜日（夜）と日曜日（昼）に神楽を見ることができる。

神楽ドームでは、安芸高田市内にある二十二神楽団が輪番で四～十一月の毎週日曜日午後〇時半と二時半から四十分ずつ、計二回定期的に公演している（冬期の十二～三月は午前十一時半と午後二時から同じ敷地内にある「かむくら座」である）。また毎週金・土曜日の夜八時半から九時半頃まで「かむくら座」で夜神楽を見ることができる。

毎週行なわれる定期公演のほかに、神楽ドームでは年間六～七回の神楽公演や大会を開いている。参考のため、平成二十五年に神楽ドームで予定されているプログラムを「表4」に示した。神楽をちょっとのぞいて見たいという方は、神楽ドームに足を運ばれるといいだろう。

表3　神楽グランプリ（平成 24 年）

	新・旧	演　目	神　楽　団
1	特別出演	神降し	桑田天使神楽団
2	新	曽我兄弟	羽佐竹神楽団
3	旧	頼政	白谷神楽社中
4	新	紅葉狩	原田神楽団
5	旧	大蛇	西村神楽社中
6	特別出演	大江山	上河内神楽団
7	旧	頼政	栗栖神楽団
8	新	滝夜叉姫	横田神楽団
9	旧	天の岩戸	筏津神楽団
10	新	土蜘蛛	琴庄神楽団
11	旧	塵倫	津浪神楽団
12	特別出演	板蓋宮	中川戸神楽団

神楽ドーム（安芸高田市美土里町・神楽門前湯治村）

表４　神楽公演・大会（神楽ドーム）（平成 25 年）

実施日	曜日	大会名
5月25日	土	さつき選抜2013（第21回広島県北部神楽競演大会）
7月6日、7日	土、日	市政10周年記念22神楽団特別公演
7月27日、28日	土、日	第3回高校生の神楽甲子園
9月16日	祝	第15回美土里こども神楽発表大会
9月28日	土	第38回美土里神楽発表大会
11月23日	祝	ひろしま神楽グランプリ2013
12月7日	土	本郷神楽祭り
3月30日	日	神楽グランプリ2013受賞記念特別公演

広島県の神楽

芸北地区だけでなく
安芸南部、備後にも
ユニークな神楽が
目白押し

神楽団の活動は、超過密スケジュール

広島県内にある神楽団は、県内をはじめ県外で開催される神楽イベント（神楽大会）、神社の祭礼、地元主催の行事に出演して地域活性化に努めている。神楽団がどのような活動をしているのか、その一端を理解するため、芸北《げいほく》神楽の中から「三谷《みたに》神楽団」（安芸太田町筒賀）と「安野《やすの》神楽団」（安芸太田町安野）を取り上げてみよう。

「表5」は、両神楽団の年間活動状況を示したものである。太字で示したものが神楽競演大会である。この表から神楽団の活動のいろいろなことがお分かりいただけると思う。

神楽団は、十月と十一月に集中的に各地の神社の祭礼で神楽を奉納している。地区の行事に参加したり、広島市内

神楽競演大会に出演

先輩の指導を受け練習に励む神楽団員

地元主催のイベントに出演

表５　神楽団の活動状況

月	三谷神楽団（安芸太田町筒賀）〈2010〉	安野神楽団（安芸太田町安野）〈2013〉
1	全国神楽フェスティバル（ALSOKホール）	——
2	第10回三次神楽まつり（ディナーショー）（三次市）	結婚式披露宴（広島市安佐北区）
3	2010RCC早春神楽大会（広島市） 弥生の神楽交流会（筒賀中学校）	岩瀧神社社務所竣工奉祝祭（広島市安芸区）
4	湯来湯の山温泉さくら祭り（クアハウス湯の山）	花の駅公園安野春祭り（花の駅公園）
5	広島フラワーフェスティバル（広島市） **第29回広島県西部神楽競演大会（広島市佐伯区）** さつき選抜2010神楽競演大会（神楽ドーム）	神田山荘慰問神楽（広島市）
6	**第31回中国地方選抜神楽競演大会（安芸太田町戸河内）**	かえる祭り（太田川交流館かけはし） 第15回加計神楽（加計小学校体育館）
7	——	——
8	——	皇學館大学同窓会全国大会（広島市）
9	**第63回西中国選抜神楽競演大会（安芸太田町加計）**	第14回ひろしまバスまつり（広島市） 安野地区敬老会（安野ふれあいセンター） 加計町修道地区敬老会（修道活性化センター）
10	西調子地区秋祭り（安芸太田町） 長笹秋祭り（北広島町） **第40回広島県神楽競演大会（広島サンプラザホール）** 秋祭り奉納神楽（黒瀬町伊保山神社） 福山秋祭り（福山市） 秋祭り奉納神楽（広島市広瀬神社） 秋祭り奉納神楽（広島市邇保姫神社）	宮山八幡神社秋祭り（東広島市西条町） 光海神社秋祭り（竹原市吉名町） 修道地区秋祭り（修道活性化センター） 八木細野神社秋祭り（広島市南区） 広島尾長天満宮秋祭り（広島市東区）
11	秋祭り奉納神楽（安芸太田町筒賀三谷八幡宮） 筒賀ふるさとまつり（安芸太田町筒賀） 優秀神楽発表大会（千代田町） **ひろしま神楽グランプリ2010（神楽ドーム）**	大坪神社秋祭り（広島市安佐北区） 第10回つちくれまつり（広島市安佐北区） 安野産業祭（安野ふれあいセンター）
12	神楽上演（廿日市市）	太刀納め（安野ふれあいセンター）

など遠方へ出向くことも多い。イベントへの参加は、ほとんど土日か祝日に行なわれている。
三谷神楽団は、年間五～六回の神楽競演大会に出演しているので、競演大会を目標にしているようである。安野神楽団は地区の行事に参加し、地域活性化の方に力を入れているようである。平日や行事のない休日は練習に励んでいる。いずれにしても神楽団の活動は、非常に多忙だといえよう。少しゆとりができるのは、年末から年明けのわずかな期間にすぎない。

広島県を代表する五つの神楽

300近い神楽団

広島県は神楽の盛んなところである。全国有数の神楽どころとして知られ、県内には三百近い神楽団が活動している。広島県の神楽を全国に知らしめているのは、きらびやかな衣装を着けて勇壮な舞をする安芸北部（安芸高田市、山県郡北広島町、同郡安芸太田町）の「芸北神楽」である。近頃は「ひろしま神楽」と呼ばれている。

しかし県内にはまだ誰にも知られず、昔ながらの神楽を守り伝えているところも相当数ある。広島県の神楽は芸北地区だけでなく、安芸南部にも備後にもたくさんあるということは、あまり知られていない。

それらの神楽を探訪し、特徴ある神楽をグループに区分してみると、広島県には五つの神楽が存在していると思う。それを示したのが、「図1」と「表6」である。それぞれの詳細は、第一章以降をお読みいただきたい。

図１　広島県の五大神楽

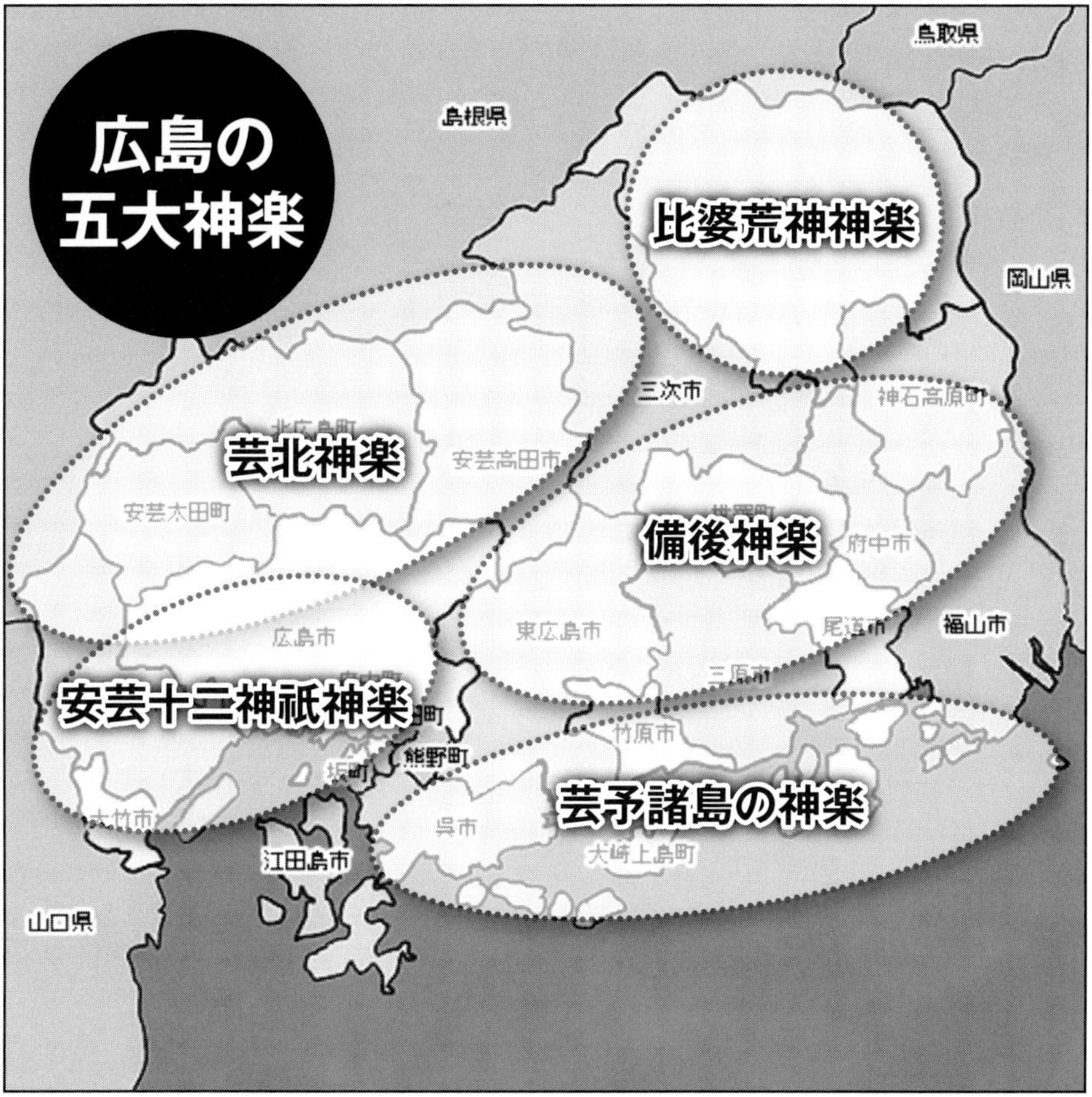

表６　広島県の神楽

安芸の神楽		安芸と備後の神楽	備後の神楽	
芸北神楽	安芸十二神祇神楽	芸予諸島の神楽	比婆荒神神楽	備後神楽
安芸北部	安芸南部	瀬戸内	備後北部	備後南部
山県郡、 安芸高田市など	広島市、 廿日市市など	呉市、尾道市など	庄原市、神石郡	世羅郡、 旧甲奴郡など

安芸十二神祇神楽「荒平」

芸北神楽「土蜘蛛」

(1)「芸北神楽」（ひろしま神楽）

広島の神楽を全国へアピールしてきた神楽である。広島県の神楽といえば誰もが芸北神楽をイメージするくらい、芸北神楽の知名度は高い。県内の神楽の約半数は芸北神楽である。芸北神楽は芸北地区を活動の中心にしているが、県内の神楽競演大会や行事に積極的に出演して人々から熱烈に愛されている。

芸北神楽は、江戸時代の終わり頃に伝わった石見《いわみ》地方の神楽が、芸北地方で独特の神楽として展開したもので、広島県の神楽では最も新しい神楽である。「新舞」と「旧舞」の区別があり活発な活動を展開している。

(2)「安芸《あき》十二《じゅうに》神祇《じんぎ》神楽」

安芸南部、すなわち広島市、廿日市市、大竹市など瀬戸内海沿岸部で行なわれている神楽である。毎年の秋祭りに地元の人々によって行なわれるだけで、神楽競演大会に出場したりはしない。安芸十二神祇神楽は芸北地域にあった中世末の神楽が、江戸時代の終わり頃から明治にかけてこの地域に伝えられ爆発的に広まったものである。広島県の神楽の神髄と考えていい神楽である。「将軍舞」や「荒平舞《あらひら》」など、貴重な神楽を伝えている。

(3)「芸予《げいよ》諸島の神楽」

瀬戸内の島々とその沿岸部でひそかに行なわれている神楽である。しまなみ海道周辺から西へ、呉市にまで広がり分布している。神楽競演大会などには出演しないので、その存在さえ知られていないが、尾道市瀬戸田町の「名荷《みょうが》神楽」のように学術的に高く評価されている神楽もある。

(4)「比婆荒神《ひばこうじん》神楽」

旧比婆郡内とその周辺の一部地域で行なわれている。岡山県の備中神楽の影響を受けているが、非常に古い固有の伝統を残す広島県独自の神楽である。昭和五十四年に国の重要無形民俗文化財の指定を受け、一時期は研究者たちに注目された神楽である。全国でも数少ない託宣神事を残している。

芸予諸島の神楽「四天」

比婆荒神神楽「国譲り」

備後神楽「桝屋お蓮」

(5)「備後《びんご》神楽」

芸予諸島の神楽と同じように、広島県内であまり知られていない神楽である。備後神楽は比婆荒神神楽を除く備後地方と、安芸の一部にまたがる広い地域に分布している。「五行祭」といわれる聞いて楽しむ神楽や、神楽らしくないといわれる古い形の能舞を多く残している。

備後神楽は比婆荒神神楽と同じように、荒神信仰に支えられ展開した神楽で、なかには古代・中世にまでさかのぼるのではないかと思われるような神楽も残っており、極めて貴重な神楽と考えられる。

広島県無形民俗文化財の神楽団

広島県にはこのように質・量ともに優れた神楽が多いが、それらのうちで三十三の神楽団体が広島県の無形民俗文化財に指定されている。無形民俗文化財の神楽団体を一覧表にしたものが「表7」である。

全体の内訳は、芸北神楽が十六団体、安芸十二神祇

表7　広島県指定無形民俗文化財（神楽）

		神楽	所在地		指定日	備考
1	○	有田神楽	山県郡北広島町有田	有田八幡神社	1954.4.23	神降し・八岐の大蛇・天の岩戸
2	○	青神楽	安芸高田市美土里町生田	川角山八幡神社	1954.4.23	神迎え
3	○	桑田神楽	安芸高田市美土里町桑田	桑田八幡神社	1954.4.23	神降し
4	○	梶矢神楽	安芸高田市美土里町川根		1954.4.23	鍾馗
5	○	山根神楽	安芸高田市美土里町川根		1954.4.23	剣舞
6	◆	比婆斎庭神楽	庄原市高野町、比和町		1959.1.29	入申・塩清・魔払・荒神・八花・八幡
7	◆	豊松神楽	神石高原町		1959.7.15	荒神神楽、八ケ社神楽、吉備神楽
8	○	伊賀和志神楽	三次市作木町伊賀和志		1960.3.12	
9	○	湯立神楽	山県郡安芸太田町加計	長尾神社	1963.11.4	
10	●	水内神楽	広島市佐伯区湯来町和田	水内八幡神社	1963.4.27	五龍王

		神楽	所在地		指定日	備考
11	●	阿刀神楽	広島市安佐南区沼田町阿戸	阿刀明神社	1965.10.29	
12	◆	比婆荒神神楽	庄原市東城町、西城町		1965.10.29	国指定
13	★	名荷神楽	尾道市瀬戸田町名荷	名荷神社	1968.4.27	
14	■	豊栄神楽	東広島市豊栄町清武		1969.4.28	五行祭
15	■	御調神楽	尾道市御調町		1971.12.23	
16	■	弓神楽	府中市上下町井永		1971.12.23	
17	★	本郷神楽	福山市本郷町	本郷八幡神社	1976.6.29	
18	■	備後府中荒神神楽	府中市、福山市新市町		1977.9.14	
19	◆	神弓祭	庄原市西城町		1979.3.26	
20	○	川角山八幡神楽	安芸高田市美土里町生田	川角山八幡神社	1979.3.26	
21	○	西尾山八幡神楽	安芸高田市美土里町北	西尾山八幡神社	1979.3.26	
22	○	津間八幡神楽	安芸高田市美土里町本郷	津間八幡神社	1979.3.26	
23	○	佐々部神楽	安芸高田市高宮町佐々部	佐々部八幡神社	1979.3.26	
24	○	羽佐竹神楽	安芸高田市高宮町羽佐竹	羽佐竹八幡神社	1979.3.26	
25	○	原田神楽	安芸高田市高宮町原田	原田八幡神社	1979.3.26	
26	○	来女木神楽	安芸高田市高宮町来女木	来女木八幡神社、日吉神社	1982.2.23	
27	★	中庄神楽	尾道市因島中庄町	中庄八幡神社	1982.2.23	
28	◆	三上神楽	庄原市小用町		1985.3.14	
29	○	小原大元神楽	山県郡北広島町小原	大歳神社	1986.2.27	
30	○	坂原神楽	山県郡安芸太田町上筒賀坂原	大歳神社	1986.11.25	
31	★	備後田尻荒神神楽	福山市田尻町本郷	荒神社	1996.3.18	
32	●	津田神楽	廿日市市津田	津田八幡神社	2008.2.28	
33	●	原神楽	廿日市市原	伊勢神社	2012.1.26	

○:芸北神楽　●:安芸十二神祇神楽　★:芸予諸島の神楽　◆:比婆荒神神楽　■:備後神楽

神楽が四団体、芸予諸島の神楽が四団体、比婆荒神神楽が五団体、備後神楽が四団体である。

この内訳から分かることは、無形民俗文化財に指定されている神楽の約半数が芸北神楽で占められているということである。安芸十二神祇神楽と芸予諸島の神楽は、合わせてもわずか四分の一の数にしかならない。歴史的に一番新しく、皆同じような芸北神楽が、これほど多く指定を受けているのは実に不思議なことである。芸北神楽以外の神楽は、古い伝統と内容を伝えているにもかかわらず、県民にあまり注目されてこなかったように思われる。

偏りのある広島県民の神楽認識

広島県は神楽競演大会の天国である。神楽は各地の神楽競演大会のほか、神社の祭礼や行事など神楽イベントで演じられていて、広島県民が神楽に触れる機会はとても多い。こうした神楽競演大会やイベントで演じられる神楽を通して、広島県民の神楽認識ができている。神楽競演大会で演じられる神楽が、広島県の神楽だと思っている人も多い。

神楽競演大会で演じられる神楽は、主として石見地方から芸北地方に伝わり、明治以降に盛んになった芸北神楽である。しかし芸北神楽は、第一章で詳しく説明するが、県内の神楽の中では一番伝統の浅い神楽なのである。広島県のオリジナルな神楽ではないのだ。

ところが、「表2」の広島県神楽競演大会で紹介したように、行政・企業・学識者・マスコミが一丸となってこの芸北神楽を支援してきた歴史がある。さらに、広島県の無形民俗文化財に指定されている神楽の半数が、神楽競演大会で演じられる芸北神楽でもある。そのため私たちは、芸北神楽こそ広島県の神楽だと認識してしまいがちである。この点を県民は少し反省しなければいけないと私は考えている。

広島県にはさまざまな神楽があり、その数は約三百にも及ぶ。広島県は、島根県や宮崎県と並ぶ全国でも有数の神楽どころである。これらの神楽の中には歴史的に見ても、内容的に見ても凄いものが含まれている。学術的に貴重な神楽もたくさん隠れている。

しかし、そのことはあまり知られていない。神楽競演大会で演じられる神楽や、文化財に指定されている神楽だけが広島県の神楽ではないのだ。私たちが普段あまり触れることのない広島県の神楽を探訪して、しかも正確に理解し、その良さをきちんと認識する必要があるのではないだろうか。

1

第一章

広島県の神楽②

芸北《げいほく》神楽

芸北神楽
―概説―

芸北《げいほく》神楽の分布

広島県は神楽王国

旧安芸国（広島県西部）にある神楽のうち、太田川と江《ごう》の川流域の芸北地区で行なわれている神楽を「芸北神楽」と呼んでいる。芸北地区は東部、中部、西部の三つの地域が考えられる。

東部の地域は現在の安芸高田市と三次市の一部が、中部の地域は山県郡北広島町（旧千代田・大朝・豊平町）が、西部の地域は安芸太田町（旧加計・戸河内《とごうち》町、筒賀村）・旧芸北町と廿日市市の一部が含まれている。川を基準に考えると、東部と中部が江の川上流域、西部は太田川上流域に当たる。この三つの地域で特徴のある神楽が行なわれている。

芸北神楽の華「大江山」（宮乃木神楽団）

芸北神楽の分布を一覧にして示したものが「表1-1」である。芸北神楽は全部で百三団体あり、女性神楽や子供神楽を入れるともっとたくさんの神楽団があるはずである。これほどたくさんの神楽がある芸北地区は、まさに広島県の神楽王国と呼んでいいだろう。

この三地域ではそれぞれ特徴のある神楽が行なわれているが、現実にはいろいろな形態の神楽が混在している。歴史的な発生時期の違いから、「旧舞」「新舞」と呼んだり、伝播系統の違いから、「阿須那《あすな》系神楽」(阿須那手)「矢上《やかみ》系神楽」、舞の調子から「八調子」「六調子」と呼んで区別する場合もある。

そうしたいろいろな区別もあるが、芸北神楽を総合的に分類すると「高田《たかた》神楽」「山県《やまがた》神楽」「新作高田舞」の三つに大別することができる。これからは「表1-2」に示すように、高田神楽・山県神楽・新作高田舞の三つを芸北神楽の大きな柱として考えることにする。

表1-1　芸北神楽

地域区分	地域	神楽団数 (　)は子供神楽／女性神楽	神楽団(*は保存会、+は同好会)
西部	旧芸北町	15(1)	田尾組、長尾組、雄鹿原上組、雄鹿原下組、橋山、才乙旭、苅屋形、川小田、板村、細見、小原、移原、高野、大暮、溝口
	旧戸河内町	8	小板、土居、上殿、松原、本郷、川手、寺領、猪山
	旧筒賀村	3	坂原、梶原、三谷
	旧加計町	7	高下、堀、木坂、川北、*加計、津浪、安野
	廿日市市	1	吉和
中部	旧千代田町	17	上川戸、中川戸、曙、蔵迫、八重西、春木、今田、有田、東山、砂庭、川西、川東、河内、山王、本地中組、上本地、旭
	旧大朝町	10	筏津、大塚、郷の崎、小枝、田原、小市馬、平田、磐門、富士、朝間
	旧豊平町	11	今吉田、阿坂、日之出、吉木、龍南、琴庄、戸谷、西宗、中原、上石、明之森
東部	安芸高田市八千代町	1	八千代
	安芸高田市吉田町	2(1)	吉田、高猿
	安芸高田市美土里町	13(11)	青、桑田天使、錦城、天神、中北、日吉、黒滝、上河内、広森、神幸、塩瀬、横田、美穂
	安芸高田市高宮町	6(2)	来女木、原田、羽佐竹、佐々部、山根、梶矢
	三次市君田町	1	茂田
	三次市布野町	2(2)	横谷、布野
	三次市作木町	6(2)	伊賀和志、+峠下、+峠上、+門田、+大山、+春蘭会

高田《たかた》神楽

八調子ともいわれる速い舞

安芸高田市の高宮町と美土里町で行なわれている神楽を総称して「高田神楽」という。舞の調子が速いため「八調子」ともいわれる。島根県邑智《おおち》郡邑南《おおなん》町阿須那地方から導入されたため、「阿須那系」、または「阿須那手」ともいわれている。

高田神楽は旧石見国邑智郡阿須那の上田村（島根県邑智郡羽須美村上田）から伝えられた神楽である。高宮町川根の梶矢神楽団では「今から百二、三十年前（文化・文政頃）、梶矢の住民らが、邑智郡阿須那村の神職斎藤氏より伝授を受けた」と言い伝えている。

高宮町山根の山根神楽団では「阿須那村の神職斎藤氏より伝授を受けた」と伝えられ、高宮町船佐の羽佐竹《はさだけ》神楽団では「幕末の頃、阿須那の神官より神楽の伝授を受けて帰り、文久・元治・慶応にかけて、当時の神楽愛好家たちが羽佐竹神楽の基礎を固めた」と伝えている。

このような言い伝えから、高田神楽は文化・文政年間頃に、高宮町の川根・山根・羽佐竹に阿須那の神楽が伝えられて始まったと考えられる。

「山伏」（梶矢神楽団）

表 1-2　芸北神楽の三類型

区分	高田神楽	山県神楽	新作高田舞
新旧舞	旧舞	旧舞	新舞
調子	八調子	六調子	超八調子
伝来場所	島根県邑智郡阿須那	島根県邑智郡矢上	広島県安芸高田市美土里町
伝承地域	安芸高田市	山県郡全域	県内全域

山県《やまがた》神楽

江戸末期から明治にかけて、石見神楽を導入

「山県神楽」は、島根県邑智郡矢上村（邑智郡邑南町矢上）の石見神楽を導入して始まった神楽である。この神楽を導入した一人が、山県郡東部の旧千代田町壬生《みぶ》の神職井上氏（山県郡内の総注連頭）である。記録によると井上氏は、文化年間に矢上村の神職湯浅氏を招き積極的に神楽の伝授を受けたという。湯浅氏から伝授された神楽を、井上氏は自分が管轄する村々（壬生・八重・本地・南方など）にある約十三、四社内に広めていったと伝えられている。

一方、山県郡西部の地域も矢上舞を導入している。矢上舞をこの地域に導入するパイプ役を果たしたのが橋山村（北広島町橋山）の橋山神楽である。橋山神楽は、明治以前に矢上村へ行って神楽を習得して帰り、それを芸北西部の各地に伝えた。

山県郡安芸太田町（旧加計町）の穴袋神楽（明治二十九年発足）は、栗栖坂次郎なる者が橋山村空城に鍛冶習得に行き、橋山神楽を教わって帰り始めたといわれている。同じ旧加計町の高下《こうげ》神楽（明治二十二年発足）、堀神楽（寛政八年発足とする）、川北神楽（明治

石見神楽導入前の「荒平面」（橋山神楽団蔵）

大歳神社（北広島町橋山）

二十六年発足）も橋山神楽を継承したと伝えられている。旧戸河内町の小板《こいた》神楽も橋山から教わったと言い伝えている。

橋山神楽の団長を務めていた斎藤安俊氏によると、齋藤氏は山県郡内の二十六団体に神楽を教え、十五団体に部分的に関与したという。橋山神楽は、山県郡西部に矢上舞を伝授する重要な窓口の役割を果たしていたのである。

このように、山県神楽は江戸時代末から明治期にかけて、石見国邑智郡の矢上舞を直接的、あるいは間接的に導入したのである。山県郡東部で井上氏が広め、また山県郡西部で橋山神楽を介して伝えられた矢上舞が順次、山県郡内全域に普及していったのが今の山県神楽である。

当時の山県神楽の演目は、筏津《いかだつ》村（山県郡北広島町筏津）の天保十四年の『御神楽舞言立』などによると、「潮祓」「磐戸」「八衡」「利目」「鍾馗」「御座」「皇后」「貴布禰」「恵美須」「八岐《やまた》」「天神」「風宮」「佐陀」「関山」「弓八幡」「五竜王」の十六曲で、正真正銘の石見神楽であった。

新作高田舞

いわゆる新舞のルーツ

昭和二十二、三年頃、安芸高田市美土里町で誕生した神楽が「新作高田舞」である。終戦後は進駐軍（連合国軍総司令部〈ＧＨＱ〉）の神楽に対する規制が厳しく、神楽を執行する際は進駐軍に許可申請を提出

神楽門前湯治村にある佐々木順三先生顕彰碑

し許可を受けなければならなかった。宗教的な色彩の強い神楽には許可が与えられなかった。

そこで、この規制に触れないように、美土里町在住の佐々木順三氏は従来の記紀神話に結びつく演目を訂正して、古典や謡曲などを参考に演劇性の高い新しい神楽を創作した。佐々木氏の創作した神楽は演出が巧みでスピード感があり、衣装も豪華でショー的要素が素晴らしかったので、発足するや否や地元で好評を博し、見る見るうちに芸北一帯に広まっていった。

新作高田舞の誕生により、旧来の高田神楽や山県神楽は「旧舞」と呼ばれ、新作高田舞は「新舞」と呼ばれるようになった。また神楽競演大会の人気が高まるにつれ、新舞は広島県の神楽の中心地位を占めるまでに急成長したのである。

芸北神楽の特徴

華麗な演出と歯切れのよいスピード感が身上

芸北地区一円で行なわれている芸北神楽は、特筆すべき特徴を持っている。それは従来の神楽では、とうてい受け入れられないような派手な演出で、神楽の持つ魅力を多くの人々に伝えることに大成功を収めたことである。演出の工夫を次に記す。

(1)金糸、銀糸の眩《まばゆ》いほどの華やかな衣装を使うこと、(2)大きな仮面や大蛇を使用すること、(3)火炎を噴き激しい舞と奏楽をすることなどで、人々を神楽の世界に引き付けた。特に新作高田舞のきらびやかな

華麗な鬼女の舞「紅葉狩」(横田神楽団)

度肝を抜く演出の「大江山」（大森神楽団）

衣装と歯切れのよいスピード感は、人々を神楽の虜《とりこ》にしたといっていい。

全国にある数千近い神楽の中で、芸北神楽ほど人々に大きな影響を与えた神楽は、ほかにないだろう。

芸北神楽の神楽衣装は、まことに華麗で目を奪われるほどだ。四天《よてん》といわれる衣装は、背中に龍や翼が金糸、銀糸で縫い込んである。一着数百万円もする高価な衣装で、重さは数十キログラムもある。それを着て舞場を激しく旋回するのである。

クライマックスになると、神《しん》も鬼も四天を脱ぎ捨て、肩切りを開いて突然変身する。激しく旋回する神に鬼が紙糸（クモ）を投げ付けたり、火炎を噴き付けたりする。こうした度肝を抜く演出が観客の心を魅了するのである。

芸北神楽で使われる仮面は、鬼面・姫面・神面・翁《おきな》面・嫗《おうな》面など豊富である。昔は鬼面など全て桐材で作っていたが、明治時代初期に石見で和紙製の面が作られるようになってから大型化し、今では長さ五十センチメートル以上もある仮面が使われている。

塵倫《じんりん》は縦長の白い面、大江山の鬼は丸い赤・青・黒の面で、舞にあわせて黄色の角《つの》がカタカタと動くようになっている。そんな大きな面を揺らせて舞う姿はとても魅惑的である。

鬼面も凄いが、蛇頭もまた相当の迫力がある。先端が枝分かれした角が生え、目玉が不気味に光る大蛇は、十数メートルの提灯胴でつながっている。それが何匹も舞い出し火炎を噴いて舞場をのたうち回り、絡み合ってハッとする演技を間断なく披露する。

このような演出豊富な神楽が毎年の秋祭り前夜に、氏神社の拝殿で夜を徹して演じられている。地区の人々は夜食を持ち寄り、酒を酌み交わし、声援を送りながら神楽を生活の一部として楽しんでいる。酔いが回ると舞場に上がって自作自演したりもする者もいる。神社によっては囲炉裏を切った拝殿があり、火を囲んで見る地元の神楽は何とも味わい深いものである。

恐ろしい鬼女面

舞場をのたうち回る八匹の大蛇

新舞と旧舞

旧舞と新舞の違いとは

芸北神楽を観賞する上で知っておかなければならないキーワードは、「六調子」と「八調子」である。六調子は楽のテンポが全体的に緩く、八調子は急である。しかしこれは一般的な区別であって、実際は両者が複

新舞「滝夜叉姫」（上河内神楽団）

旧舞「鍾馗」（津浪神楽団）

雑に絡み合っている。今は十調子ともいえるような新しい「スーパー神楽」も現れている。

六調子と八調子は楽のテンポを意味するだけでなく、舞の動きや内容、詞章（神楽のセリフ）とも関係している。八調子の詞章は、一般的に複雑で長いが分かりやすい。この六調子と八調子の違いは、石見神楽の成立と深い関わりがある。

「新舞」と「旧舞」の用語の方が芸北神楽を見る上で不可欠である。新舞は終戦後に高田郡内で始まった急調子の新作高田舞を指す。旧舞とはそれ以前から芸北地方で伝えられてきた神楽で、八調子の高田舞と六調子の山県舞とがある。

しかし、両者の線引きは実際のところ難しい。六調子と八調子、旧舞と新舞の違いを「表1‐3」に示したので、参考にしていただきたい。

表1-3　八調子と六調子

	八調子	六調子
新旧舞	新舞（新作高田舞）に多い	旧舞（高田神楽・山県神楽）に多い
調子	急調子	緩調子
舞い方	激しい舞（能舞に多い）	優雅な舞（儀式舞に多い）
詞章	ストーリーは複雑で長いが、古語は分かりやすい	ストーリーは簡単で短いが、古語が多く分りにくい
内容	平易（現代語）	難解（古語）

塵倫《じんりん》（中国地方選抜神楽競演大会）

場所：安芸太田町戸河内ふれあいセンター
日時：6月第一土曜日　12時～
問い合わせ：安芸太田町商工会青年部戸河内筒賀支部　☎0826・28・2504

「塵倫とはわぁがことなぁ～り」

山県郡安芸太田町戸河内は、振り返れば私にとって懐かしい町である。昭和五十六年六月に、戸河内で開かれた「第二回中国地方選抜神楽競演大会」を見に行き、初めて目にした神楽に大きな驚きを感じた。この驚きが、私を神楽の世界へ引き込んだのであった。

この大会がどのようなプログラムであったか、今ではもう思い出すこともできない。戸河内小学校の校庭に特設ステージをつくり、芸北地区の神楽団が十数団体出場して未明まで賑わったと思う。そこで見た「塵倫」の舞はとても感動的だった（旧戸河内町の松原神楽団が演じたように記憶している）。

輝く衣装にキリッとした化粧を施した青年の舞手二名が舞い出した。舞手（「神《しん》」という）は自らを名乗った後、身に翼があり、天空を自在にかけめぐる塵倫という悪鬼が襲来することを告げる。舞手がこの悪

第二回中国地方選抜神楽競演大会（戸河内）

「塵倫」（安芸太田町松原・松原神楽団）

鬼を「退治せばやと思うなぁ〜り」と述べ五方を舞って退くと、大きさが五十センチメートルもある凄まじい鬼面の塵倫が現れた。

口は耳の所まで裂け、顎《あご》が異常に長く、眉間《みけん》に皺《しわ》を寄せ、黄色い角を生やした白面の鬼女である。数十キログラムもある黄金の衣装（「四天《よてん》」または「鬼着」という）を着け、鬼棒を振り回し、髪を振り乱して舞場を暴れ狂ってしばらく演技を披露してから、「塵倫とはわぁがことなぁ〜り」と名乗る。

二名の神《しん》が再び舞い出しこの悪鬼を退治しようとするが、塵倫は奥に姿を隠し紙糸（「垂れクモ」という）の陰から睨《にら》みつける。やがて火炎を噴いて舞場に飛び出し、クモを投げ付け必死に抵抗する。神《しん》が肩切りを落とすと、青い衣装が突然パッと真っ赤な衣装になった。舞えばその裾《すそ》が風車のように回転し、まことに華麗である。

神《しん》と塵倫はしばらく闘争の舞をするが、塵倫はついに打ち倒されてしまった。何度も立ち上がろうともがく、哀れな悪鬼の姿に哀愁が感じられた。塵倫を討った神《しん》は、「あ〜ら嬉し、あな喜ばしこれやこの、舞い奉るや栄えまします」と、太鼓方の神楽歌にあわせて力強く喜びの舞を舞い、最後にキリキリ舞をして舞い納めた。

現在の芸北神楽とは、ひと味ちがう神楽があった

戸河内で開催された「中国地方選抜神楽競演大会」は、私を神楽の世界へ引き込んだ懐かしい大会である。しかし、神楽競演大会で行なわれる神楽が芸北地区の神楽の全てではないのである。芸北地区にあった昔からの神楽を掘り起こし、それを紹介しようという動きがあることも知っておいていただきたい。

加計神楽連絡協議会が主催する「加計神楽」は、旧加計町内で行なわれている六調子の旧舞を広く紹介する努力をしている。ほかの地区の神楽団二団体も招待し、平成十二年六月十七日（土）に加計町民体育館で第二回加計神楽が開催され、現在も続いている。

そのとき発表された演目は次の通りである。「四方祓」（加計神楽保存会）、「弓八幡」（高下神楽団）、「鍾馗」（木坂神楽団）、「恵比寿」（加計神楽保存会）、「葛城山」（横田神楽団）、「神武」（川北神楽団）、「天の岩戸」（津浪神楽団）、「日本武尊」（安野神楽団）、「塵倫」（堀神楽団）、

「天の岩戸」（津浪神楽団）

「四剣」（小原神楽団）

「八岐の大蛇」（石見神代神楽上府社中）。

芸北町主催の「芸北神楽研究発表大会」は平成十三年六月二十四日（日）、午後一時から芸北文化ホールで開催され、「序の舞」（加計高校芸北分校）、「恵比寿大黒」（高野神楽団）、「天神」（大暮神楽団）、「胴の口明け」（雄鹿原三ツ葉太鼓同好会）、「四剣」（小原神楽団）、「八岐の大蛇」（雄鹿原上組神楽団）、「弓八幡」（加計高校芸北分校）、「八上姫」（長尾組神楽団）、「八つ花」（川小田神楽団）、「戻り橋」（溝口神楽団）が披露された。「四剣」と「八つ花」は芸北地区で古くから行なわれていた神楽で、一般に「剣舞」と呼ばれている。

平成十五年五月二十五日（日）には、安芸太田町猪山《いのしやま》大歳神社で「第五回伝統神楽を観賞する会」が開催され、「塩祓い」「四神」「天蓋」「五刀」などの舞が演じられている。

また、平成十六年五月二十三日（日）午後から、三次市作木町の文化センターさくぎで「文化財指定神楽団さくぎ共演大会」が開催され、伊賀和志神楽が伝えている「鈴合せ」などが披露された。

「鈴合せ」（伊賀和志神楽団）

芸北地区は神楽がとても盛んであるが、それ以前には、今の芸北神楽とは、ひと味違う神楽が行なわれていたのである。

戸《と》河内《ごうち》の昼神楽
(山県郡安芸太田町戸河内本郷地区)

場所:大歳神社
日時:11月2日　22時~
問い合わせ:本郷神楽団　石井和宏　☎0826・28・2119

大歳舞ともいわれ、五百年の歴史を持つ

神楽競演大会をいろいろ見て歩くうち、私はもう少し歴史的にも内容的にも深みのある神楽はないのかと思うようになった。そして神楽競演大会だけでなく、地元の祭りの場で行なわれる神楽にも足を運ぶようになった。こうして私の神楽探訪が始まったのである。

芸北地方の神楽を訪ね歩いていると、華麗な芸北神楽と異なる、芸北地区に古くから伝えられてきた古風な神楽がポツリポツリ残っているのに出会うことがある。その一つが安芸太田町戸河内の本郷神楽団が伝えている「昼神楽」である。昼神楽は「大歳舞」ともいわれ、地元では五百年の歴史を持つ舞だといわれている。戸河内に矢上舞の神楽が流行し始めたのは江戸時代末から明治初期の頃であるが、それ以前は、矢上舞とはまったく違う神楽が行なわれていた。「太夫寄り」「大歳舞」「山の神」「杵築」「王子」「荒平」「将軍」など、今の安芸十二神祇神楽に見られるような神楽が行なわれていたのである。

この神楽は当時、「旧舞」(今の旧舞のその前の旧舞で、旧旧舞に当たる)と呼ばれ、安芸太田町の村々で盛んに行なわれていた。その一つと考えられる「大歳舞」が、戸河内で現在まで命脈を保っている。

昼神楽は昼間に奉納されるので、そのように呼ばれている。神社拝殿を祭場とし、特別な飾り付けなどせず、大太鼓・小太鼓・手打鉦・笛の奏楽に合わせ、祝詞《のっと》と呼ばれる祭主が、幣と鈴を持つ四人の舞手を三十分ばかり舞わせる素朴な神楽である。私は平成十一年十一月三日に、戸河内町の歴史に詳しい今田三哲氏に案内していただき、この神楽を拝見した。

「大歳舞」（安芸太田町戸河内・本郷神楽団）

四人の舞手が体全体で喜びを表現

最初に三名の神主と四人の巫女による一般的な神事が小一時間ほどあり、続いて昼神楽が行なわれた。昼神楽は、「大歳舞」と「散米行事」の二つから構成されている。四名の舞手が神殿《こうどの》に向かって座し、祝詞（祭主）が御久《みく》米《ま》に四本の白幣を挿した手桶を持って舞手と対座する。

祝詞は白幣の軸竹で御久米に字を描いてから、その幣を舞手に手渡すと、舞手はその白幣を手にして舞い始め、一舞しては「大歳の歌」を静かに唱和する。

「散米行事」（上）と戸河内・大歳神社（下）

一番：大歳の森には鶴が舞い遊ぶ、これこそ千代のためしなるもの
二番：この宮の四方の柱は白金の、黄金の垂木よ玉のみ簾《すだれ》
三番：八幡の育ちはいずこ八幡山、ちかいは同じ石清水かな

歌が終わると、再び大歳舞に入る。クルクルと右に廻って廻り返す基本の舞を九度行なう。五、六回廻ったとき幣を振る。また同じように舞い、幣と鈴を腰に当てて膝折りし、中央に集まって前かがみする。この舞を三度繰り返し、最後に逆に一回廻って終る。

楽の調子を速めると、舞手は足を高く上げて足踏みしながら舞う(これを「よなれ」という)。舞手はよなれで、右へ一回、左へ一回廻り返す。それから天に突き上げるように幣を上げ（これを「すくい」という)、中央で二度前かがみをする。これを三度繰り返してから、大歳の歌一番を再び唱和し、神前に座す。

すると、祝詞は手桶から御久米を握り出し、舞手の折敷に移す。四名の舞手は折敷を持って一舞し、大歳の歌一番を唱和しつつ御久米を舞場に撒《ま》く。神前に戻り御久米を祝詞に返し、新たな御久米を受け、折敷を手にして同じ舞を繰り返した後、大歳の歌二番を唱和しながら、再び御久米を撒く。同様に三番を歌って御久米を撒く。

祝詞の座に戻った舞手は、折敷の御久米を指で三度つまみ、祝詞の中啓《ちゅうけい》（扇）の上に載せる。祝詞は、その中啓を閉じて御久米を隠し手桶に戻す。折敷に残った御久米も全て桶に戻す。祝詞は手桶の御久米を握って折敷が山になるほど載せる。

舞手はこれを受け、参集した氏子全員に三つまみずつ配る。それを久米袋に受けた氏子は互いに喜びを分かち合う。舞手は大きく背伸びしながら、よなれとすくいをして体全体で喜びを表現する。

戸河内の昼神楽は、筒賀大歳神社梶原典公氏蔵『諸正行大全』の「昼神楽ノ正行」に記録されている通りのまま、今でも行なわれている。これは、江戸時代中期から明治期にかけて芸北山地で実演されていた古い安芸の神楽の一つである。

加計《かけ》・湯立《ゆだて》神楽（山県郡安芸太田町加計）

場所：長尾神社
日時：10月「体育の日」の前の日曜日　13時30分～
問い合わせ：長尾神社　☎0826・22・0311

古い安芸神楽の一つ

安芸太田町加計の長尾神社で、毎年十月の例祭日に「湯立神楽」が奉納されている。この神楽も古い安芸神楽の一つである。

湯立神楽がいつ頃誕生したかはよく分かっていないが、長尾神社に宝暦十一年（１７６１）の湯釜が現存していることなどから、江戸時代中頃には行なわれていたようである。

「湯立神楽」（安芸太田町加計・加計神楽保存会）

湯立神楽は、この長尾神社で舞い続けられてきたが、大正末年に神楽団が衰微してから中絶していた。昭和三十三年頃再興し、昭和四十一年には加計神楽保存会が新たに発足し、この湯立神楽を継承している。湯立神楽を復活するに当たって、戸河内の猪山神楽から学んだといわれており、湯立神楽は加計長尾神社だけでなく、芸北地区で広く行なわれていたものであろう。昭和三十八年に広島県無形文化財に指定されている。

まるで火が燃えあがり、湯が沸き立ってくるような舞

私は昭和六十三年と平成十二年に長尾神社の故佐々木盛房《もりふさ》宮司の案内で湯立神楽を見学した。湯立神楽は午後三時から拝殿の畳二畳分を舞場にして行なわれた。三人の舞手が、狩衣・烏帽子を着けて直面で舞う短い神楽である。

互いに座して向き合う「ふりこみ」、腰を合わせて外を向く「へんまい」、しゃがんで舞う「引きさんぜん」を適宜組み合わせた、とても静かな舞であった。

長尾神社

湯立神楽の採物（刀と幣と鈴）

湯立神楽は元来、湯立行事と湯立神楽とがセットで行なわれていたが、次第に湯立行事の方は行なわれなくなったようである。湯立神楽の方は「神降し」と「剣舞」があり、私が見学したときは大太鼓・小太鼓・手打鉦・笛の奏楽に合わせ、三

人の舞手が幣と鈴、剣と鈴を採って三十分余り舞う素朴な神楽であった。

「神降し」は三人の舞手が右手に幣と鈴、左手に剣と幣を採って舞い出し輪座する。最初は座ってしばらく舞い、やがて立ち上がって舞う。鈴を鳴らし、腕を大きく広げ、序・破・急の動きがある。「剣舞」は抜身の剣と鈴を採り、狩衣の袖を肩に掛け急調子で舞う。

最後に立ち上がって舞うときは、まるで火が燃え上がり、湯が沸き立ってくるように感じられる。時に跳び、時に走り回り、あるいは立ち、あるいはしゃがんで舞う様は、戸河内の昼神楽と同じ命脈を保つ神楽ではないかと感じられた。

この湯立神楽は、湯と剣で穢《けが》れを清めるために行なわれていた。長尾神社所蔵の『御湯立の祝詞』の最初の部分に、「抑御湯ト申ハ湯ハ水ヨリ清ケレハ神ヲ祭ノ本云々」、末尾に「サレハ御湯ヲ上ル事神代ヨリハシマリテ御湯ヲ上ル輩ハ其身息災延命五穀モ成就シ其所繁昌也」と記してあり、湯立神楽が清めによる繁栄を祈願して奉納されていたことを示している。

小原大元神楽《こばらおおもと》（山県郡北広島町小原）

場所：小原大歳神社
日時：10月中旬の土・日曜日（七年ごと）13時30分～
問い合わせ：北広島町観光協会芸北支部 ☎0826・35・0888

大元神楽が舞われるのは、県内ではここだけ

山県郡北広島町小原大歳神社に七年ごとの式年に行なう大元神楽が伝えられている。小原大元神楽は、「潮祓」「尊神」「胴の口明」「八幡」「剣舞」「神武」「天蓋」「岩戸」「大蛇」など芸北神楽で通常行なわれる舞をした後に、「綱貫《つなぬき》」と「御綱祭」と呼ばれる特殊な舞を行なうのが特徴である。

大元神楽は島根県の石見地方で盛んであるが、広島県内ではここ北広島町小原でしか行なわれていない。

「御綱祭」（北広島町小原・小原神楽団）

私がこの小原大元神楽を見学したのは平成二年十月六日であった。屋外で盛んに斎燈を燃やし、長さ七～八メートル、胴回り六十～七十センチメートルの藁蛇（「綱」「託綱」、または「大元綱」と呼ぶ）を舞場に引き出して古式ゆかしく神楽を演じた。

「綱貫」は藁蛇の頭に幣を挿し、胴にカキナガシ幣を何本も挿した藁蛇を神前から祭場へ引き出し、それを引き回して遊ばせる行事である。先頭に立つ祭主（「花取り」という）は太鼓の楽に合わせ、十二名の祭員と共に神歌、「大元に参る心は山の端に、月待ちえたる心地こそすれ」を歌いながら舞場に入ってくる。

「大元の今の社はひはだぶき、黄金のたる木玉のみすだれ」、「大元の前の御山は曇るとも、わが氏人はくもりかけまじ」などを唱和し、東西南北を拝し、最後に東方の本山を拝して神を迎える。次第に太鼓を速めて舞場をうねり回ってから、綱を東西一直線に伸ばす。綱の頭を東の本山へ、尾を西の端山に張り、白い布でそれを天蓋下に吊り下げる。

柱に寄り付く氏子

藁蛇が激しく揺り動かされ、祭員が宙に舞うことも

空が白みかける頃、いよいよ「御綱祭」が行なわれる。天蓋下に吊り下げた藁蛇を百二十センチくらいの高さまで引き下ろし、祭員全員が藁蛇の両側に分かれてその藁蛇に両手を掛け、神歌を歌いながら藁蛇を前後に激しく揺り動かすのである。

花取りは一束幣を奉持し、全祭員はカキナガシ幣を持って藁蛇を大きく揺すりながら、「夜明けては鶴の羽ぼしにさも似たり、夜はもと白になるぞ嬉しや」、「よろす代よ祝ひ納むるこの村に、悪魔はよせじ栄へましませ」などと、一心に歌い続ける。藁蛇が激しく揺り動かされるために、祭員が宙に舞い上がることもある。

その後、藁蛇を結んだ白い布を解き、祭員がそれを抱えて舞場の中を縦横無尽に駆け回る。楽の速度を一段と速めて駆け回る様は、まるで蛇がのたうち回っているかのようである。ひとしきり暴れてから、最後に「静かなれ静かなれよと池の水、波なき池におしどりぞすむ」と交互に歌い合うと、舞場は急に静かになる。

それから祭員全員で散米行事（「散米の占」という）をする。「参りては神の社に久米を撒き、まく久米ごとに悪魔しりぞく」と歌いながら、御久米を祭場に撒いていく。そのとき、次のような神歌も歌う。

あな嬉しあなよろこばしこれやこの、舞ひ奉る四方の神々
御崎山おりつ登りつ足ずりの、袴はやれてきかえましませ
おり給へおりのござには綾をはり、錦をならべござとふましょうや

昔はこの神歌を歌い始めると、舞手の気分が次第におかしくなり、舞手の一人（「本託」という）が神がかりになっていたという。すると、神がかった本託を藁蛇で巻いて白い布で結び付け、その年の吉凶禍福《かふく》や稲の作柄の良し悪しを本託から伺っていたといわれる。

神がかりが成立したとき、祭主は「参りては神の社に久米をまき、まく久米ごとに悪魔しりぞく」という田植歌を歌いながら、神前に御久米を撒いていた。参拝者はその御久米を手のひらに受け、その中の米粒の数によってその年の吉凶を占っていたともいわれている。

しかし今は、楽しく舞い遊ぶだけで神がかることは行なわれていない。

第二章

広島県の神楽③

安《あ》芸《き》十《じゅう》二《に》神《じん》祇《ぎ》神楽

安芸十二神祇神楽
―概説―

安芸十二神祇《あきじゅうにじんぎ》神楽の分布

広島市、廿日市《はつかいち》市、大竹市に分布

旧安芸国南部（広島県西南部）の広島市、廿日市市、大竹市の全域に「安芸十二神祇神楽」と呼ばれる神楽が伝えられている。安芸十二神祇神楽を伝承している神楽団体は、「表2-1」に示す通りである（子供神楽団は入れていない）。安芸十二神祇神楽の分布は川を単位に考えると、太田川流域（水内川、安川、吉山川も含む）、八幡川《やはたがわ》流域、可愛川《えのかわ》流域以西（可愛川、木野川、玖島川流域も含む）に分布していることになる。

安芸十二神祇神楽の特徴

十二神祇神楽は十二の演目を演じることが重要

安芸十二神祇神楽は、毎年の秋祭りの前夜祭の神楽で十二ほどの舞を奉納して

手製の花火（観音神楽）

舞殿（阿刀神楽）

舞殿の飾り付け（阿刀神楽）

いる。十二の舞を奉納するので、十二神祇神楽と呼ばれるのである。天神七代・地神五代を合わせた合計十二を神聖な数とみなしたことによる。

神楽を十二の演目で構成する習慣は江戸時代中期から始まり、安芸では「十二神祇神楽」（備後《びんご》でも十二神祇といった時期がある）、周防では「十二ノ舞」と呼んだりした。十二神祇神楽は十二の演目を演じることが重要なのである。

荒平面（戸河内・大歳神社蔵）

表 2-1　安芸十二神祇神楽

地域	神楽団	所在地	神社
広島市	五日市芸能保存会	佐伯区五日市	八幡神社
	観音神社神楽保存会	佐伯区坪井	観音神社
	石内神楽団	佐伯区五日市町石内	臼山八幡神社
	下河内神楽団	佐伯区五日市町上河内	河内神社
	上河内神楽団	佐伯区五日市町上河内	河内神社
	井口地区民芸保存会	西区井口	大歳神社
	古江保存会	西区古江東町	新宮神社
	戸坂神楽保存会	東区戸坂くるめ木	狐瓜木神社
	上矢口郷土芸能保存会	安佐北区口田	新宮神社
	小河原火舞保存会	安佐北区小河原町	松尾神社
	諸木郷土芸能保存会	安佐北区落合南	吉備津神社
	阿刀神楽団	安佐南区沼田町阿戸	山御所阿刀明神社
	西原上十二神祇神楽保存会	安佐南区西原	冬木神社
	三城田神楽団	安佐南区沼田町伴	岡崎神社
	下向神楽団	安佐南区沼田町	岡崎神社
	西山本神楽神楽保存会	安佐南区山本	平山八幡神社
	大塚神楽団	安佐南区沼田町大塚字槙原	宮ケ瀬神社
廿日市市	原神楽	廿日市市原	伊勢神社
	川末神楽	廿日市市原川末	伊勢神社
	津田神楽団	佐伯町津田	八幡神社
	河津原神楽団	佐伯町河津原	八幡神社
	浅原神楽団	佐伯町浅原	亀山神社
大竹市	嶺峯神楽団	栗谷町小栗林	宮久保神社（河内大明神）
	谷和神楽団	栗谷町谷和	河内神社（河内大明神）
	後原神楽団	栗谷町後原	佐古田神社（河内神社）
	松ケ原神楽団	松ケ原町字奥ケ迫	大歳神社

他に、広島市安佐南区に上温井神楽保存会、岩谷神楽保存会、安佐北区に岩上八幡神社神楽保存会、亀崎神社神楽保存会、くむら神楽保存会がある。

十二神祇神楽の演目は、⑴清めを中心にした神事舞（湯立舞・煤掃《すすはき》など）、⑵神話・伝説・娯楽などを中心にした能舞（恵比寿舞・天の岩戸など）、⑶王子神楽から派生した五行の神楽（所務分《しょもわけ》・五刀・二刀など）、⑷「荒平舞《あらひら》」と「将軍舞」の祝福と託宣の舞——の四種類の違う内容の演目が混在している。

特に「荒平舞」と「将軍舞」を伝承している点に十二神祇神楽の卓越した特徴がある。この二つの舞については後述するが、全国の神楽の中でも特別な価値のある舞である。

舞と奏楽がとても速いのが特徴

安芸十二神祇神楽の演出方法は一目見るだけで、誰にでもすぐ分かる際立った特徴がある。それは、舞と奏楽がとても速いことである。広島県の神楽研究の先駆者であった新藤久人氏が、十二神祇神楽の水内《みのち》神楽（広島市佐伯区湯来町水内）を初見して、「この珍しい演出方法に全く驚きの目を見張った」と感想を述べた後、十二神祇神楽の特徴を次のように適切に示している。

「十二神祇系統では極めて早いテンポの奏楽であるので、とても床を踏むとか、舞うとか言う悠長で物静かなものではなく、それこそ足先だけ床につけて、全身をゆり動かしながら始終急テンポで踊り廻り、あたか

特別な価値のある「荒平舞」（阿刀神楽）

も忘我無我、踊り狂うと言う状態である」（『広島の神楽』広島文化出版、一九七三年）。十二神祇神楽は、とても忙しく舞う神楽である。

さらに新藤氏は、「この神楽こそ、本来の神楽の目的や形式の古さを一番よくとどめているものではないかと思われる」とも指摘している。安芸十二神祇神楽は、ほかの神楽と比べその演出方法に特徴があるが、神楽本来の目的や形式の古さをよくとどめている神楽でもある。

安芸十二神祇神楽の歴史

江戸後期に安芸南部で誕生した神楽

安芸十二神祇神楽は、江戸時代後期に安芸南部で誕生した神楽と考えられる。『芸藩通志』を編さんする基礎資料として文政二年（１８１９）に提出した『書出帳』（佐伯郡原村の項、現廿日市市原）に「年ニ寄リ氏子おもひおもひ湯立舞又ハ十二神祇神楽執行仕候」とあり、十二神祇神楽という言葉が初めて使われているからである。

したがって十二神祇神楽は、安芸南部に古くからあった神楽ではなく、江戸時代の後期に、どこからか伝えられた神楽だと理解するのが正しいと思う。

それではその十二神祇神楽はどこから伝わったのだろうか。先の『書出帳』にある原村の十二神祇神楽は、別名「白砂舞《しらさご》」とも呼ばれていた。したがって原村の十二神祇神楽は、白砂村から伝えられた神楽だと考えることができる。白砂舞とは、旧佐伯郡白砂村（広島市佐伯区湯来町白砂）にあった神楽のことである。

白砂舞がどのような神楽であったかは、当地の河野筑前太夫が記した「御神楽行事伝授」（『湯来町誌　資料編Ⅲ』）から窺《うかが》い知ることができる。この神楽は湯立行事に続いて、「神降し」「恵比寿」「荒神」「注連口」「鬼神（せき）」「弓舞」「柴舞」「長刀舞」「大蛇」「三鬼神」「五刀」「八龍神」「天照太神」「所務分け」「合戦」「王子」を行い、最後に「天だい将軍」で終了する、今の十二神祇神楽と同じ形式の神楽であった。

白砂舞と似たような内容の神楽は、水内川流域の村々（現在の湯来町内）でも行なわれていたらしい。和田村（湯来町和田）の明治二十五年頃の詞本（久保政一氏が所蔵し「言立帖」といわれる）によれば、「詠永（どうのくちあけ）」「献上（浄め）」「胡子舞（恵比寿）」「おりひ」「改神（あらがみ）」「改平（あらひら）」「大社」「ひめみや（天の岩戸）」「七五三（しめくち）」「白湯」「きずき（三鬼神）」「道行（皇子道行）」「五等（五刀）」「八ツ花」「垂地（皇子合戦）」「正宮（将軍）」などが行なわれていた。

下村（湯来町下）の通矢《とおりや》河内神社に寛政八年（1796）に舞太刀が寄進されたという記録があり、この頃に下村で「言立帖」に記載した内容の神楽が行なわれていたものと思われる。

下村で行なわれていた神楽は白砂舞のベースになる神楽で、伝承によれば川井村（湯来町川井）の川井八幡神社の神主佐々木左近太夫多四郎が当地の人々に伝授したものだと伝えられている（その伝授した神楽は、石見神楽であったと真下三郎は『広島県の神楽』で明言しているが、白砂舞は石見神楽とは全く異なる神楽である）。

安芸十二神祇神楽のルーツは、大歳《おおとし》神楽

ところで川井八幡神社の佐々木氏は、寛延年間（1748～51）に山県郡筒賀《つつが》村（安芸太田町筒賀）の井《い》仁《に》大歳神社の祭りに請われて「一夜《ひとよ》神楽」を行なったという記録がある。下村の神主が筒賀村の神楽を行うことができたということは、筒賀村と下村の神楽はそれほど異質でなかったことを示している。

銀杏が美しい大歳神社（安芸太田町筒賀）

井仁大歳神社は、筒賀村の大歳神社の神主が支配していたから、その一夜神楽は筒賀村の大歳神社で行なわれていた「大歳神楽」と内容的に同じであっただろう（大歳神楽は、寛延年間の記録から筒賀村内の各社で行なわれていた神楽である）。このような史実をつなぎ合わせると、白砂舞のルーツは下村の神楽を介して、筒賀村の大歳神楽にたどり着くのである。

では、その「大歳神楽」とは、どんな内容の神楽だったのだろうか。筒賀大歳神社では寛延年中から神楽道具を調達する資金集めとして「苧勧進《こそぎ》」をしていたことが神社所蔵文書に記録されている。その記録には、氏子たちが苧勧進で集めた資金で「荒平装束」「御戸切装束」「弓壱挺」「太刀壱腰」などを買い求め、大歳神楽を行なったことなどが記してある。

この記録から大歳神楽は、「荒平」「岩戸」「将軍」「王子」などの神楽を演じていたことが分かるのである。大歳神楽は筒賀村内だけでなく、現在の安芸太田町（戸河内や加計）でも行なわれていたことは、第一章で触れた通りである。

大歳神楽の内容を知る手掛かりとなる、もう一つの記録が、文化七年（１８１０）の「四之宮大歳大明神御神楽」（筒賀坂原大歳神社の神楽）である。この御神楽では、「大厳除」「朗詠」「恵比須」「供養」「下居」「荒神」「注連口」「神明」「中之御前」「大社」「一之宮大歳」「杵築料」「八幡八万」「土居大歳・上寺領太歳」「山神」「諸神」「手草」「荒平」「八花」「王子」「将軍」「神送」の二十二の神楽が奉納されている。これは筒賀村の大歳神社で寛延年間に行なわれていた大歳神楽の内容をより詳細に伝えている。

このような内容の大歳神楽が江戸時代の中・後期に水内川流域の村々に受け入れられ、それが白砂舞を生み、やがて阿刀神楽や原神楽などに受け継がれて、安芸十二神祇神楽の誕生となったのである。

八《や》幡川《はたがわ》流域の十二神祇神楽

古き良き時代の素朴な舞

白砂舞の影響を受けた十二神祇神楽とは別の十二神祇神楽が、八幡川流域（広島市佐伯区）に分布している。八幡川流域では佐伯区神楽連合会を結成し、平成元年から毎年十一月に「神楽祭」を主催し、平成十四年からは「関寄《せきよ》せ」（荒平舞を披露し合って神楽団相互の親睦と交流を深める行事）を開催して、八幡川流域の十二神祇神楽の保存・継承に努めている。

八幡川流域で行なわれている十二神祇神楽は、神楽競演大会で目にするような華麗な神楽とは全く異なり、古き良き時代の素朴な舞を今に伝えていて貴重と思われる。ここに紹介しておきたい。

八幡川流域の神楽に関する最古の文献は、文明年間（1469～87）の『神道の書』四巻である。そのうちの一つ「五龍王祭文」（上小深川《かみこぶかわ》野登路《のとろ》の神職山田家の与惣左衛門が書き残した神楽祭文）は、大王夫妻から生まれた五龍王の遺産分配をめぐる物語形式に仕立てられた祭文である。この五龍王祭文は時代が下るにつれて潤色・細分化され、江戸時代末には「所務分け」「合戦」など十二神祇神楽の骨格になっていた。

文政二年（1819）の『書出帳』に記されている、皆賀《みなが》村皆賀八幡宮（佐伯区皆賀）や上河内《かみごうち》村（佐伯区上河内）の氏神祭で行なわれた神楽は、そうした五龍王祭文から発祥した神楽であったと思われる。江戸時代の終わり頃には、このような神楽が八幡川流域にある二十一の小村の氏神社で、社人を中心に行なわれていたのである。人々は前夜から労働を休み、親類縁者を招待して各家庭で祝った後、連れ立って氏神社へ参拝し、この神楽に興じていたことなども記録されている。

社人の神楽から農民の神楽へ

幕末の天保年間（１８３０～44）頃から、八幡川流域では、社人に替わって農民の手による神楽が盛んに行なわれるようになった。たとえば、下河内村（佐伯区下河内）では森岡泰次郎ほか数名の者が神主山田氏から神楽の伝授を受けて、下河内神楽を結成し村の鎮守社に奉納したという。石内《いしうち》村（佐伯区石内）では乗岡氏など数名の者が、山田氏から神楽の伝授を受けて石内中組神楽を結成したと伝えられている。

山田氏が文明年間から伝えてきた社人の神楽は、農民主体の神楽に姿を変えて八幡川流域の小村に急速に広まっていった模様が示されている。またこの時期、周辺の神楽を取り入

「弓舞」（五日市神楽）

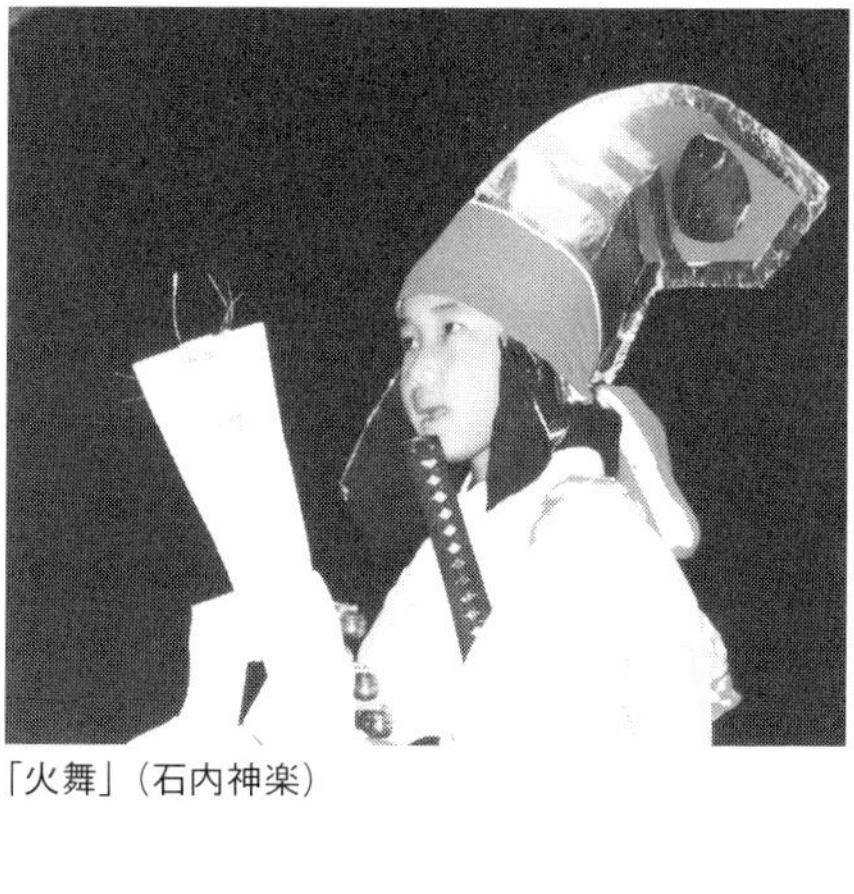

「火舞」（石内神楽）

れながら、より迫力ある神楽に再構成したものと思われる。こうして再構成された神楽は、原村（廿日市市原）に準じて「十二神祇神楽」と呼ばれ始めるようになった。

八幡川流域の二十一の小村は、明治二十二年の合併で五村に減少し、小村ごとに行なわれていた十二神祇神楽も合併・統合され、各村に二〜三の神楽団が残り、それが大正から昭和へと受け継がれた。それは「所務分け」「合戦」などを主体にし、神話を題材にしたものや娯楽的な舞も取り入れ、最後に「関《せき》」（荒平）をもって舞い納める形の神楽であった。白砂舞が行なっていた「将軍舞」は持っていなかった。

この八幡川流域の十二神祇神楽は、明治・大正・昭和にかけて全盛期を迎え、関の舞を競う「関寄せ」も盛んに行なわれていた。第二次大戦後は社会混乱のため、十二神祇神楽は急速に衰退・廃絶の道をたどったが、昭和三十年代から芸能復興の機運が高まり、奇跡的復興を果たし今日に至っている。現在活動中の神楽団は、「表2-2」の通りである。なお、佐伯区下河内に白川神楽団（白砂舞の伝統を汲む）があったが、昭和四十五年頃から途絶えている。

八幡川流域の十二神祇神楽の演目は五日市芸能保存会が伝承している演目と大同小異である。五日市芸能保存会の演目は、「へんばい（古事舞）」「清払」「旗舞」「火舞」「二刀」「弓舞」「五刀」「長刀」「五穀」「四天」「王子」「所務分」「合戦」「つり」「姫宮」「鯛釣」「きつね」「きづき」「大こせんぎ」「関」「じゃたい」の二十一演目である。「関」（荒平）はあるが「将軍舞」はない。毎年の秋祭り前夜に、各地区の神社境内に建てた舞殿で、これらのうちから適当な数の演目が奉納されている。

表 2-2　八幡川流域の十二神祇神楽

保存会名	五日市 芸能保存会	観音神社 神楽保存会	石内神楽 保存会	下河内神楽団	上河内神楽団	井口地区民芸 保存会神楽部
地　域	佐伯区五日市	佐伯区観音	佐伯区石内	佐伯区下河内	佐伯区上河内	西区井口
代表者	桂　省治	片山　俊次	有井　健司	山下　清隆	南　正法	酒井　俊壮
神　社	五日市八幡神社	観音神社	臼山八幡神社	河内神社	河内神社	大歳神社
祭礼日	10月第2日曜	10月第2日曜	10月第2日曜	10月第2日曜	10月第2日曜	10月第2または第3日曜

安芸十二神祇神楽
―探訪―

関寄《せきよ》せ（広島市佐伯区五日市）

場所：観音神社
日時：10月第二土曜日　18時〜
問い合わせ：観音神楽保存会　片山 俊次　☎082・922・2161

近年、次々に復活した関の舞

安芸十二神祇神楽が伝えられている地域では、昔から「関寄せ」と呼ばれる神楽の行事が行なわれていた。この行事は、数地区の神楽舞手が集まって「関の舞」（広島市とその周辺部では荒平舞を「関」、または「世鬼」と呼ぶ）を披露し合うものである。

関の技を披露し合いながら、技を磨いたり互いの親睦を深めたりしたのである。関寄せは第二次大戦以後のある時期まで各地で盛んに行なわれていたが、昭和四十年代からほとんど行なわれなくなっていた。

ところが平成九年十一月三日に、広島市内の十二神祇神楽の保存会と神楽団体が七団体集まり、広島市郷土資料館で三十年ぶりに「関寄せ」を復活させた。これがきっかけとなり、近年、関寄せが各地で復活している。平成十四年十一月二十六日には広島市佐伯区坪井の観音神社で、井口地区民芸保存会（広島市西区井口）・五日市芸能保存会（広島市佐伯区五日市）・観音神社神楽保存会（同、坪井）（旧坪井村と旧倉重村の神楽が合併した）が関寄せを開いた。

「煤掃」（観音神楽）

「獅子舞」（観音神楽）

「つり四」（観音神楽）

　また、平成十五年十一月二日には広島市安佐北区《あさきた》真亀《まがめ》公民館で「第一回こうよう神楽祭り」と銘打ち、安佐北区にある十二神祇神楽の六団体（玖村《くむら》神楽保存会・小河原《おがわら》火舞保存会・亀崎神社吹火神楽保存会・諸木《もろき》郷土芸能保存会・岩上八幡神社十二神祇神楽保存会・上矢口郷土芸能保存会）が集合して関寄せを行なった。

　平成十四年十一月二十六日に佐伯区坪井の観音神社で行なわれた「関寄せ」は、次のような形式であった。「神おろし」「古事舞」「煤掃舞」「関」「えびす舞」（以上、観音神社神楽保存会）、「すすはき舞」「関」（以上、井口地区民芸保存会）、「獅子舞」（観音神社獅子舞連中）、「清払い」「関」（以上、五日市芸能保存会）、「つり四」「煤掃舞」「関」（以上、観音神社神楽保存会）、「神しまい」（全員）。

巨大な杖を持って華麗に舞う

　「関」は十貫（約四十キログラム）もある金糸、銀糸の衣装をまとい、両端に白紙を切って束ねた巨大な杖（「ザイ」という鬼棒）を持って三十分ばかり華麗な舞を披露する。関の面は黒漆塗りの異様な雰囲気のする鬼面で、額に須弥山《しゅみせん》のような瘤《こぶ》があり、長い黄金色の髪をしている。角は生えていない。眼をギョロリと大きく開き、鼻は太くて横に広がり、口はつぐんでいて両端から牙《きば》が生えている。

関の面は、神楽保存会により微妙に異なっている。丸型の面を使う所もあるし、長い面を使う所もある。五日市芸能保存会のように渋柿色の面を使う所もある。また関の演出も保存会により違っていて味わい深い。井口地区民芸保存会の関では、ザイを振るとシャラシャと音がする。

この関が舞場に現れ、しばらく遠方を眺める風をし、自らの力を誇示するようにゆっくりと、しかもゆったりとした無言の舞をする。それから鈴と幣を採る太夫と、「鳴り高し音高し、四方厳しき瑠璃《るり》の地に、あほらの者が住むぞ怪しき」に始まる神歌六つを、四方を付けながら掛け合っていく。

続いて太夫の問い掛けに対して、荒平はこの舞場へ訪れて舞うことの道理や、まどろんでいる間に木の枝（榊）を失ったことなどをとつとつと語ってから、自らの出自や姿・様相を次の様にせぐ。

関寄せで披露される各地域の「関」：観音（上）、
五日市（中）、玖村（下）

荒平が人に似ぬこそ道理なり。額のかかりは須弥山の如く、髪は東天生えてはい昇る、眼は両面対の鏡の如く、鼻太きにて物の香を知り、一ぱち四十舌長きによって物の味知る、これなり。汝等の様なあほらの者は、東天南天西天北天五天の空吹き上げて、前に真逆様に、きりりやきっと舞い落ちるを、右の三十三枚の強き歯端に引き乗せて、左のかき歯にかき回し、右のかき歯にかき戻し、骨肉めんりめんりぱりぱりぱりっと噛み割ってのけん。

このようにせいてから一舞した後、手に持つ杖の因縁をとくとくと語り、「この杖で四方を招けば万《よろず》の宝も寄り来るなり。老いたる人の額をなでれば十七、八とも若やぐなり」と語って杖を太夫の刀と交換し、その刀を採って十二神祇神楽特有の忙しい舞をして舞い納める。

荒平舞は、西日本の神楽の神髄

この関の舞（荒平舞）は、安芸の神楽を代表する神楽である。その歴史は古く、天正十六年（1588）に既に広島県北部で舞われていたらしい。寛延年間（1748～51）には山県郡安芸太田町の筒賀大歳神社で「荒平装束」を整えた記録があり、文化七年（1810）の神楽では荒平舞を実演している。

また同町加計の堀八幡神社には、寛延二年（1749）製作の荒平面と面箱が残っている。文政二年（1819）の『書出帳』には、向山村《むかいやま》（安芸高田市八千代町向山）で「荒平」を行なったことが記録されていて、この舞は「古例之舞」といわれ古くから伝えられてきた舞だった。

荒平舞は、広島県北部（安芸）の山里で広く行なわれていた神楽であったが、石見神楽の流入に伴い芸北地区では徐々に途絶えてしまったのである。しかし、この途絶えたと思われていた荒平舞が、安芸西南部の太田川と八幡川流域に現存し、中世さながらに舞い続けられているのである。

　また、この荒平舞は廿日市市や大竹市の一部、山口県岩国市の山代《やましろ》神楽や周防神舞《すおうかんまい》では「柴鬼神」「芝鬼神」「鬼神」という名で演じられている。芸予諸島の神楽では「ダイバ」、四国の神楽では「大魔」（伊予川名津）、「大婆」（土佐本川）、「大蛮」（同津野山）、また九州の豊前では「御先《みさき》」、豊後では「荒神《こうじん》」と呼ばれ、今に伝えられている。荒平舞は、西日本各地で古くから演じられてきた神楽の神髄である。

阿刀《あと》神楽（広島市安佐南区沼田町阿戸）

場所：阿刀明神社と中ノ森八幡神社で隔年開催
日時：10月15日に最も近い土曜日　19時～午前1時頃
問い合わせ：阿刀神楽団　瀬川一之　☎082・839・2111

八つ花は全国有数の美しい舞

　広島市安佐南区沼田町阿戸の阿刀明神社（正式には山之御所阿刀明神社）には、安芸十二神祇神楽の典型である「阿刀神楽」が伝えられている。阿刀神楽は「荒平舞」と「将軍舞」を保存伝承していることで、全国の神楽研究者に知られている有名な神楽である。十二神祇神楽の基本的な演目を伝えているということで、昭和三十八年に広島県の無形民俗文化財の指定を受け、昭和四十年に国の選択芸能に選定されている。平成十八年には全国民俗芸能大会で招待公演した。

　阿刀神楽は、毎年、秋祭りの前夜祭（十月十五日に最も近い土曜日）に奉納される。ほかの安芸十二神祇神楽と同じように、神社前の境内に二間四方、高さ四～五尺の高い舞殿を特設し、その上で十二番の神楽

「神降し」

「八ツ花」：所務分けの中で演じる

を夜通し奉納する。舞殿の上に天蓋五個を下げ、周囲に四季と四方を示す切り紙を下げ、床一面に莚《むしろ》を敷き、草鞋《わらじ》履きの舞手がその上で急調子の忙しい舞をする。とても激しい舞なので転びやすく、転ばないように口に含ませた酒を時々莚に吹き付けて湿らせている。

私は阿刀神楽保存会の荒木隆三氏などの案内で、何度もこの神楽を拝見させていただいた。とても素晴らしい神楽である。神楽は夕刻の八時頃に始まり、未明の一時から二時頃まで続けられる。

「湯立舞」（上）、「五刀」（下）

「鼓の口開け・湯立舞」「煤掃き」「神降し」「しめ口」「恵比寿舞」「荒《あら》神《かみ》」「五刀」「鬼退治」「天の岩戸」「所務分け《しょもわ》」「世鬼の舞（荒平舞）」「将軍」の十二演目が次々と奉納される。「鼓の口開け」と「湯立舞」は神社拝殿で奉納され、少年二名が鈴を鳴らし背中合わせしながら美しい舞をする。「煤掃き」からは境内の舞殿で行なわれる。赤い鼻高面を着け、手にザイという棒（両端に切り紙が付けてある一間くらいの棒。一般に鬼が持つ）で舞殿を清める舞をする。「鬼退治」や「天の岩戸」は、阿刀神楽独特の素朴な演出がおもしろい。また、「所務分け」の一つとして舞われる「八ツ花」は、四名の舞手が刀くぐりの演技をする迫力ある舞である。

この舞は全国でも一、二を競う美しい舞だと思う。「世鬼の舞」（関の舞、荒平舞）は、大きな黒面の鬼が死繁盛《しはんじょう》（死反生）の杖を氏人に授ける祝福の舞である。最後に悪霊を封じる神がかりの舞（「将軍舞」）で舞い納めている。「将軍舞」は、広島県内では阿刀神楽と廿日市市の原神楽でしか行なわれていない舞で、全国の神楽の中でも極めて重要な神楽なので少し説明しておきたい。

将軍舞の神がかりは悪霊封じが目的

「将軍舞」は、おおよそ次の通り行なわれる。鉢巻き、烏帽子、鎧、鎧下、下垂、手甲、白足袋、草鞋、袴姿の将軍が、太夫と共に輪鈴と幣を採っ

「岩戸」

「鬼退治」

「荒平」：手に死反生の杖を持つ

「将軍」：弓くぐり

「将軍」：神がかった将軍が腰抱きにかかえられる

て舞い出す。太夫が「将軍舞、将軍舞、将軍舞うてはよぉ～、夜明けまで」と歌うと、将軍は幣を刀に採り替えて舞い始める。太夫は「さいのきんだち、きこしめし、みしるしとは、大じょうごんげんふきおさめや、四方の神々」と唱え、東方、南方、西方、北方、上方、下方に向かって同じ言葉を唱えて二名が激しく舞う。今度は弓と矢に持ち替えて舞い続ける。

やがて将軍は弓に弓矢をつがえて舞い、東方に向かって弓矢を放とうとする。すると太夫は「青《せい》てい青りゅう王の御座所にて弓々かないません」と述べて、弓矢を放つのを制止しようとする。将軍はあらためて南方・西方・北方に向かってそれぞれ弓矢を射ようとするが、同じように太夫が制止する。将軍が上方を射ようとすると「黄てい黄りゅう王の御座所にて弓々かないません」と制止し、下方を射ようとすると「地主神の御座所にて弓々かないません」と制止する。

いよいよ最後に、太夫が「これより北に当って一寸四方の穴があり、それにデツイという鬼がいる。将軍大王には、それに弓を放し給へ」と述べると、将軍はその方向に向かって弓矢を放つ。するとその瞬間、将軍は神がかって舞場に倒れてしまう。

四～五名の腰抱きが即座に将軍を抱きかかえる。腰抱きたちは将軍の草鞋の紐《ひも》を切って中央に座らせ、手を添えて刀を握らせる。神主役の者は御久米を載せた三方を前にして座し祈願を唱える。腰抱きは刀で御久米を掬《すく》い取らせて将軍の口に含ませる。神主が笏《しゃく》を左右に振ると、腰抱きは、将軍を助けて刀を神主の振る方向と反対の方向に振らせる。そして将軍を立たせ、二、三度大きく持ち上げる。

大正の頃には、この間に託宣があったというが、現在は神がかり状態の将軍から神主が託宣を受ける所作《しょさ》だけを伝えている。将軍舞は別名「死に入り」とも呼ばれ、大変に危険な舞とされてきた。安芸十二神祇神楽地帯ではどこでも行なっていたが、今は阿刀神楽と、次に述べる原神楽のほかには行なわれていない。

原《はら》神楽（廿日市市原）

場所：伊勢神社
日時：10月第二土曜日　17時30分～24時頃
問い合わせ：原神楽団団長　竹本 政博　☎0829・38・0480

天臺《てんだい》将軍は、将軍舞よりも見応え十分

阿刀神楽と同じように貴重な「将軍舞」を残しているのが、廿日市市原の伊勢神社に奉納される「原神楽」である。神がかる将軍舞を伝えているのは阿刀神楽だけだと信じられてきたが、私は偶然にも原神楽の竹本政博氏を通して、原に将軍舞が伝えられていることを知ったのである。平成八年と九年、そして平成十八年の秋季大祭の前夜祭でこの将軍舞を拝見し、将軍舞の全貌に初めて触れ私は圧倒されてしまった。

原神楽ではこの舞を「天臺将軍」と呼んでいて、阿刀神楽の将軍舞よりもはるかに充実した将軍舞である。

「幣舞」

詞章は阿刀神楽の将軍舞より比較にならないほど豊かで、優に一時間を超える本格的な舞である。この天臺将軍は、広島県の神楽の中で最も注目しなければならない神楽である。平成十八年に阿刀神楽と一緒に、全国民俗芸能大会でこの将軍舞を招待公演した（阿刀神楽は「荒平舞」を公演）。平成二十四年に広島県無形民俗文化財に指定された。

「天臺将軍」が行なわれる伊勢神社は、極楽寺山温泉アルカディアビレッジへ行く途中の丘の上にあり、神社境内から風光明媚な広島湾を一望することができる。この伊勢神社で毎年十月第二土曜日の夜七時半頃から深夜一時過ぎまで十二神祇神楽の原神楽が奉納される。神楽は拝殿の前に八尺の桧の柱を立てた仮設の舞殿で行なわれる。

「荒神」

東・南・西・北にそれぞれ青竜王・赤竜王・白竜王・黒竜王と記した一尺大の四角の天蓋四個と、中央に「黄竜王」「天神七代地神五代」と記した六角の白蓋一個を下げ、舞殿の周囲に注連を張り、日月や鳥居の切り紙を結び、上には青笹を置いて屋根とし、前方両端には斎竹を一本ずつ立てる。

そしてこの舞殿の中央背後に神酒や神饌類を供え、両端に将軍舞に使う黒色の弓と弓矢、刀、鎧を置いておく。

神楽は中学三年生までの子ども神楽・亥の子舞子連中と、伊勢神社神楽団（平均年齢三十代）が合同で奉納している。黒の紋付着物に紫色の袴、手甲、白足袋を着けて舞うが、阿刀神楽のように草鞋は履かない。使用する鳴物は太鼓、笛、手打鉦で、亥の子舞子連中が常に笛などに当たっている。舞の形式は十二神祇神楽の伝統を受け継ぎ、楽のリズムも舞の型も十二神祇神楽とほぼ同じである。

亥の子舞子連中の奉仕する舞には、技術的に稚拙な面も見られるが、伊勢神社神楽団による「幣舞」「荒神《あらかみ》」をはじめ、最終曲目の「天臺将軍」はまことに感極まる舞であった。舞と舞の間には安芸十二神祇神楽で恒例になっている手作り花火も上げられ、祭りの場を盛り上げた。

平成八年十月十二日に奉納された神楽は次の通りであった（平成九年、平成十八年も同じであった）。「神おろし（全員）」「湯立て(2)」「幣舞(4)」「一本びき(2)」「しめぐち(3)」「煤はき(1)」「荒神(4)」「恵比寿(1)」「二刀(1)」「三鬼神(4)」「三刀(3)」「大蛇(7)」「なぎなた(1)」「弓(1)」「天臺将軍(2)」（かっこ内の数字は舞手の数を示す）。神楽の最終場面で、将軍舞が舞われるのである。

まず、新米の御久米で御籤《くじ》

「天臺将軍」はまず新米の御久米で御籤をし、それが成立してからでなければ始めることができない。籤が成立すると奉仕者が舞場の天蓋、幡、飾り物全て一切を取り外して氏子たちに配る。裸になった五個の天蓋枠に、新たに拳大《こぶし》の御久米の袋をしっかりとくくり付ける。それから舞殿の前方に台を据え、その上に白の大幣、色幣、弓と弓矢、刀、鎧を運び出して置き、いよいよ天臺将軍が始まる。天臺将軍は太夫と将軍の二名の舞手により、「花舞」「刀舞」「弓舞」の三つの舞が連続して行なわれる。

「花舞」（０：05～０：15）（舞の後のカッコ内の数字は、舞の時間を示す）。左に色幣、右に鈴を採った天臺

「天臺将軍」：弓を手に鈴を鳴らして舞う将軍

「天臺将軍」：弓、弓矢、刀、鎧を整え舞が始まる

将軍と太夫の二名の舞手が笛と太鼓に導かれて舞い出す。黒の上衣に紫の袴、黒の烏帽子に五色の鉢巻を着け、色幣をクルックルッと回し、鈴を鳴らしながら優雅に舞う。両者は向き合い、すれ違って膝をつき、後退し、くっつき、背中を合わせて回り、離れ、向かい合い、鈴を鳴らして東・南・西・北・中央と順次、同じ舞を繰り返していく。

これまでに奉納した十二神祇神楽の型を全て取り入れた舞で、熟練の跡が見えるとても美しい舞である。色幣をクルックルッと回す様は、以前に見た岩国行波《ゆかば》の神舞を思い起こさせる舞である。

「刀舞」（0：15～0：30）。花舞が終わると色幣を刀に持ち替え、花舞と同じ型で舞う。一舞して東方に向かって神歌を歌う。

それ東方に七万七千の青き色なるさいのちいち、さいのはあはあきこしめす、つるぎのさいとを参らする、御さらさらと参らする、うけ納め給へやよもの神。

また一舞して南方に向いて同じ神歌を歌い、また一舞して西方、北方、中央に向かって同じ神歌を歌う。

クライマックスの弓舞へ

「弓舞」（0：30～1：05）。「弓舞」は天臺将軍のクライマックスで将軍の神がかりがある。刀を色幣に採り替えた二名の舞手は、鈴を鳴らして舞い始める。黒の上衣と紫の袴の将軍に太夫が鎧を着させ、鎧から白い布（「石帯」という）を垂らして後方でゆったりと結び合わせる。太夫が将軍の装束を整える間、将軍はとどまることなく小刻みな舞を繰り返している。

「天臺将軍」：弓をとり、添と舞う

次に青色の小幡（「しこ幣」という）を採って一舞し、そのしこ幣を太夫は将軍の背中に石帯で結び付け二人がつるんで舞う。続いて刀の鞘《さや》を持って一舞し、その刀を将軍の背中に石帯で結び付ける。次いで、五色の房を将軍の背中に結び付けて舞う。将軍は舞い続けるうちに次第に放心状態へと誘われていく。しばらく舞ってから将軍は太夫から弓を受け取り、その中央を左手で持って天に突き上げる。

そして跳びはね、弓を回し、弓を立てて旋回し（これを「荷車をとる」という）、弓を担ぐような技を何度も繰り返し、鈴を激しく打ち鳴らして舞い続ける。将軍のこの舞が始まる頃、神主役の者が神殿《こうどの》に向かって正座し祈願を続ける。腰抱き役は四方に構えて将軍の神がかりを促す。将軍はしばらく舞った後、再度、弓を立て次の「木の謂《いわ》れ」を語る。

しかればそもそも、それ西天竺せんぽうとうの頂には、トチラ様と申す木一本候えば、東方に向いたる枝もあり、南方に向いたる枝もあり、西方に向いたる枝もあり、北方に向いたる枝もあり、中央に向いたる枝もあり、東方に向いたる枝にこそ、青き木の芽が芽ぐみ、青き花も咲く、同じ色なる、この実がのるによってこそ、東方は春の草木をひょうするなり。

（南方、西方、北方についても同じことを繰り返す）。

中央に向いたる枝にこそ、黄なる木の芽が芽ぐみ、黄いなる花も咲く、同じ色なる、この実がのるによってこそ、中央は四季の四土用をひょうするなり。

こう唱えて再び荷車を繰り返してから再度弓を立て「将軍の謂れ」を語る。

そもそもそれ、天臺将軍の御事を申し奉るは愚かなり、申さぬはさすがなり、御腹にまします時は、マナ王御前と申すなり、御誕生になりては、ミタラ王御前と申すなり、今七歳にハヤ王と申し、たかにめざして、日本筑紫の国、肥後の御山に、とみ給いしその時に、左の鈴つきには、いちぞうこのまるに奉り、右の鈴つきには、にぞうこのまるに奉り、中央の鈴つきには、天臺将軍殿に奉り、筑紫の国、肥後の御山をば、とみさか山とは、ひょうすなり。

激しく舞いながら、弓矢で米袋を突き刺す

また同じように激しい舞を繰り返し、太夫役と弓を引き合いながらそれを左右に揺り動かしてすぐに荷車をとる。東・南・西・北の位置で太夫役と弓を左右に揺り動かしては荷車をとり、定められた呪文を繰り返

「天臺将軍」：神がかり倒れる

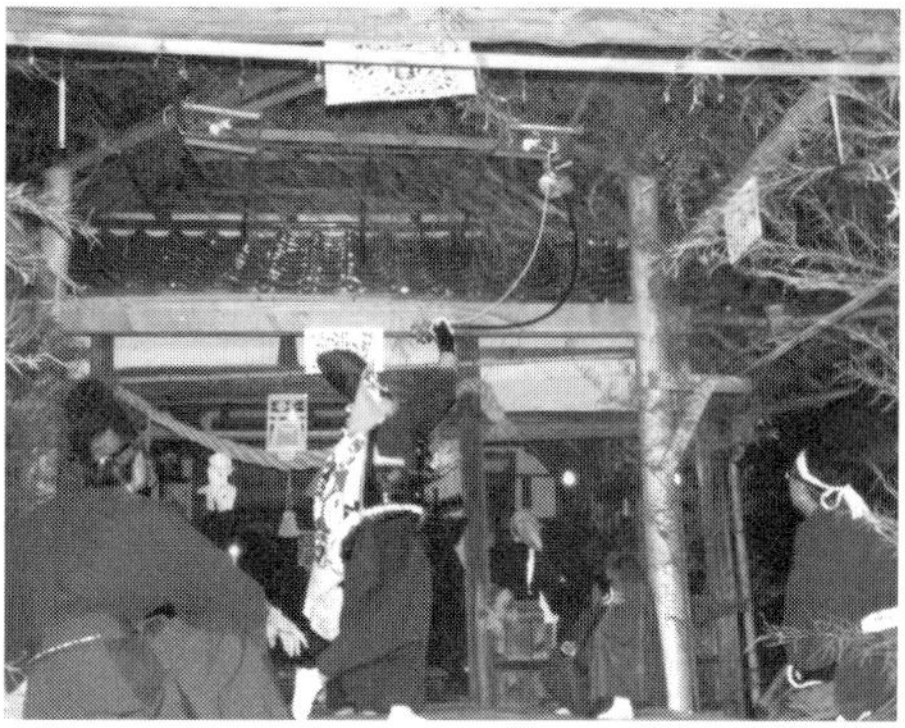

「天臺将軍」：天臺の米袋を突くと御久米がパラリと落ちる

し唱え続けながら次第に精神を統一していく。再度弓を立てて「弓の謂れ」を語り、その弓を「天臺将軍殿に奉る」と結ぶ。

しかればそもそも、それ西天竺、センポウトウの頂には、竹のしゃしめに候らえば、これを一本切りて、ひちふしゃかりにこめ、弓七丁を作らし給いてます、二丁御弓おば、いちぞうこのまるに奉り、また二丁御弓をば、にぞうこのまるに奉り、のこる三丁御弓おば、八人張り二本さんさんくどとこのまし給いてます、天臺正軍殿に奉る。

弓を持つ将軍は激しく荷車をとり続け、やがて東・南・西・北の天蓋に吊るした御久米の袋を弓の筈《はず》（弓の両端）で突く仕草に移る。しばらく舞った後、弓を立て「十二神祇の謂れ」を語る。

只今御たろうじの、御弓と申し奉るは、たやすからぬ御事なり、是をわすより拝み奉れば、たそんかい五百よそん、うらわすより拝み奉れば、ぜんごう回七百よそん、三まいあわせにする事は、三種の神器をひょうすなり、今十二の舞たるは、天神七代地神五代、合わせて十二神祇をひょうすなり。

この四つの謂れを語り終えると、将軍は手にした鈴を激しく打ち鳴らして荷車をとり、まず東方の天蓋の米袋を弓の筈で突く。突き損じても、命中するまで何度も繰り返す。

弓が米袋を突き刺すと、御久米がパラリと舞場に降り落ちる。すると、将軍を注視していた人びとが大きな拍手をする。将軍はさらに舞い続け時々上方を仰ぎ、今にも倒れそうにフラフラしながら激しく荷車をとり続ける。

この頃、舞場前方に大太鼓が据えられる。将軍は東方・南方・西方・北方と弓の筈で御久米の袋を突き刺し、最後に中央の米袋を突く体勢に入る。しかしもう体がよろめいて、なかなか米袋を突くことができない。将軍を倒すことは絶対にいけないことだと伝えられており、腰抱き役は将軍を注視し続ける。何度も何度も同じ激しい舞を繰り返し、やっと中央の御久米の袋を突き刺すと、御久米がパラリと舞場に散らばり落ちる。

その瞬間、将軍は神がかりして倒れてしまう。

「天臺将軍」：亥子の方向に弓矢を放ち悪魔を封じる

すかさず腰抱きが覆いかぶさり、将軍を抱きかかえ太鼓の上に座らせる。気を失った将軍は扇であおがれ、神主は神がかりを解くため「六根の祓」を小声で唱える。

やがて将軍の神がかりが解けると、将軍を太鼓から降ろす。将軍は舞場に真っすぐに立ち、弓に弓矢をつがえる。神主役が東方・南方・西方・北方に向けて日の丸扇を差し出すと、将軍はその扇に向けて順次、弓矢を放つ仕草をする。その時「お礼の歌」といわれる次の言葉を唱える。

東方に向いて弓を張れば、東方は青龍王の御座所《ござどころ》。
南方に向いて弓を張れば、南方は赤龍王の御座所。
（西方・北方・天・地と同様に唱える）

最後に「是より亥子に当たり、悪魔祓いのはなしける」と述べ、亥子の方向に弓矢を放つ。こうして将軍舞はめでたく舞い納められるのである。

津《つ》田《た》神楽（廿日市市津田）

場所：津田八幡神社
日時：10月第二土曜日　20時30分～午前1時頃
問い合わせ：津田八幡神社　☎0829・72・0174

旧佐伯町内で最も古い神楽

「津田神楽」は、廿日市市津田の津田八幡神社の秋季大祭前夜（十月第二土曜日）に奉納される十二神祇神楽である。津田地区では、安芸十二神祇神楽が始まる以前に山口県の山代地方の神楽が行なわれていた。

津田八幡神社の広兼迪也宮司が所蔵しておられる神社文書の『諸控』（天保五年から天保九年までの記録）

「御神楽」

「恵比須の舞」

には、花上《はながみ》黄幡大明神（廿日市市津田）や河内神社（同飯山《いいのやま》）の七年祭御神楽で「十二ノ舞」をした後に、藁蛇を木に巻く祭りをしていたことなどが記されている。このような形態の神楽は、栗栖《くりす》村（廿日市市栗栖）や宮内村（同市宮内）でも行なわれていたことが『書出帳』に記録されており、可愛川以西の廿日市市や大竹市では、周防や山代地方の古い神楽が行なわれていたのである。

　この古い神楽は元禄の頃から神道化されるようになり、江戸時代末から安芸十二神祇神楽の影響を受けて今の形式に整えられたようである。白砂舞からの影響はさほど強くなく、白砂舞以前の神楽の命脈も保っている。そのため津田神楽は、旧佐伯町内で最も古い神楽だといわれている。

　神楽競演大会に出演するようなことはなく、八幡神社の秋季大祭前夜にだけ奉納されている。私はこの津田神楽を広兼迪也宮司のご案内で、平成十四年十月十二日に本祭も含め見学させていただいた。

　津田八幡神社は、津田地区の丘の中腹に建てられた壮大な社殿の神社である。拝殿内には二間四方ほどの一段高い舞場があって、そこに天蓋五個を下げて神楽を奉納する。中央の白蓋に「天神地祇八百萬之神」と

「天孫降臨」(1)

「天孫降臨」(2)

記した幡を下げ、周囲の天蓋には、「手力男尊」「児屋根尊」「鈿女尊」「久々能智尊」と記した幡を下げる。

神道の影響で変貌した荒平舞

夜七時半から神事があり、神職一名が鈴と扇を採って「御神楽」を奉納する。大変に美しい舞で三十分ばかり舞われた。翌日行なわれる道中の御旅所でも、この御神楽が奉納される。

続いて「巫女舞」と「道中踊」の奉納が行なわれ、神楽は夜八時半から深夜一時すぎまで「湯立の舞(2)」「天孫降臨(3)」「清めの舞(4)」「荒平の舞(2)」「悪魔の舞(3)」「恵比須の舞(2)」「添舞(しょもわけの合戦)(5)」「三鬼の舞(4)」「〆口の舞(3)」「岩戸の舞(6)」「三刀の舞(3)」「大蛇の舞(5)」の十二演目が奉納された(かっこ内は舞手数)。これらの舞は安芸十二神祇神楽と類似しているが、白砂舞のように急調子でなく緩やかな調子の舞である。

「湯立の舞」「清めの舞」「〆口の舞」は、白衣の舞手が榊や五行幡と鈴で神歌にあわせてとても美しい舞をする。「悪魔の舞」「添舞」「三刀の舞」は、所務分けの一部で長刀と弓や剣の激しい舞である。「恵比須の舞」はひょっとこ面が最初に飴を撒き、次に恵比須の鯛釣りがある。「三鬼の舞」は、杵築《きつき》大明神が三匹の鬼を退治する舞。これらは、どれも安芸十二神祇神楽と同じ内容の舞である。

ところが「天孫降臨」は、十二神祇神楽で煤掃《すすは》きと呼ばれる舞であるのに、赤衣の鼻高面の舞手がザイではなく鉾《ほこ》を採って舞場を清めてから、瓊瓊杵《ににぎ》命と鈿女《うずめ》命を伴い三人が一緒になって舞う形になっている。「荒平の舞」は、法吏《ほうり》（「太夫」にあたる）が五行幡で舞った後、大江山の鬼のような鬼面をつけた荒平がザイを持って舞い出し、法吏と問答し杖の謂れを語る。

ここまでは十二神祇神楽と同じなのだが、荒平は法吏と戦って敗れザイを奪われ、舞場を去るのである。そして法吏が「此の国は鬼も立ち退く、鬼も立ち退く、国は繁盛」と述べ一舞して終わる。安芸十二神祇神楽が伝えてきた荒平舞が、神道の影響で相当に変貌した形になっている。

その点を最もよく示しているのが「岩戸の舞」である。津田神楽の岩戸の舞は十二神祇神楽の岩戸の舞とはまったく異なり、記紀神話をそのままの形で演じている。最初に、鈿女命・太玉命・児屋根命・手力男命の四神が着面で順次舞い出し一舞して名乗り、各々周囲に着座する。その後で手力男命が刀を採って力強くゆっくりとした舞をして岩戸を開く。

天照大神が舞い出し、四神が天照大神を囲んで舞う。最後に鈿女命と天照大神が鈴を強く鳴らしながら舞い、鈿女命が最後の一舞をして去る。神話の物語そのものを劇として演じていて、近世末から明治期にかけて

「〆口の舞」

「岩戸の舞」

神道化された神楽の形がよく窺《うかが》える。

津田神楽が演じることのできる演目は『佐伯町津田神楽團』（平成十年に津田神楽団が作成した神楽の栞《しおり》）によれば、「変湯立」「天孫降臨」「清め」「三刀」「恵比須」「悪魔」「四季」「荒平（鬼神）」「長太刀」「四方立」「道行の場」「合戦」「七五三口」「東国征伐」「岩戸」「大蛇」の計十六曲である。

なお、津田神楽は安芸西部地区の神楽の古い姿をよく表していることで、平成二十年に広島県の無形民俗文化財に指定された。

第三章

広島県の神楽④

芸予《げいよ》諸島の神楽

芸予諸島の神楽
—概説—

芸予《げいよ》諸島の神楽の分布

呉市や尾道市などに分布

芸予諸島（安芸と伊予にまたがる瀬戸内の島々）と瀬戸内海の沿岸部に、特色ある神楽が伝わっている。これまで取り上げられることなく、無視され続けてきた神楽である。備後《びんご》神楽や備中《びっちゅう》神楽の亜流と見なされ、神楽に価しない神楽として一蹴されてきた。

私は芸予諸島を歩くうち、この神楽は広島県の神楽の根幹を形成する興味深い神楽だと気付くようになった。この神楽を「芸予諸島の神楽」と名づけ、この無名の神楽をこれから紹介してみたいと思う。

芸予諸島の神楽は、呉市広町・仁方《にがた》町・仁方大歳《おおとし》町・蒲刈《かまがり》町、尾道市瀬戸田町・因島中庄《いんのしまなかのしょう》町・因島田熊《たくま》町、および愛媛県今治《いまばり》市大三島《おおみしま》町など、芸予諸島と瀬戸内海の沿岸部で行なわれている神楽である。芸予諸島東部と西部では内容的に少し違いがある。

芸予諸島の神楽を伝えている神楽団体を「表3-1」に示した。

表 3-1　芸予諸島の神楽

エリア		神楽	場所	神社
芸予諸島西部	呉市	戸田神楽 大歳神楽 小坪神楽 宮盛神楽 向神楽	仁方町戸田 仁方大歳町 広小坪 蒲刈町宮盛 蒲刈町向	磯神社 大歳神社 小坪八幡神社 亀山八幡神社 春日神社
芸予諸島東部	尾道市	名荷神楽 中庄神楽 田熊神代神楽 山波神楽 太田神楽 百島神楽 歌神楽 浦崎神楽（8団体）	瀬戸田町名荷 因島中庄町熊箇原 因島田熊町字亀甲山 山波町 高須町太田 百島町 向東町歌 浦崎町	名荷神社 熊箇原八幡神社 八幡神社 山波艮神社 諏訪神社 百島八幡神社 向東八幡神社 住吉神社

呉市の神楽

二枚の莚《むしろ》の上で激しく舞う

呉市の神楽は誰にもほとんど知られていないが、たいへん活発な活動を続けている。神楽団という組織を持たず、地元の自治会が舞子連を組織し、中高生や青年たちがその中心になって活動している。地区住民が一丸となって、舞子たちに温かい声援を送っている。

呉市の神楽は舞場を清めて神を勧請する「儀式舞」と、神々と共に楽しむ「形式舞」の二つがある。形式

「おしき」（小坪神楽）

「大弓」（小坪神楽）

「恵比寿」（小坪神楽）

舞というのは、後で述べる「ダイバ」や「吉丸《よしまる》」のような皆で楽しむ神楽のことで、鎧を着けた舞手が剣や弓を採ってパワーあふれる舞をする。

しかも、激しい舞をわずか二枚の莚の上で舞うのである。これは県内のどこにも見られない古い特徴であろう。地元住民が一体となって神楽を運営しているため、たいへんいい雰囲気で神楽が伝承されているのも、この地方の神楽の特徴である。

呉市広の「小坪《こつぼ》神楽」は、約二百年の伝統を持つ神楽だといわれている。文政十年（1827）に小坪で石灰製造が起こり、石灰船の乗組員たちが伊予大三島の大山祇《おおやまづみ》神社の神楽を見て帰り、それを小坪八幡神社の秋祭りに奉納したのが始まりだといわれている。今は地元自治会によって神楽舞子を組織し執行されている。昭和四十四年に呉市の無形民俗文化財に指定されている。

小坪小学校ＰＴＡ教養部が編集した『神楽』（平成三年）には、「神楽」「つゆはらい」「しめ口」「岩戸」「神迎え」「小弓」「上二刀」「下二刀」「二天」「四天」「だいば」「おしき」「長刀」「扇子」「大弓」「恵比寿」「いこく」の詞章が記録してある。

仁方町と仁方大歳町には、「戸田神楽」「畑神楽」「大歳神楽」の三つの神楽がある（畑神楽は昭和三十四年から休止中）。戸田神楽の発祥は定かでないが、安政三年（1856）の神楽本が保管されているので、江戸時代後期に始まっていたと思われる。

以来、この戸田神楽は地区の青年団が守ってきたが、昭和四十五年から自治会民芸部の手に移り、地元の磯《いそ》神社の秋祭りに奉納している。小学校高学年、中高校生を中心に編成した舞子が活発な活動を続けている。女子の参加もある。

戸田神楽は、昭和四十二年から八岩華《やいわばな》神社（仁方西神町）の秋季大祭の宵宮の神楽を大歳神楽と交替で奉

「岩戸」（戸田神楽）

「四天」（戸田神楽）

納している。戸田自治会神楽保存部が編集した『磯神社と戸田神楽』（平成五年）に、戸田神楽が演じている神楽十六演目、「神歌」「神降」「露祓い」「岩戸」「しめぐち」「薙刀」「二天」「たぐさば」「小弓」「大祓い」「二刀」「おしき」「弓関」「神迎い」「異国」「四天」の詞章が記録してある。

「蒲刈の神楽」は蒲刈町宮盛《みやざかり》と同町向《むかい》にあって、青壮年を中心にした舞子によって伝えられている。蒲刈の神楽はもともと上蒲刈島と下蒲刈島の神職による社人神楽で、脇太夫と呼ばれる社人が舞っていた。この脇太夫が舞う神楽を、終戦後に地区住民たちが見よう見まねで始めたのが今の蒲刈の神楽である。宮盛は「手草」「恵比須」「吉丸」「ダイバ」などを舞っている。向の神楽は戦後途絶えていたが、昭和五十二年に地元の高校生たちが復活させた。最初二番ほど神楽を奉納した後、「恵比須」「ダイバ」「手草」などを舞っている。

呉市下蒲刈町の梅崎神社（旧称八幡宮）の内藤貢氏が所蔵する『神楽縁起』（大正五年）には、「御神来神ヲロシ」「神迎」「手草」「天磐戸神楽」「八重垣村雲宝釼」「恵比須」「シメグチ」「二天」「大弓」「小弓」「四天」「ダイバ」「吉丸」「神功皇后」「太郎王子」「王子」など、呉市の神楽の代表的な演目の詞章が書き留められている。

尾道市の神楽

市内に三タイプの神楽、計十八団体

「芸予諸島東部の神楽」の中で最も注目している神楽が尾道市の神楽である。寺の町、文学の町、芸術の町といわれる尾道に神楽などあろうはずがないと思っておられる方が多いかもしれないが、実は尾道は「神楽の町」でもあるのだ。

現在市内に三つの違うタイプの全部で十八の神楽団体がある。一つは市北部の神楽で備後神楽に属する神楽。「原田神楽」（原田町小原《おばら》）と「御調《みつぎ》神楽」（御調町白太《はかた》、県指定）がある。前者は普通の備後神楽を伝え、後者は藁蛇の行事や焼石で占う「荒神《こうじん》神楽」を伝えている。「綾目《あやめ》神楽同好会」（御調町綾目）は御調神楽を母体に活動を続けている。

二つ目は市南部の松永湾を囲む高須町、山波《さんば》町、浦崎《うらさき》町の神楽で、どこも活発な伝承活動を行なっている。「太田神楽」（高須町太田）、「山波神楽」（山波町、市指定）、「浦崎神楽」（浦崎町）、「百島《ももしま》神楽」（百島町）、「歌《うた》神楽」（向東町）がある。浦崎神楽は八団体ある。福山市の沼隈半島にある神楽と同じ形態である。この地区の神楽には民俗芸能の理想的な姿が生きている。

浦崎村庄屋の笠井治右衛門が記した文政元年（1818）の『備後国沼隈郡浦崎村風俗問状答』には「荒神神楽」という名称で神楽を行なっていた記録がある。また山波神楽の神楽用太鼓には「寛保三年（1743）、細工人、大坂渡辺村はりまや源兵衛」との墨書がある。これらから松永湾の神楽は荒神神楽として近世より守り伝えられてきた古い神楽と考えられる。

三つ目が島嶼《とうしょ》部の神楽で、「名荷《みょうが》神楽」（瀬戸田町名荷）、「中庄《なかのしょう》神楽」（因島中庄町）、「田《た》熊《くま》神代神楽」（因島田熊町）である。前二者は県指定無形民俗文化財、後者は尾道市指定である。

瀬戸田の神楽（名荷《みょうが》神楽）

藁人形を使う神託舞は、県内で最も貴重な神楽の一つ

尾道市瀬戸田町名荷の「名荷神楽」は、昭和三十四年に広島県の無形民俗文化財に指定された神楽である。名荷神楽団が昭和四十九年編集した『御神楽本』によると、伝承している演目は、「手草」「注連口」「神迎」「悪魔拂」「岩戸」「三宝荒神宮御縄」「折敷舞」「剣舞」「小弓刈」「四天」「両刀」「異国」「仁天」「八重垣」「王子」の十五曲である。これらは芸予諸島東部で一般的に行なわれている神楽である。

「悪魔拂」：朝日の幕の前で舞う

名荷神楽団が昔使っていた舞い出し幕は「弘化三年（1846）午正月吉日 名荷村 楽中」と染められ、また「安政二年（1855）奉寄進 四番組」と染めた衣装もあり、名荷神楽は江戸時代終わり頃には今の形式と同じような神楽を行なっていたものと考えられる。

名荷神楽の特徴は、藁人形を使って託宣を伺う「三宝荒神御縄」という神託《しんたく》舞を伝承していることである。この舞は、県内のどの神楽よりも歴史の深い神楽で、最も貴重な神楽の一つと考えなければならない。

この神託舞は極めて稀有であり、広島県の文化財審議委員であった牛尾三千夫氏は、この神託舞こそ「神楽に於ける一つの古体を伝承するものとして貴重なものというべきである」（『神楽と神がかり』名著出版、一九八五年）と評価している。

元治元年（1864）の神楽台本『御神楽本』には、「諸神御神託」「御神託御縄御祭中御前」「八注連」など、県内はもとより、全国に見られない不思議な神楽が行なわれていた記録が残っている。「諸神御神託」は御久米を使った託宣行事、「御神託御縄御祭中御前」は藁人形（「御綱」「荒神」ともいう）を遊ばせる神託舞、「八注連」は霊祭神楽であった。このような神楽に名荷神楽の価値が隠されている。

因島《いんのしま》の神楽

中庄神楽と田熊神代神楽の二つ

因島には、「中庄神楽」（因島中庄町）と「田熊神代神楽」（因島田熊町）の二つがある。「中庄神楽」は安政七年（1860）の神楽台本があるので、その頃に始まったものだろう。この台本は上巻・中巻・下巻の三つに区分されている。

上巻の部は、「神殿《こうどの》入り」「場堅」「壱番舞」「手水」「林気」「鞭舞」「四天皇」「手草」「注連口」「神迎」「行」「造花」「蛭子《ひるこ》」の十三番、中巻の部は「天磐戸開」「劔舞（四方堅）」「夜覇餓岐」「小弓狩」「隆平」「天孫降臨」「柴」、下巻の部は「仁天」「弓関」「三韓御退治」「皇子」「舞上」とたくさんの神楽演目が記載してあり、どれも芸予諸島の神楽の特徴ある演目である。中庄神楽は、春大祭の宵宮と本祭で奉納している。

昭和五十七年に広島県の無形民俗文化財に指定を受けている神楽であるが、最近はわずか三～四番行なっているにすぎない。平成二十三年の春祭り（中庄八幡神社）では、「御先祓」「蛭子」「大弓」「八重垣」の四番が演じられた。大弓は力のこもった素晴らしい舞であった。八重垣は鎧を着けたスサノオが登場し、瀬戸内水軍の迫力が伝わる舞をした。

「八重垣」：スサノオ（中庄神楽）

「八重垣」：大蛇（田熊神代神楽）

「田熊神代神楽」は明治初年頃、三原の山中村（中之町）から伝授したと伝えられている。神楽社中に「明治八年二月」と記した神楽用小袖、「明治十二年第八月吉日新調」と記した神楽用鎧がある。昔は、小舟を漕ぎ出して三原の賀羅加波神社へ行き、神楽諸道具を借り受けて神楽を奉納していたが、その神社の後継者が亡くなったので、神楽道具一式を譲り受け、本格的に神楽を始めたと伝えられている。

田熊神代神楽が保持している演目は、「悪魔祓」「神迎えの舞」「巫女の舞」「五郎王子の舞」「おしき舞」「両刀の舞」「二天の舞」「小弓の舞」「剣舞」「八重垣」の十曲である。平成十四年の秋祭りの宵宮では「悪魔祓」と「四天の舞」の二番が奉納されただけであった。しかし平成二十年の春祭り（山ノ神さくら祭り）では「悪魔祓」「神迎え」「小弓の舞」「二天の舞」「おしき舞」「恵比寿舞」「八重垣」が奉納された。田熊神代神楽は尾道市の無形民俗文化財に指定されている。

ダイバ

芸予諸島で人気の高い鬼の舞

芸予諸島の神楽で特別に愛好されている一つが「ダイバ」である。どこでも演じられる鬼の舞である。このダイバは神楽だけでなく祭礼の場にも登場するほど、芸予諸島では人気が高い。

ダイバはその鬼面に大きな特徴がある。地方によっていろいろの表情をしているが、どこのダイバも口を大きく開けた真っ赤な鬼面である。これは怒っているからだといわれているが、台本を読むと、もともと人間であったが悪鬼になり下がったのだということらしい。

ダイバは「四天」の一場に登場し、鬼棒をもって舞場を暴れ回って神楽を妨げ、集まった人の中に突入して、子供や女性を捕まえるので皆に恐れられている。この悪鬼のダイバを不動明王が諭《さと》そうとするが、「シタゴウマイカ、ハッタトシタゴウマイカ」といってなかなか改心しない。

「ダイバ」（宮盛神楽）

「ダイバ」（小坪神楽）

逆に鬼棒を振り回し反抗する。人間どもを天に噴き上げ、落ちてくるところを「メッチカッチと噛みくだき、丑寅鬼門の方へ噴き捨て、山海の塵となさんずる事は只今の事なり」といって凄《すご》んだりする。大磐石《だいばんじゃく》の磐となり、七里四方の古木・池となって神楽を妨げるのだと悪態ぶる。

しかし不動明王に執拗《しつよう》に説得され、ついにダイバは、もとの正しい人間に立ち戻らされる。ダイバはおとなしく鬼棒を手放して、「今日の神楽の御威徳をもって元の人間となる事は、かほどめでたいことはない」と述べて一舞する。

ダイバは下蒲刈町の神職内藤貢氏が記した大正五年『神楽縁記』の「四天縁記」に従えば、四天太刀の舞に続いて舞い出すことになっている。ダイバはもともと「四天」の一部であったことを、この神楽縁記は示している。ダイバが四天の一部として行なわれるのは、芸予諸島の神楽だけでなく、四国の神楽でも同様である。

土佐の本川神楽では「大蕃」、津野山神楽では「大蛮」、伊予の川名津神楽では「大魔」と呼ばれて四天に登場する。土佐の津野山神楽の「大蛮」は榊の枝を両手に持って、「何と申しても従うまじ」と凄んで「取り」(蒲刈の神楽の祭主に相当)と問答を繰り返し、最後に七つの宝を返上して善鬼となり、幼児を抱いて祝福するるのである。七つの宝の一つに志観杖の杖があり、中国山地の荒平の持つ死繁昌の杖と関連がある。

吉丸《よしまる》

真っ赤な顔をした芸予諸島で最も人気の高い神楽

吉丸は芸予諸島の神楽の中で最も人気の高いキャラクターである。神功皇后《じんぐう》の戦物語を神楽化した「異国」

に登場する。神功皇后のお伴として、住吉大明神と一緒に戦地に赴くが、敵が現れると恐れて隠れてばかりなのに、戦から帰るといかにも自分が手柄を立てたように鼻高々に自慢する。

この臆病者で卑怯者の吉丸に人気がある秘密は独特の顔にある。真っ赤な顔をし、鼻長で金髪、目は青くクリクリとして何となく人懐《なつ》っこい格好をしている。もう一つの秘密は吉丸のおもしろい語り口。

「異国」では、最初に黒面の住吉明神が登場した後に吉丸が舞い出す。吉丸は、「ソモソモ東方に咲く花はとう豆の花、南方に咲く花は茄子の花、西方に咲く花はささぎの花、北方に咲く花はほうずきの花、長うてよかれよかれと申すささぎの花は、短こうていらざる身共の鼻の長さよ」とおどけ、皆の関心を引き付ける。

次に神功皇后が舞い出し、吉丸と住吉明神を伴って戦地に赴く。敵陣の様子を演出するため、青鬼と赤鬼が出て舞場を回るところで前場が終了する。

後場は戦争が終わって帰国した吉丸の、戦の自慢話が長々と続く。鬼どもが「蟻のすはだを突き砕いた程参りまして」と大げさに語ったり、皇后はたくさんの鬼を見て「かもうな、すてておけよと、震るう震るう逃げさっしゃった」ので、自分一人が敵陣に乗り込んで戦ってきたのですと自慢する。

戦いに負けては申し訳が立たないので、竜宮へ行って「満珠の玉に干珠の玉」をもらって帰り、これで敵陣を全滅させたのだと、こと細かく手柄を自慢する。

鬼どもに「干珠の玉をかぷりんと」投げつけると、たちまち大海が干からびて鬼どもは皆焦げあがりました。「満珠の玉をかちりんと」投げつけると、たちまち干潟は大海となって鬼どもは皆溺《おぼれ》死んでしまいました、などと話す。

赤鬼、黒鬼、まんだら鬼の三匹の鬼の大将が最後まで生き残り、鬼の大将らが自分の所にやって来て、どうぞ命を助けてくれ、命を助けてくれるなら宝物をお授けしますと頼むので、助けてやったのだと、また自

鼻高々に自慢話をする吉丸（小坪神楽）

敵におびえ隠れる吉丸（小坪神楽）

慢する。

一番目の鬼は、大事な舌を差し上げますと言いました。そんな見苦しい舌が何になるかというと、鬼は正月の三方に飾るゆずり葉になるでしょうと話したという。

二番目の鬼は肋骨を差し上げます、肋骨は正月のもろぶきになります。三番目の鬼は目玉を差し上げます、目玉は正月の橙になりますと言って盛んに命乞いをするものだから、吉丸は「私のこの名剣をさっと抜いて、さっと突っ込んで、ころころころっころころころと、（舌、肋骨、目玉）切っておきまして、私のこの腕をさっと広げてさっとかんで、ぐっすぐっすと引き抜いてやりました」と大自慢する。

そうしたら「鬼の目にも涙とやら、何たとやら、この大こうよりも二回りも大きい涙を、ころころころころと転がしました」と、話がとんでもない大げさな話になっていく。挙句の果てに吉丸は、「いつもご存知のとおりに、私は良い手柄を立てました」と自惚《うぬぼ》れてしまう。

このような大自慢話を長々として、最後に「福の種をまきましょう、東方にまきましょう、南方にまきましょう、西方にまきましょう、北方にまきましょう、中方にまきましょう」といって、皆に福を撒いて帰るのである。

これは神楽とは言えないと考える人もあろうが、とても愉快で、芸予諸島の神楽が人々に支えられてきた秘密はこんなところにあったのであろう。

芸予諸島の神楽は、ダイバや吉丸のようなおもしろおかしな神楽のように思われるかもしれないが、ひと昔前はもっと整った形式の神楽が行なわれていたのである。それをこれから紹介する。

芸予諸島の神楽
― 成り立ち ―

福山城下の神楽

菅茶山《かんちゃざん》は、「声調は古く、舞は古雅に見える」と記す

福山藩の朱子学者菅茶山が文政二年（1819）に記した『備後國福山領風俗問状答』に、福山領内で行なわれていた神楽の様子が詳しく記録されている。これには挿図《そうず》もあって、当時の神楽がどのようなものであったかを知ることができる、とてもいい資料である。

要点だけ記すと、当時の神楽は六年または七年に一度、旧暦の十月、十一月を中心に行なわれる、「荒神《こうじん》神楽」（荒神舞）と呼ばれる神楽であった。それは「当番宿」「道中」「神殿《こうどの》」の三つの違う場所で行なわれていた。

「当番宿」では、祭員全員が烏帽子《えぼし》装束で列座して盃事をし、膳に入れた米と塩を撒いて幣で祓いをする。それから「座祓」が舞われ、鬼面、赤熊《しゃぐま》、紙の鎧、大口の舞手が、へいほう（長さ三尺の竹の両端に細く裂きかけた白紙を巻いたもの）を持って、「家内五方の鎮守、澳津彦・澳津姫の尊の悪魔拂ひとは我事なり」と述べて舞をした。

菅茶山『備後國福山領風俗問状答』に描かれた福山領内の神楽の舞場（神殿）

「道中」の行事は「神殿入《こうどのいり》」といわれ、当番宿に参列した者が全員座を立ち、野中に設置した仮屋へ行列し道行をした。先頭の者が洗米を撒いて道を清め、悪魔祓いの鬼が剣で悪魔降伏の舞をしながら練り歩き、その前後に社人や衆人たちが添い、太鼓・手拍子で神殿へ打ち入っていた。

「神殿」では神楽が舞われた。神殿は特設の仮屋で、高い家に似ていたので「神殿」（「行殿」とも表記）といわれた。四方を注連で囲み、四方の柱に四方がため（一尺大の餅）を結び付け、中央から造花（天蓋）を下げ、正面に菰《こも》敷きの神棚を据え、掛布・掛鳥・神酒・鏡餅・燈明などを供えていた。神楽は、神殿中央に板床を二枚並べた「舞台《まいだい》」の上で行なわれた。奏楽は大太鼓・小太鼓・手打鉦・笛であった。

最初に「十二番の舞」（「十二神祇」とも呼ばれた）が行なわれた。これは舞場を清める「洒水」（一人舞）、「神迎」（二人舞）、「神集」（二人舞）、「礼舞」（四人舞）、「神役舞」（三人舞）のわずか五番であった。五番だけなのに十二番の舞といわれたのは、十二名の舞手が奉納したからである。

「礼舞」は奉幣と御祓で、幣帛《へいはく》を捧げ天下太平を祈念していた。礼舞の後に「神役舞」をした。舞の間には、「幣たつる、こゝそ高天原なれは、あつまり給へ、四方の神々」などいろいろな神歌が歌われた。この十二番の舞について菅茶山は、神歌は謡・歌と違い、内侍所《ないしどころ》の御神楽の声に似ていて声調は古く感じられる。舞は猿楽舞と異なり手業や足拍子が少なく、古雅に見える、と述べている。

礼舞図

十二番の舞が終了すると「造花」行事を行なった。「天神の御名など入った詞」を唱えながら、天井に吊った造花を引き上げたり下ろしたりして天神七代の神を祀った。造花が済むと、四名の舞手が「剣舞」（訛《なま》って「へんばい」とも）を舞った。「剣舞」は最初に笹と鈴で舞い、次に抜身の刀を舞手が互いに握って輪になり、刀くぐりなどをした。

剣舞は普通九ツ時（正午）に終わり、その後は「猿楽の舞」や「狂言の真似」のような児童を喜ばせる行事が続けられたという。最後に鈿女尊が天の岩戸前で手草を手に舞った古事に由来する「手草」を舞い、黄昏《たそがれ》時に終了した。舞手は榊を手に採って「手草の讀《よみ》」（いざなぎの尊からひるこ、素盞雄までのことから、鈿女尊の舞などの物語）を長々と語っていた。

三原領内の神楽

同じ形態の舞が、芸予諸島東部に伝わる

文政二年（1819）に記された「国郡志御用ニ付郡辻書出帳」（御調郡之内四ヶ村と豊田郡之内壱ヶ村、及び茅町、宮沖新開）の風俗の項には、三原領内の村々で行なわれていた神楽の様子が記録されている。村々の氏神社や荒神祠で、五年に一度、あるいは十年に一度神楽が行なわれたと記してある（立願があるときは、

清祓の鬼図

表 3-2　三原領内の「十二神祇」（『国郡志御用ニ付郡辻書出帳』より）

	曲名	数	登場人物	衣装、採物、解説等
式三番	手草 注連口 神迎	2 ≀ 3		神詠、唱事数々ある。 常躰装束。 白張烏帽子。
造花	造花			六角の枠に紙垂をつける。神殿に吊るし綱で引く。
礼	神酒祭 神託舞	4	社人が行なう	餅、酒、手酒、米を供え、社人が御祓し、祝詞。四人が式三番と同じ舞をする。
1	露祓 （悪魔祓）	1		鬼面、赤熊、大口袴、水干、刀（抜身）。
2	小弓	1		梨子打烏帽子、千早、大口袴、弓。
3	岩戸		右大臣（天児屋根命） 左大臣（天太玉命） 天細女命 天照皇太神	翁面、風折烏帽子、水干、大口袴。 中場で左大臣祝詞、言がある。 女面、和冠、水干、大口袴。 岩戸より出て舞う。
4	二天	2		梨子打烏帽子、千早、袴、刀（抜身）。
5	剣舞	4		梨子打烏帽子、千早、袴、刀（抜身）。 中場から鬼形の素戔烏尊が出て舞う。 四人の太刀の曲舞、回転などする。
6	異国	4	住吉明神 吉丸明神 神功皇后 三韓の夷狄	風折烏帽子、狩衣、弓矢で舞う。 梨子打烏帽子、鼻長面、千早、袴、弓矢を持つ。 女面、和冠、シタタレ（ヒタタレ）、袴、弓矢を持つ。 鬼形で舞出、神功皇后が伐払。
7	恵美須舞	3	蛭子命 住吉明神 熊野権現	全員、常体烏帽子、狩衣。
8	弓関	2		赤熊、袴、腕貫、大弓を持って舞う。
9	太刀関			赤熊、袴、腕貫、太刀を抜いて舞う。
10	柴舞	2		烏帽子、狩衣。
11	八重垣		素戔烏尊 稲田姫 手名槌 足名槌	鬼形、鉾で大蛇を退治する（蛇頭を使う）。 女面、千早、ヒタタレ、幣を持つ。 翁面、烏帽子、千早、袴、幣を持って舞う。 老女面、千早、袴、幣を持つ。
12	王子	6	盤古 太郎・次郎・三郎・ 四郎五郎王子 門全博士	鎧甲で舞う。 烏帽子、千早、袴、後に所務を分ける。

随時行なわれた）。

神楽に当たるのは社家筋の者で、十人余の社人が出仕して神楽を務めた。須波村《すなみ》（三原市須波町）には社人が多く、神楽道具も充実していたようである。一方、山中村（三原市中之町）には社家が少なく、神楽道具類も不足がちであった。したがって神楽をする場合、須波村の社人を雇って行なうのが普通であった。

この神楽は「古種成ル事之由」と書かれていて、江戸時代の前・中期から行なわれていた神楽だったらしい。「十二神祇」「六神祇」「三神祇」などの違いがあった。この神楽の詳細は、「表3‐2」の通り。

最初に行なわれたのが「式三番」である。これは「手草」「注連口」「神迎」の三番の舞で、簡単な白張に烏帽子を着け、神歌にあわせて二～三名が舞っていた。次に「造花」が行なわれた。造花は杉で作った六角形の枠に紙垂《しで》を下げたもので、綱で引いて上下できるようにしてあり、歌にあわせてこの造花を遊ばせていた。

造花の次に「礼」と呼ばれる「神酒祭」が行なわれた。荒菰《あらこも》を敷いた棚の上に、餅、新樽に酒と手酒、一尺長の米俵を三方《さんぼう》に入れて供え、社人が御祓いをして祝詞《のりと》を上げた後、四名の舞手が「神託舞」をした。礼が済むと「露祓」。鬼面、赤熊、大口袴、千早の舞手が抜き身の刀で舞う。一般にこの舞は「悪魔祓」といわれた。

次に「小弓」。梨子打烏帽子、千早、大口袴の舞手が弓を持って舞う一人舞。そして「岩戸」。右大臣（天児屋根命）は翁面、風折烏帽子、水干で、左大臣（天太玉命）は大口袴で舞う。舞の中で左大臣の詞がある。鈿女命は女面、和冠衣装である。岩戸開きの後、天照皇太神が舞をする。

「二天」は梨子打烏帽子、千早、大口袴の二名の舞手が刀を抜いて舞う。「剣舞」は四名の太刀の舞。装束は二天と同じ。舞の途中で鬼形の素戔嗚尊が現れて舞う。その後で太刀を組んで輪になり回転する曲舞を演じる。

「異国」は神功皇后《じんぐう》の三韓征伐の舞。まず住吉明神が風折烏帽子、狩衣で弓矢を持って舞う。吉丸明神は梨子打烏帽子、鼻長面、千早、袴で弓矢を持つ。皇后は女面、和冠、直垂《ひたたれ》、袴で弓矢を持つ。後で三韓之夷狄が鬼形で出てきて、それを皇后が伐り払う。

「恵美須舞」は蛭子命、住吉明神、熊野権現の三神の舞。装束は烏帽子と狩衣。「弓関」は赤熊、袴、腕貫で大弓を持つ二人舞。「太刀関」は弓関と同じ装束で太刀を抜いて舞う。「柴舞」は烏帽子と狩衣の二人舞。

「八重垣」は素戔鳴尊の八岐大蛇退治で、まず鬼面の素戔鳴尊が鉾を採って舞う。大蛇は面を使う。稲田姫は女面、千早、直垂、手名槌は翁面、烏帽子、千早、袴で幣を持つ。足名槌は老女面、千早、袴で幣を持つ。

「王子」も行なわれていた。盤古《ばんこ》大王の五人の王子が四季四方の側と五行五色の側で戦い問答する。四季四方の側とは太郎王子、次郎王子、三郎王子、四郎王子で、五行五色の側は五郎王子である。

この両者が合戦の舞をする。太郎王子、次郎王子たちが鎧甲を着けて舞った後、門全《もんぜん》博士が烏帽子、千早、袴で舞い出し、所務を分け静謐《せいひつ》となる。

以上のように、三原領内では「式三番」（手草・注連口・神迎）をした後、「造花」「礼」（神酒祭の祝詞の後の神託舞）を行ない、続いて「露祓」（通称「悪魔祓」）「小弓」「岩戸」「二天」「剣舞」「異国」「恵美須舞」「弓関」「太刀関」「柴舞」「八重垣」「王子」を行なっている。「露祓」から「王子」まで全部で十二曲あったので、これを「十二神祇」と呼んでいた。

三原領内で行なわれていた十二神祇は、昭和十五、六年頃まで三原市内で行なわれていたが、昭和二十年頃以降はほとんど上演されなくなり、現在、その伝承は途絶えている。しかし、それとほぼ同じ形態の十二神祇が芸予諸島東部で現在も活発に行なわれている。

芸予諸島の神楽の成り立ち

三原領内の十二神祇を基本にして、福山城下の荒神舞と名荷神楽の曲目を資料に即して並行的に配置したのが「表3－3」である。＊印は資料に掲載していないが実演されているもの、══は資料に掲載してあり、かつ現在実演されている曲名を示している。

この表から、江戸時代の芸予諸島の神楽に関して多くのことを知ることができる。当時、実演されていた曲目を比較すると、これらの神楽の間に共通性が認められる。三原城下の「式三番」はどこでも行なわれていた。(A)「造花」、(B)「礼」(礼舞・諸神御神託・行・禮)、(C)「悪魔祓」、(I)「剣舞」も必ず行なわれている。

このことから、江戸時代の後期以前には、芸予諸島東部で「式三番」「造花」「礼」「悪魔祓」「剣舞」を核とするような神楽が行なわれていたことが分かる(名荷神楽の(J)「御神託御縄御祭中御前」と(T)「八重注連」は、三原城下でも福山城下でも行なわれていないので、江戸時代後期には失われていたのであろう。この二つは、江戸時代後期以前からあった古い神楽だと考えられる)。

このような核となる神楽に、採物による魔祓いの舞(小弓・二天・弓関・太刀関・柴舞など)、神話の能舞(岩戸・異国・恵美須・八重垣など)などさまざまな曲目を付け加えて整えたのが、現在の「芸予諸島の神楽」ということになる。

表 3-3　近世の芸予諸島の神楽

	三原領内の神楽	福山城下の神楽	名荷神楽
	『書出帳』	『風俗問状答』	『御神楽次第』
	文政二年（1819）	文政二年（1819）	元治元年（1864）
		2.神殿入	*宮渡
		5.神集 3.洒水	1.御所堅 2.神拝祝詞
式 三 番	1.手草 2.注連口 3.神迎	10.手草 4.神迎	3.御手草 4.注連口 5.神迎
A	4.造花	8.造化	7.座行并造花
B	5.礼　神酒祭 6.祝詞　神託舞	6.礼舞 7.神役舞	8.諸神御神託
C	7.露祓（悪魔祓）	1.座祓	6.悪魔払
D			12.和卓舞
E	8.小弓		
F	9.岩戸		14.岩戸
G	10.二天		10.仁天
H			18.四天
I	11.剣舞	9.剣舞	9.劔舞神事
J			11.御神託御縄御祭中御前
K	12.異国		15.異国
L	13.恵美寿舞		17.恵美須神事
M	14.弓関		16. 御弓関
N			13.小弓神祇
O	15.太刀関		20.太刀関
P			* 両刀
Q	16.柴舞		19.柴神事
R	17.八重垣		22.八重垣
S	18.王子		23.王子神事
T			21.八重注連

芸予諸島の神楽
―探訪―

宮盛《みやざかり》の神楽（呉市蒲刈町宮盛）

場所：亀山八幡神社
日時：４月第二土曜日　19時30分～
　　　９月最終土曜日　19時30分～
問い合わせ：蒲刈町宮盛区事務所　☎0823・66・0017
　　　　　　宮盛区長　原田福造　☎0823・66・0165

たくさんの提灯の下で行なわれる滑稽な神楽

「瀬戸内の島の神楽には誰も興味をお持ちにならないので」と前置きしてから、蒲刈町教育委員の原田三代治先生が、「上蒲刈島の神楽を一度見においでになりませんか」と声を掛けてくださった。その誘いに引かれて、私は平成十三年十月十三日(土)夜、呉市蒲刈町宮盛の亀山八幡神社で奉納される神楽を拝見させてもらった。初めて見る瀬戸内の島の神楽は、今まで私が見てきたどの神楽ともまったく違う神楽で、たいへん興味深かった。

上蒲刈島の神楽は舞場に天蓋や注連などをまったく飾らず、たく

拝殿天井から下げた提灯

「手草の舞」

さんの提灯をともしてその下で行なわれる滑稽《こっけい》な神楽であった。この神楽は、もともと太夫と脇太夫と呼ばれる社人の神楽であったが、第二次大戦後、氏子たちがそれを見よう見まねで舞い始めたらしい。当日奉納された神楽は、「手草の舞」「恵比須」「吉丸」「ダイバ」「獅子舞」のわずか五番だけであった。

「**手草の舞**」（19：30〜19：40）。幣（右）と鈴（左）による四人舞。「手草出立ノ歌」で舞い出し、「手草四方歌」を歌って四方を付ける。それから手草の由来の「手草縁記」を語る。これは三原領内や福山城下の「手草」につながるものである。

「**恵比須**」（20：00〜20：10）。半纏《はんてん》に括《くく》り袴、烏帽子、白い恵比須面の舞手一名が、鈴と竹笹を採り舞い出す。「只今御前に罷《まか》り出でたる命をば、如何なる者とや思ふらん、蛭子《ひるこ》の尊、恵比須大明神とは即ち某が事にて候也」と述べて舞った後、スクイ（採り物で物を掬《すく》うような仕草で舞うこと）をしながら四方を付け、「百姓には農作を相守り、町人には利徳を相守り、漁人には大漁を相守る祖神とは某が事にて候也」と述べて舞った後、手に採っていた竹笹を氏子に投げて終わる。

「恵比須」

「**吉丸**」（20：15〜20：30）。半纏に袴、赤の鼻高面の吉丸が、弓（左）と弓矢（右）を持って登場し名乗りをする。弓を腰に当て、矢先をクルクル回しながら舞場を二周する。時に弓を会衆に向けて威嚇する。さまざまな口上がある。神前に神主役が吉丸と対座し「八幡宮御歌」を語る。それから刀で四方を切り払う。そこで吉丸は、異国征伐の自慢話「吉丸立上申」を語る。最後に福の種の御久米を氏子に配って去る。

「ダイバ」（20：35〜20：55）。赤い鬼面のダイバが、大口袴に半纏を着け登場。鬼棒で周囲を押さえるように一周し、床を強く踏む。そして四方の神々を確認してから、祭主（「取り」という）から扇を受け、一周して退く。

再び舞場へ舞い出し、祭主に「シタゴウマイカ」「ハッタトシタゴウマイカ」と述べて立ち向かい、鬼棒を激しく振り回して凄む。鬼棒で周囲を押さえるようにして回り、膝をついて舞場の床を強く踏む。それからダイバは、自分の力が凄いことを語る。

祭主は、ダイバに悔い改めて真っ当な人間に戻るように促すが、「シタゴウマイカ」「ハッタトシタゴウマイカ」といって鬼棒を振り回しながら威嚇し、九度も返閇《へんばい》を踏む。「取り」と何度も問答し、返閇を繰り返した後、ついにダイバは神仏に従うことになる。

「吉丸」：異国征伐の自慢話（吉丸立上申）をする吉丸

鬼棒を置いて、代わりに幣二本を持ってスクイをし、左右に幣を振り、氏子安全の太平楽を舞い納めてから、氏子にその幣を投げ与える。「取り」から扇をもらい受け、それで周囲をあおぎながら一周して去る。

「**獅子舞**」（20：55～21：05）。二名が幣と鈴で舞場を一周する。次に抜身の刀で四方を清める。弓を持つ赤面（ダイバ面）と鬼棒を持つ白面（恵比寿面）の者が舞い出し、伏している獅子を囃《はや》して起こす。獅子は起き上がってから四方を清める。

戸《と》田《た》神楽
（呉市仁方西神町）

場所：八岩華神社
日時：10月10日の前の土曜日（隔年）
問い合わせ：八岩華神社　☎0823・79・0051

「ダイバ」：仏を威嚇するダイバ

呉市で一番古い神楽

芸予諸島の神楽には瀬戸内海水軍の勢力を示す勇壮な舞が多い。伊予大三島から伝わったといわれる呉市のどこの神楽も、この勇壮な舞をよく伝えている。呉市の神楽で一番古い歴史を持つのが戸田神楽である。八《や》岩《いわ》華《ばな》神社（仁方西神町）の花田惟忠宮司と戸田自治会長の白井修一氏のお世話で、私は八岩華神社で奉納された戸田神楽を見ることができた。

八岩華神社の神楽は、もともと当地にあった畑神楽が奉納していたが、昭和三十四年から畑神楽が休止になり、大歳神楽（仁方大歳町）と戸田神楽（仁方町戸田西）が交替で奉納するようになった。平成十四年十月五日（土）の八岩華神社の神楽は、戸田神楽が奉納する番であった。出張奉納であったため、戸田神楽の

「神降ろし」

「岩戸」

全てを奉納しなかったが、芸予諸島の神楽のパワーあふれる舞を堪能することができた。

夕刻七時から神事があり、続いて「神歌」「神降ろし」「露祓い」「岩戸」「神迎い」「四天」の六番が行なわれた。花田宮司は神楽が行なわれている間、神前にいて、背を伸ばして正座し、ずっと穏やかな姿で神楽を見守られていた。私はその傍で一緒に神楽を見せていただいた。

「**神歌**」（19：25～19：30）。神楽の始まりを伝える一番で、二名の少年が神前で太鼓を打ちながら神歌を詠じる。

「**神降ろし**」（19：30～19：40）。白の上衣に緋色の袴を着けた四名の少女が、少年の太鼓にあわせて、白幣と鈴で神歌を歌いながら莚二枚の上で舞う。「東方に五万五千の御神ましますからは、これ御酒の初穂参らする」と五方を拝し、膝を高く上げて力強く舞う。

「**露祓い**」（19：40～19：50）。一人舞。大口、襷、黒手甲、白足袋の衣装で鬼棒を持った青鬼面の舞手が舞い出す。鬼棒をバトンのようにクルクル回し、集まった人たちを見回しながら穢れを清める舞をする。

「**岩戸**」（19：50～20：20）。天照大神の岩戸出を演じる神楽であるが、芸予諸島の神楽に共通して見られる独特の演出がある。最初に右大臣が鈴で舞い出し、体を仰《の》け反《ぞ》るようにして美しい舞をする。右大臣の舞が行なわれている最中、五本の短冊（笹竹の先に幣をつけた七夕竿のようなもの）が境内に持ち込まれ、伊勢音頭で囃しながら勇壮な短冊の揉み合いが始まる。大騒ぎして短冊を揉み合い、一気に拝殿前まで詰め上って短冊を奉納する。

　すると左大臣が右大臣と同じ装束で舞い出し岩戸開きの有り様を語ると、今度は五名の青年が短冊を拝殿の中に運び入れる。続いて太鼓を激しく打ち叩き、鈿女命《うずめ》の舞が始まる。

　右大臣、左大臣、鈿女命の舞手三名が神前に座ると、天照大神が岩戸から出て人々を祝福する。この後に花の披露が行なわれ、披露した花を短冊に次々と結び付けていく。

　「神迎い」（20：25～20：50）。岩戸が終わるのを見計らって二名の少女（女子高校生）が舞う。相当の練習を積んだ跡が窺《うかが》えるたいへんに美しい舞であった。

　一本の幣を腰に挿し、もう一本の幣を左手に採り、鈴を鳴らしながら舞った。神降しと同じ

「神迎い」：岩戸が終るのを見計らって行なわれる

ように膝を高く上げて舞い、舞の間に幣を合わせて山の大王と姫宮の長文の愛の物語を暗誦する。四十二歳まで后のいなかった山の大王は、鯨の骨と柴で扇を作り、それを開いて日本一の姫宮を見つけ恋文を送る。一度、三度、十三度、三十三度、百度、千度まで文を送っても返事が届かない。

しかし大王は、「日本の水の尽きるまでも、石の硯《すずり》の中窪になるまでも、金の小筆のうら細になるまでも、書きかよわせん」と決意して文を書く。大王の心を感じた姫宮は大王をいたわしく思い、七月十四日に「天竺ごらんご浜」でお会いすると文を返す。

二人は九月半《なか》ばまで浜にとどまり、十二のかいご（蛾の幼虫）を生んだ。そのためこの世が穢れてしまい、天照大神は岩屋に籠って六十一年の間この世は常夜の闇となった。八百万の神々はそれをどうすることもできなかったが、釈迦の子の功力によって岩戸が開かれたという。

最後に「伊勢船や、櫂舵揃えて船うけて、朝日に向うて神迎い」と歌って神迎えの舞をする。慶安四年（1651）の『手草祭文』（比婆郡東城町に残る）にある「宝蔵太子と龍女姫」がここに生きて実演されているのである。

「**四天**」（20：50～21：30）。四名の青年舞手が鎧・鉢巻・襷を着け、腰に刀、頭に星を着けて、鈴と幣のダイナミックな舞をする。剣舞のような舞の型で、たいへん力強く感動的な舞である。四方の神歌を歌うと、そこへ赤面

奏楽には児童も加わる

ダイナミックな「四天」の舞

の悪鬼ダイバが露祓いと同じ装束で舞い出し、四方に控えた舞手と問答し、最後に諭《さと》されて、めでたき舞を舞う。

「やれやれ、聞けば聞くほどありがたや、今日神楽勘問の功力によって、一社福徳、二社しゃぼんてん竜王、参でまおうや、四社天神じよおう、五社仏心、うんがそくとくそくしん、りょうぶつの功力によって、元の仏果を得る事これほど目出度い事は無い。ダイバ舞うて帰る、天下太平、国土安穏、郡長息災、舞納め候」と述べて舞う。

名《みょう》荷《が》神楽（尾道市瀬戸田町名荷）

場所：名荷神社
日時：4月第一日曜日
問い合わせ：名荷神社　☎0845・27・2416

「三宝荒神御縄《さんぽうこうじんおなわ》」は、特筆すべき神楽

瀬戸内海に浮かぶ生口島は、ミカン栽培の段々畑が美しい島である。島遍路でも知られる信仰篤いこの島で、古くから特別な神楽が行なわれてきた。毎年四月第一日曜日、生口島の北にある瀬戸田町名荷で、島の人々によって守り伝えられてきた「名荷神楽」が行なわれる。

名荷神楽は「名荷十二神祇神楽」と呼ばれているが、当地では昔から「荒神《こうじん》神楽」といわれる荒神社のお祭りの神楽であった。元治元年（1864）の『御神楽本』には今と同じ形の神楽二十三曲が記されており、江戸時代後期には形成されていた神楽である。

しかし、全国でも稀有《けう》な「三宝荒神御縄」の舞を伝えていたり、宝暦五年（1755）に荒神舞を行った記録もあり、名荷神楽の歴史はもっと時代を遡《さかのぼ》る神楽であることは間違いない。

私は平成九年と平成十五年の二度、この名荷神楽を拝見した。神楽が行なわれる名荷神社は、明治初年に

厳島神社・天神社・荒神社を合併して荒神社の社地に建設したもので、戸数四百の集落にしては荘厳な神社である。境内に青竹を立てた八畳ほどの広さの簡単な神楽小屋を設置し、そこで藁人形を使った神託舞をはじめ、伝統ある諸神楽が奉納された。

毎年の祭りでは、『御神楽本』の中から八曲程度を演じている。平成九年は、「神迎え」「悪魔拂」「四天」「岩戸」「三宝荒神」「吉丸」「釼舞」（折敷）「八重垣」が演じられた。

「四天」ではダイバが出たり、また吉丸の自慢話の舞があるなど、どれも興味深い芸予諸島の神楽であった（平成十五年の神楽では、四天と吉丸は行なわれなかった）。「八重垣」は獅子舞の獅子と同じ姿をした大蛇を、一人の舞手が布を煽《あお》りながら演じる古形である。「釼舞」には折敷舞が組み込まれている。

「吉丸」

「四天」

「八重垣」

いろいろ興味ある舞があるが、何といっても藁人形を遊ばせる「三宝荒神御縄」は、名荷神楽の古い伝統を伝える特筆すべき神楽だ。

これをするには、頭屋の神楽田から収穫した新藁でまず縄をない、それで五十センチメートルほどの大きさの藁人形（「御縄《おなわ》」ともいわれるが、地元では「荒神さん」という）を作ることが重要である。これを作るのは神楽団員の仕事である。右足に縄の瘤《こぶ》を作り、そこを引くと人形はたちまち十尋（約十五メートル）の長さの縄となるような仕掛けの人形にしておく。

この藁人形に赤色の紙を覆い、さらにその上に白色の紙を着せる。顔に目、鼻、耳、口、口髭、眉毛を黒墨で描き、色紙を切った髪を生やし、その上にタコロバチの笠を被らせる。前胴には祭りの年月日と当番組の名前を「平成十五年四月六日　三宝荒神宮御縄　当番東中郷」のように太く書き入れる。

両腕には当番組の名前を書いて丸く囲む。祭り前夜、この御縄を頭屋の神床に飾り、御酒などを供え入魂の式を行なっておく。

祭り当日は午前中に地区集会所を会場にして、当番組の者が全員集まって当番祭をする。藁人形を据えた祭壇の前で丁重な神事をしてから、「神迎え」「悪魔拂」の二曲を舞い、その後、全員で和やかに会食する。

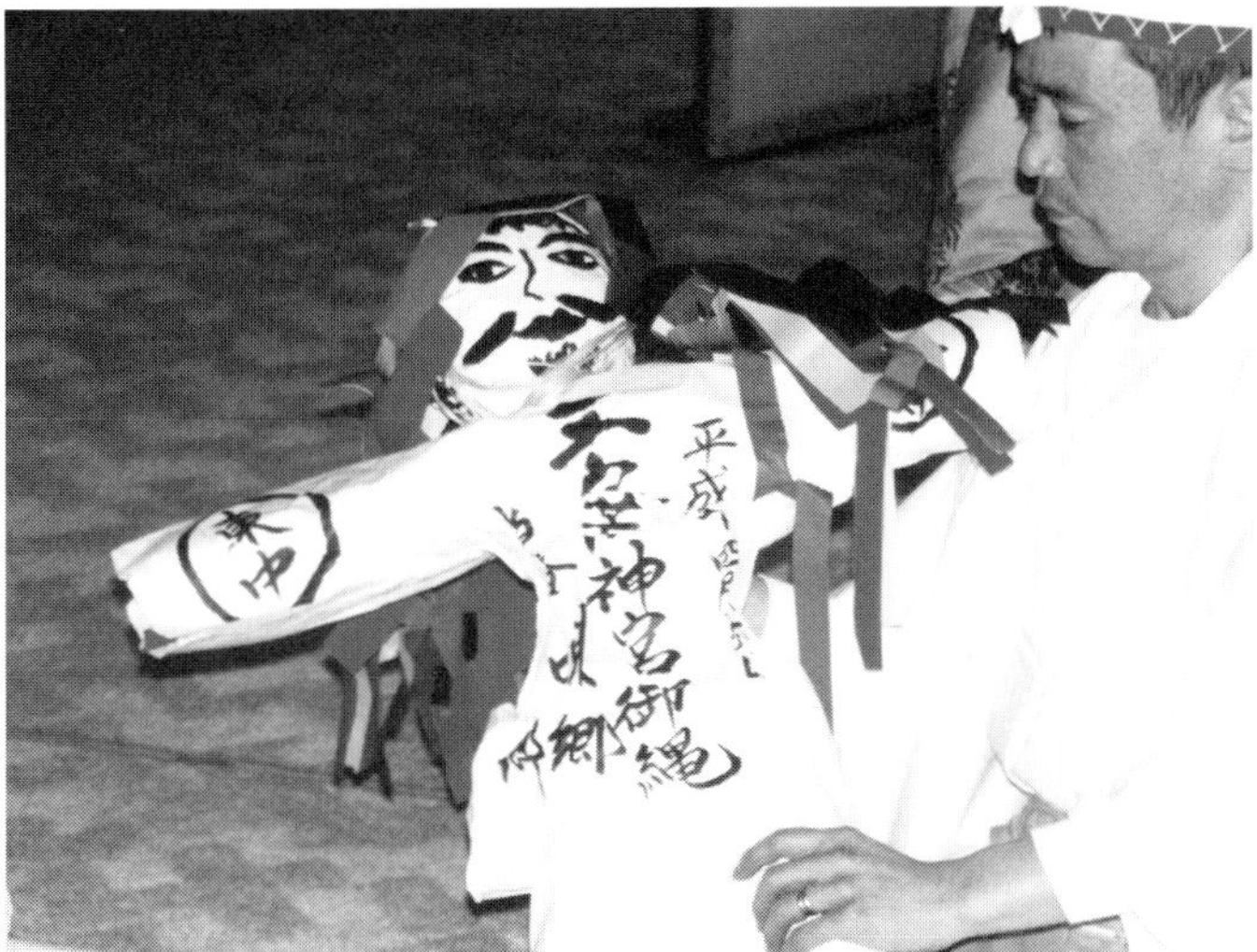

「三宝荒神御縄」：全国でも稀有な藁人形を遊ばせる舞

それから当番組代表者が藁人形を抱き、全員、あたりに桜と菜の花が満開の道を行列して荒神社へと宮入りする。荒神社で再度神事をしてから、境内の舞場へ移動し神楽が行なわれるのである。

三宝荒神御縄の流れ——酒を注ぐと、藁人形の顔が見る見る赤く染まる

「三宝荒神御縄」の次第は次の通りである。酌取り《しゃくとり》(黒烏帽子に鉢巻)が藁人形を三方に載せて舞場中央に舞い出し、神託幣を持った幣方《へいかた》(赤烏帽子に鉢巻)と挟箱を挟んで対座する。そこで酌取りが挟箱の藁人形を遊ばせ顔に酒を注ぐと、酒が紙に染みて顔が少しピンク色に変わってくる。すると、酌取りは藁人形を左手で支え右手で持ち上げ、幣方は右手を前に上げて一緒に舞う。それから三方に藁人形を載せて荒神社へ走る。神前に藁人形を据え祈願し、舞場へ戻ってまた一舞する。

今度は氏子らも加わり、次々と人形の顔に酒を注いでいく。酌取りと幣方は藁人形を三方に載せて再度、荒神社へ走り、舞場に戻ってもう一度同じことを繰り返す。

酒を顔に注ぐ際、囃子方は鈴と太鼓の速度を速めて打ち、「酒々トヨヘト答エス、買ニ行カン、道カ遠カ、宵ニ作リテ、夜中ニ添カケ、暁家浄シテ、今盛酒ハ御斎ノカラ酒、爰ハ和泉ソ、汲上ケテ盛レ」と御神酒祝文を唱える。

「三宝荒神御縄」:藁人形を解いて縄にし鱗打ちをする

「三宝荒神御縄」:藁人形に酒を飲ませ遊ばせる

「三宝荒神御縄」：藁人形を持ち舞う幣方

祝文にあわせて酌取りが藁人形の手足を動かせば、人形の顔は見る見る赤く染まり、まるで生き物のようになる。この染みた赤色の具合で神意を伺い、赤く染まれば健康がもたらされると信じられている。

続いて、酌取りと幣方が腰に太刀を挿して立ちあがり、藁人形の片足に出ている縄の瘤《こぶ》を引いて一本の縄にする。それを舞場に東西一直線に引き渡し、そこでまた舞をする。二人は太刀で縄を叩いて三度鱗打ちをしてから、縄の下をくぐったり太刀を担いだりしてしばらく舞う（この動作は岩国市本郷町波野の山之神と同じ）。その間、囃子方は「氏子をばあれとぞ祈る千代までも、丸なる石の平になるまで」などの神歌三種を歌う。

最後に酌取りが刀で縄を真二つに切って終わる。この縄は、稲の豊作を願って田植えの苗を植えるときの目印に使い、後で田の近くで焼くと害虫の駆除になるといわれている。

浦崎《うらさき》神楽（尾道市浦崎町）

場所：住吉神社
日時：10月第二土曜日　18時半～
問い合わせ：浦崎神楽連絡協議会　檀上弘行　☎0848・73・3095

今に伝わる五行の神楽

「浦崎神楽」に目が向いたのは、平成十二年に広島女子大学（現・県立広島大学）が作成した広島県の神楽の実態調査報告書を見てからである。尾道市内の神楽の項に「赤鬼・白鬼」「巻物」「眺瑞師《ちょうずいし》（手洗水石）」「志《し》めかじ」など、これまで聞いたことも見たこともない名前の神楽があった。一体どんな神楽なのだろう。

尾道文化財研究所理事長の寺岡昭治氏（尾道市文化財保護委員長で山波神楽団の代表でもある）に案内していただいた。平成十六年十月九日のことである。浦崎町は市中心部から離れたところに位置する尾道市の飛び地。昭和五十五年から毎年十月第二土曜日の夜に、町内八神楽団体が勢揃いし住吉神社で神楽を奉納している（一団体はその年の当番を務めることになっている）。

浦崎町には上組、下組区、高尾区、新田《しんでん》、海老区、戸崎、満越《みちごえ》、灘区の八地区にそれぞれ神楽団体があり、各地区は毎年の秋季祭礼前夜に神楽を奉納している。この神楽は明治初期に上組の有志が戸崎の神官・山根摂津守の指導を受けて始まった。それが灘区や海老区に広まったといわれている。昔通りに神社境内に四方に竹を立て、その中に二枚の板の台（舞台《まいだい》という）を置き、そこで熱烈な神楽が夜通し演じられる。

この浦崎神楽を見て私はびっくりした。会場は町内外からの見物客であふれ、社殿に上る階段は人が鈴なりで座っている。子供たちも群がるほどたくさん集まっていた。市長も見物に来ている。これまで見なれた舞とはまったく違い、しばしば頭《ず》を切ったり（頭をひねる特有の動作）、一舞しては必ずバックしながら舞い返していた。

見物客であふれる住吉神社境内

こんな不思議な神楽がどこから伝わってきたのだろうか。ひょっとしたら竜宮から伝わったのではないかとさえ思える神楽であった。神楽も不思議だったが、子供から大人まで、舞う人も見る人も、みんな憑《つ》かれたように神楽に熱中してるのが不思議だった。

神楽の合間に関係者の方々から話を聞いてさらに驚いた。浦崎神楽はどこでも「五郎の王子」を舞っているというのである。今はほとんど絶えてしまった五行の神楽が、ここでは生きているというのだ。しかも最初の盤古《ばんこ》大王の譲りから、最後の遺産配分まで通してするのだという。

私はそれから松永湾を囲む地域にある神楽を探訪した。山波神楽（山波町）、太田神楽（高須町）、上組神楽、新田神楽、高尾神楽、浦崎下組神楽（以上浦崎町）などである。山波神楽は尾道市の無形民俗文化財の勇壮な「餅搗《もちつき》神事」と一緒に奉納していた。十一月には国宝の浄土寺多宝塔の横でも奉納しているという。太田神楽は市中心部の楠の大木で有名な艮《うしとら》神社で奉納したのを見学した。この不思議な神楽がどこから伝わってきたのか分からない。県の無形民俗文化財に指定されている同系統の「備後田尻荒神神楽」（福山市田尻町）と見比べてみたりしたが、実力ははるかに浦崎神楽の方が優れていた。

人気の舞「五穀」は福を招く

平成二十一年の十月第二土曜日夜、あらためて住吉神社で浦崎神楽を見た。神社拝殿で「悪魔払い」（「赤鬼」「白鬼」という）を舞い、続いて境内の舞場で次の十二番の神楽があった。かっこ内は上演団体と舞手数を示す。当番は上組神楽同好会。

「悪魔払い(2)」（上組神楽同好会）、「眺瑞師(1)」（同）、「巻物(2)」（同）、「姫梶《ひめかじ》(2)」（同）、「皇子王子《おうじおうす》(5)」（満越神楽保存会）、「天津（珠取公）(3)」（新田神楽舞子）、「牛若丸(4)」（戸崎神楽保存会）、「盆舞(1)」（下組区神楽部会）、「剣舞(4)」（海老区神楽保存会）、「万古大王（王子勢揃い）(5)」（灘区神楽保存会）、「五穀明神　受持命(6)」（高尾区神楽）、「八俣大蛇(9)」（上組神楽同好会）。

「悪魔払い」は赤と白の面をつけた舞手が、笹を振り悪魔払いの舞をする。「眺瑞師」（手洗水石とも書く）は神前を清め神々を迎える舞。「巻物」は岩戸開きの舞の後、二名が岩戸開きの古事を記した巻物を長々と誦《よ》み、そ

「皇子王子」（満越神楽保存会）

「悪魔払い」（上組神楽同好会）

の巻物を持って美しい舞をした。八岩華神社（呉市仁方西神町）で戸田神楽が演じた「神迎い」と同じだった。

「皇子王子」は日本武《やまとたける》の熊襲《くまそ》征伐の物語。エンコウ、キネコウの滑稽な演技を見物客は楽しんでいた。「天津（珠取公）」は竜宮海に奪い取られた貴重な玉を取り返す舞。「牛若丸」では斧を研《と》ぐ弁慶の演技に大拍手が送られ、あちこちから声援が飛び交った。「盆舞」「剣舞」の後に「万古大王」があった。壮大な五行神楽が完全に演じられた。

「万古大王」と並んで皆に親しまれている舞が「五穀明神」である。五穀明神が播州高砂の爺と婆に五穀の種（米・麦・粟・稗・豆）を授け、爺婆がそれを一万倍に増やすというありがたい話。残りの五穀を煎って鬼を祓い福を招く。間におもしろいアドリブが入り、「キャーキャー」と笑いが渦巻く。最後の「八俣大蛇」は「八重垣」といわれていた。昔は島嶼部で使っている幕蛇で演じていたという。

「皇子王子」のキネコウ（満越神楽保存会）

「剣舞」（海老区神楽保存会）

「五穀明神」（高尾区神楽）

第四章

広島県の神楽⑤

比婆荒神神楽《ひばこうじん》

比婆荒神神楽

―― 概説 ――

比《ひ》婆《ば》荒神《こうじん》神楽の分布と特徴

西城町、東城町に分布

庄原市には、国の重要無形民俗文化財に指定されている「比婆荒神神楽」と、県の無形民俗文化財の「比婆斎庭《さにわ》神楽」がある。比婆荒神神楽は、庄原市西城町と東城町で、比婆斎庭神楽は庄原市高野町と比和町で行なわれている。いずれも同じ荒神信仰のもとに演じられ、神職を主体にした神楽組織が中心となって、小集落（名《みょう》という中世の集落単位）で行なわれている。

旧比婆郡内の神職組織が大きく二つに分かれていた関係で、比婆荒神神楽と比婆斎庭神楽という二つの違う形態の神楽になったのである。神楽を長い間神職が担ってきたため、旧比婆郡内にはほかの地域のように多くの神楽団は存在していない。

荒神神楽の形式は、比婆荒神神楽と比婆斎庭神楽では類似しており、どちらの神楽も湯立行事を行なってから荒神を迎え神楽を演じている。しかし、神楽の内容はまったく異なり対照的である。比婆荒神神楽は備中神楽に近く、比婆斎庭神楽は出雲神楽に近い。両神楽の特徴を「表４‐１」に示した。

比婆斎庭神楽は、神楽探訪のページで紹介することにし、ここでは比婆荒神神楽を中心に説明する。比婆荒神神楽は、神がかりの古式を伝えていることで研究者の

表 4-1　比婆荒神神楽と比婆斎庭神楽

	比婆荒神神楽	比婆斎庭神楽
分布地域	庄原市東城町、西城町	庄原市高野町、比和町
主催	神職、荒神神楽社	神職
祭場	民家（集会所）	民家（集会所）
特徴	備中神楽に近い	出雲神楽に近い

間によく知られ、全国的にたいへん有名になった神楽である。旧比婆郡内の神職者組織が主体になり、比婆荒神神楽社の社員と協力して神楽にあたっている。神職は神事舞の主要な部分を行ない、能舞の方は神楽社員が行なっている。

比婆荒神神楽は、公開形式で行なわれるものと（神楽探訪の「東城町の荒神神楽」を参照）、非公開で行なわれるものがある（神楽探訪の「西城町の荒神神楽」と「神弓祭《じんきゅうさい》」を参照）。公開形式の荒神神楽は一般の者も見学しやすいが、非公開の荒神神楽は日程も場所もあまり分からないので、見学するのはなかなか困難である。

比婆荒神神楽の内容

小《こ》神楽（毎年）と大《おお》神楽（7年、13年または33年に1回）

荒神神楽は、毎年行なわれる「小神楽」と、七年、十三年または三十三年の式年に行なわれる「大神楽」とがある。大神楽は民家の座敷や公共の集会所などを祭場にして行なわれる大がかりな神楽である。荒神神楽という場合、一般に大神楽の方を指している。かつて大神楽は神田に神殿《こうどの》を建て、四日四夜にわたり行なっていたが、最近は簡素化され二日一夜の形で行なったり、弓神楽形式で行ない一日で済ませることもある。

比婆荒神神楽は、「前神楽」「本神楽」「灰神楽」の三つの神楽が、それぞれ場所を変えて行なわれる。前神楽は遊び当屋（小《こ》当屋、本《ほん》当屋ともいう）

「荒神迎え」（東城町森）

の座敷で行なわれ、本神楽と灰神楽は舞当屋（大《おお》当屋という）で行なわれる。前神楽は「湯立」をしてから「荒神迎え」「諸神迎え」を行ない、「七座神事」（打立《うったて》・曲舞《きょくまい》・指紙《さすかみ》・榊舞・茣蓙舞・猿田彦の舞・神迎えの舞）「土公神《どくうじん》遊び」「諸神遊び」を行なう。

小当屋の行事を済ませてから祭場を大当屋に移し（神殿《こうどの》移り）、そこで本神楽と灰神楽を行なう。大当屋では「七座神事」をあらためてもう一度行ない、「祝詞《のりと》神事」「能舞」（国譲りの能・八重垣の能・岩戸の能・八幡の能など）を行ない、夜が白みかける頃から「王子舞」を行なってから野外に出て「竜押し」をし、藁蛇を舞場に持ち出して「荒神の舞納め」をし「荒神送り」をする。その後で「灰神楽」（土公祭文・宝廻し・内輪納め・餅取り・恵比寿の舟遊び）を行なって終える（灰神楽は省略されることが多い）。三年後に「御戸開《みとびら》き」という簡単な神楽をして、一切の行事を成就することになっている。

七座の神事：「神迎えの舞」

能舞：「国譲りの能」

灰神楽：「宝廻し」

比婆荒神神楽の歴史

江戸時代初期に既に成立

旧比婆郡内では古くから神楽が行なわれてきたことが文書類から明らかになっている。庄原市東城町戸宇の栃木家に保管されている、神楽能本、祭文本、神楽に関する文書類は、旧比婆郡内の神楽の古さを物語るものである（これらは庄原市重要文化財に指定されている）。これらの文書類は江戸時代初期に書かれたものであるが、中世後期に既に成立していた神楽の文献である。

寛文四年（１６６４）の能本には、鹿嶋ノ能・橋弁慶・文殊菩薩能・恵比須・身ウリ能・清盛ノ能・金剛童子・帝釈天ノ能・ヲダマキ・三宝荒神能・目連ノ能・熊野ノ日高ノ鐘巻・鐘ノ供養・松ノ能の十四番が記録されている。

延宝八年（１６８０）の能本には、皆サンノ能・鹿嶋ノ能・コリノ金剛童子・天照大神ノ山ドリコエ・天神・正徳太子・天照大神岩戸出・八幡宮・鞍馬天狗・安達原黒塚・やとが坂・十羅節女・豊後尾玉マキ・地神能・鳴神ノ能の十五番が記録されている。

いずれも現在の比婆荒神神楽では行なわれていないが、江戸時代初期には、このような演目がいろいろな神楽の場で舞われていた。

比婆荒神神楽では藁蛇が主役となる

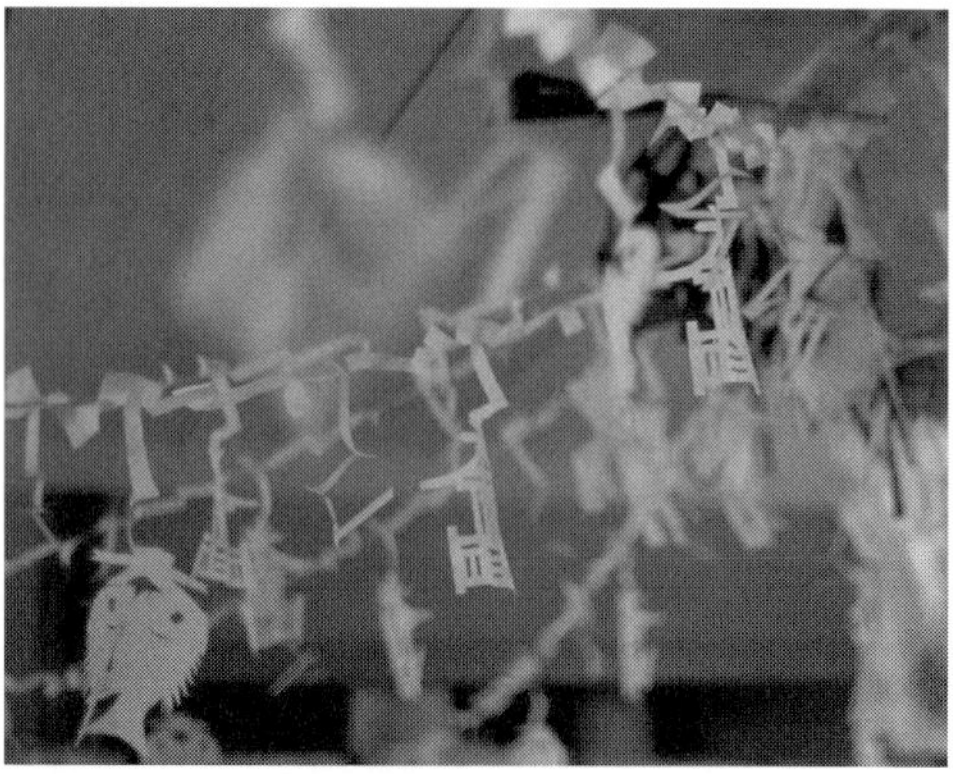
天蓋から八方に引いた千道

白蓋

　庄原市本郷町の神職児玉家に伝わる慶長十七年（１６１２）の『伊與村神祇太夫侘状』には、恵蘇郡（旧比婆郡は三上郡・恵蘇郡・奴可郡が明治三十四年に合併して成立した）で、「湯立」「浄土神楽」「荒神舞」の三様の神楽が行なわれていたことが記録に残されている。
　この記録に従えば、比婆荒神神楽の元になるような神楽（湯立・浄土神楽・荒神舞）は、江戸時代初期に既に成立していたと考えてよい。荒神舞の行なわれる神楽の場で、上記のような各種の能も行なわれていたであろう。その神楽から浄土神楽を排除し、湯立や荒神舞を取り込んで一つの形態に統合・整理したのが比婆荒神神楽である。
　現在の荒神神楽で最初に湯立行事が、最後に竜押し・荒神の舞納め・荒神送りなどが行なわれているのは、荒神神楽が湯立や荒神舞を取り込んで生まれた神楽であることを示している。しかし、この具体的な変遷過程についてはまだ明らかにされているとはいえない。
　とにかく旧比婆郡内では、江戸時代中期頃まで今の荒神神楽の元になるような神楽（湯立・浄土神楽・荒神舞）が行なわれていた。この神楽は、江戸時代前期に大きく変質した。寛文五年（１６６５）に幕府は「神社禰宜神主法度」を公布し、吉田家に実質的な神道裁許権を与えたため、吉田神道の祭式が比婆郡内にも浸透するようになった。そのため、これまでの浄土神楽やそれに関連する神楽能などが整理された。また江戸時代後期の文化年間に備中で誕生した神楽能（国譲り・八重垣・岩戸など）が取り入れられ、今の形の荒神神楽が成立したのである。

明治になると民間人も加わる神楽組織（神楽社）が起こり、現在は神職組織と神楽社とが協力して比婆荒神神楽の伝統を継承している。旧比婆郡内の西部では、江戸時代の中期から後期にかけ、吉田神道や出雲神楽の影響があり、現在の形の比婆斎庭神楽が成立したと考えられる。

荒神幣を飾った神座

比婆荒神神楽

―探訪―

東城《とうじょう》町の荒神神楽
（庄原市東城町森）

問い合わせ：庄原市観光協会　☎0824・75・0173

全国各地から多数の見学者が訪れる

平成十四年十一月二十二日（金）から二十四日（日）の三日間、庄原市東城町森の八幡地区において、殿迫名《みょう》本山三宝荒神の三十三年の大神楽が現地公開の形式で行なわれた。主催は比婆荒神神楽保存会で、東城町と東城町教育委員会が地元と共催する形で行われた。

東城町教育委員会の佐古辰巳氏（殿迫名に所属し八幡大神楽実行委員長でもある）の案内で、私はこの大神楽の前神楽の部分を一部始終じっくりと見させていただくことができた。遊び当屋は松崎守登氏宅、舞当屋は八幡多目的研修集会所があてられた。全国に知られている有名な神楽だけあって、東京をはじめ各地から多数の見学者がつめかけた。

当日配布されたパンフレットに記載されている公開日程を「表4－2」に示しておく。この日程表から、比婆荒神神楽のおおよその流れを掴《つか》むことが可能である。

遊び当屋の松崎家は山すその小高い所に屋敷を構えた旧家である。入り口に「大神事不浄輩出入不可矣」と書いた

門札に挿してある迎え幣

藁を束ねて作った門札が立ててあった。昼前に到着した私たちは、屋敷の外でおにぎりの弁当を食べたり、集落や刈り入れの終わった田んぼを眺めたりして前神楽の開始を待った。

湯立神事

神職方や神楽社員が次々に集まり、門札に挿してある幣（迎え幣）をとって祭場へ入っていった。

午後一時から四名の神職による「湯立神事」が当屋の前庭で行なわれた。湯釜を据え、火打石で火を起こすことから始め、湯を沸かしてその湯を布に通して湯漉《ゆこ》しをし、その湯で当屋の内外を清めて

屋外で行なわれる湯立

表 4-2　比婆荒神神楽公開日程

日程		行事
22日（金）		小当屋（遊び当屋）松崎守登氏宅
		大当屋（神楽・舞当屋）八幡多目的研修集会所で準備
23日（土）	9:00	関係者集合・準備
小当屋で	12:00	湯立神事
	13:00	荒神迎え、七座神事（打立・曲舞・榊舞・猿田彦の舞）、土公神遊び
以後、大当屋で	19:00	神殿移り
	20:00	七座神事（打立・曲舞・指紙・茣蓙舞・榊舞・猿田彦・神迎え）
		祝詞、白蓋引き、能舞（岩戸・国譲り・八重垣）
24日（日）	～5:00	王子舞（五行舞）
	6:00	竜押し
	7:00	荒神の舞納め（神がかりの神事）
		＜休憩＞
	9:30	＜灰神楽（へっつい遊び）＞
		（手草舞・土公祭文・宝廻し・恵比須の船遊び・餅取り）
	11:00	行事終了

神迎えから帰り、内で待つ神職と神歌を掛け合う

いく。その間に神歌や祭文の読誦があり、御久米による占いも行なわれた。周防地方の荘厳な湯立行事とまではいかないけれども、県内ではあまり見ることのできない神事である。

「御座舞」

舞場の周囲に下げた掛鳥など

荒神迎え

湯立神事が終わると、「荒神迎え」が行なわれる。神幣を捧持した松崎氏を先頭に、神職と共に十名の地区代表者らが荒神社へ赴き、荒神をお迎えし行列して小当屋に戻ってくる。当屋の座敷の前で内と外に分かれて歌の掛け合いをしてから、当屋の神座に荒神を鎮座させる。同時に地区の小神や全国の神々も勧請する。

その後すぐ、小当屋の上《かみ》の間で「打立」「曲舞」「指紙」「榊舞」「莫蓙舞」「猿田彦の舞」を演じ、引き続いて「土公神遊び」が行なわれた。

土公神遊び

この「土公神遊び」は、とても興味深い行事である。田植太鼓四台を祭場に据え（西城地方では胴太鼓を使う）、その前に稲藁を束にした長さ半間ほどのチマキと呼ぶ幣台三基に白幣と土公神幣を挿して並べ、その前に折敷を四台並べる。

これを挟んで神座側に、一本の白い布（「ゆう」という）を肩に掛けてつながった四名の神職（中島、佐々木、伊達、中島宮司）が座し、太鼓を打ち祭文を唱えて土公神遊びをする。四名の神職の反対側にチマキを挟んで四名の助斎神職が対座し、その後に太鼓と鉦が控える。殿迫名の方たち四名ずつが順番に折敷の前に座り、神職から土公神の占いを聞くのである。

土公神遊びは、次のように行なわれる。胴取りの先導で塩清めと祓いの詞を唱えてから、土公神を称え、土公神の良き導きを祈願する。祭主たちは二本の撥《ばち》で太鼓を打ちな

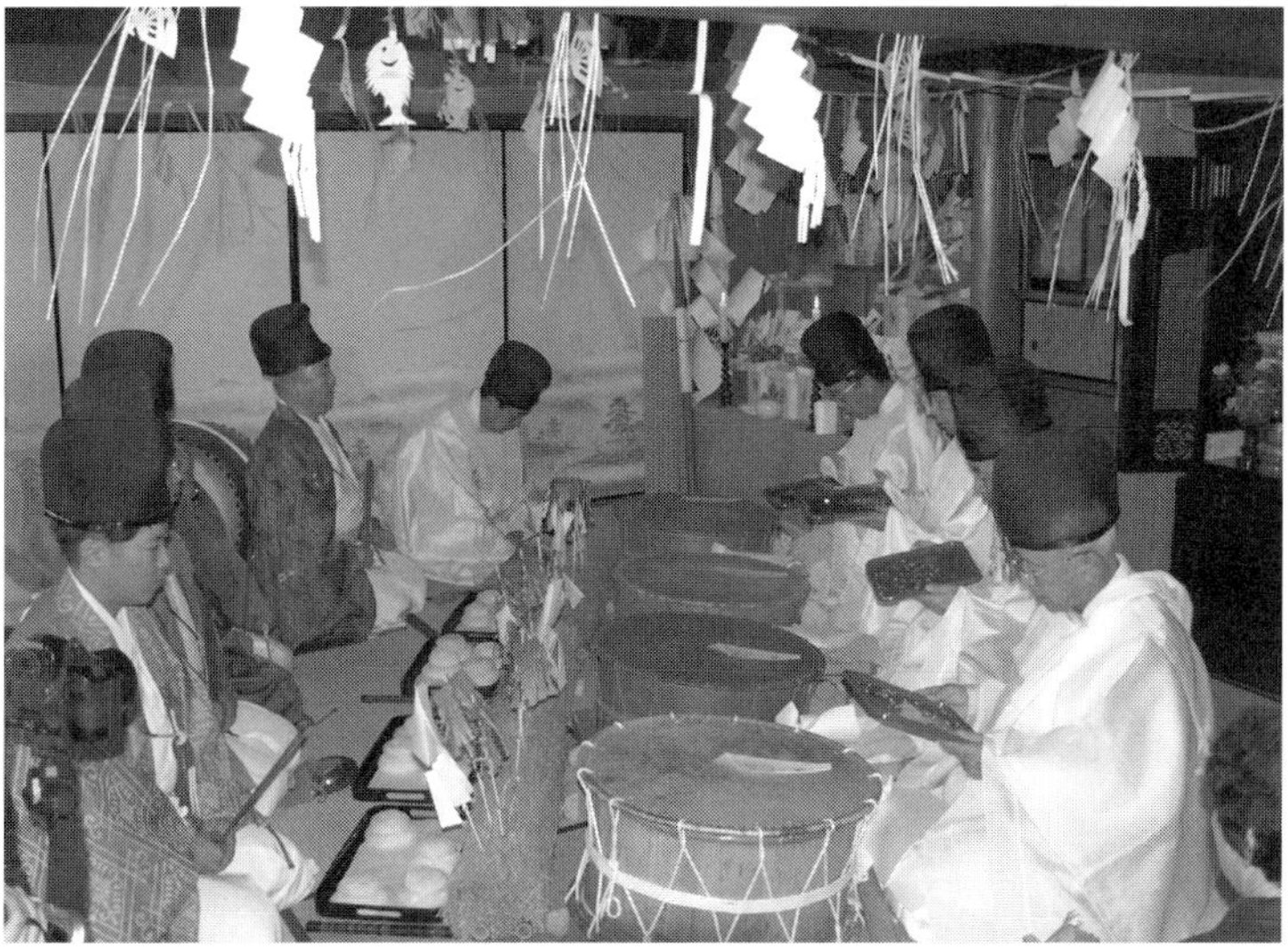

「土公神遊び」（東城町森）

「土公神遊び」（東城町森）

がら、チマキに挿してある土公神幣を一本抜いて首に挿し、久米袋を太鼓にのせ、「サンヤ、御久米とる、とる手の内のかがやきは、神のうつりかあらたなるもの」と歌いつつ盆を手にとる。

そして、その盆に御久米を盛ってそれを揺らし、「シズシズト、ネガウメノトノ声聞けば末ノ社ニ、夜コソネラレン」などの神歌にあわせてその数を数え、土公神の告げを伺い、その御久米に添え米をして久米袋に入れ、前で控えている助斎神職がその託宣を氏子に伝える。氏子は、久米袋と土公神幣と餅二重ねをいただいて席に戻る。

小当屋で行なわれた湯立神事や土公神遊びは、たいへん神秘的で素晴らしい神楽である。その場にいるだけで頭の中が空になって静かな気持ちにさせられる。この後、休憩してから「神殿移り」を行ない、大当屋で「本神楽」が行なわれる。大当屋の「本神楽」については、次の西城町の荒神神楽の探訪で報告することにする。

西城《さいじょう》町の荒神神楽（庄原市西城町平子）

問い合わせ：庄原市観光協会　☎0824・75・0173

神がかりの神秘を残す古風な神楽

平成十二年十一月二十四日（金）から二十五日（土）、庄原市西城町平子《ひらこ》奥名《おくな》地区の岡田邦穂宅を本当屋（小当屋のこと）・舞当屋（大当屋のこと）にして「十三年年番大神楽」が行なわれた。奥名地区は、西城町の市街へ入る手前にある戸数二十九戸の小さな集落である。地区全員が固く結束し、この十三年目の大神楽を納められた。

この荒神神楽（正式には「仲屋《なかや》名《みょう》年番大神楽」）は非公開の荒神神楽で、地区の者以外は参加することができない神楽であった。平子地区の原田尚眞氏の心遣いで、私の勤務している大学の学生と私の二人だけがこの荒神神楽に参加させていただくことができた。私は原田氏の客人として、学生は原田氏の息子ということで招待して

水神幣を持つ原田尚眞氏

原田氏が作製した藁蛇

「祝詞」：当番神職が行なう

くださったのである。この平子の荒神神楽はたいへんに感銘深い神楽で、その一部始終を今もありありと目の前に思い浮かべることができる。

十九日（日）の午前九時に氏子全員二十九名が岡田宅に集合し、神殿および藁蛇（一般に竜《たつ》という）を製作。神楽の一日目（二十四日）は午前八時半に全員集合（奉仕神職四名含む）し、「湯立」を行なってから仲屋名の「荒神迎え」をし、「諸神勧請」「祝詞」（当番神職が行なう）「荒神遊び」「土公神遊び」をして地区の神（諸神）、名《みょう》の神（三宝荒神）、家の神（土公神）の託宣を伺った。祭主は弓を打ち、ほかの神職は太鼓・笛・鉦を奏し、御久米による託宣が伺われた。

二日目（二十五日）は、神職五名と比婆荒神神楽社により午前九時半から行事が始められた。最初に台所から土公神を迎える「土公神迎え」をし、舞場で「七座の神事」（打立・曲舞・指紙・榊舞・茣蓙舞・神迎えの舞・祝詞行事）を行なって小休憩（祝詞行事では御崎宮司によって白蓋引きが行なわれる）。続いて能舞三番（猿田彦・国譲り・八重垣）を演じてから、王子舞の「幡分け」を行ない、「竜押し」「荒神の舞納め」「荒神送り」をして夜八時に終了した。

東城町とは異なる土公神遊び

「土公神遊び」は東城町の手順と少し異なっているので、ここで今一度紹介しておこう。神座の前に弓を据

白い布を肩に渡して「土公神遊び」をする

神籤を願主に伝え久米袋を手渡す神職

え、四名の神職が弓を打ちながら願主である戸主を神座前に呼んで土公神遊びをする。弓座の四名の神職は一本の白い布を肩に掛けて渡し、弓を打って土公神を勧請して土公祓を行なう。

そして、「御久米とる、とる手の内のかがやきは、神のうつりかあらたなるもの」などの神歌を歌いながら、御久米の神籤を行なってその託宣を願主に伝えていく。

神籤の託宣は次のように行なわれる。まず久米袋を笏《しゃく》の下に置き、盆の中の御久米を笏で掬《すく》ってその上に載せる。それを人さし指で引き集め、右手に握る。拳を開いてその御久米を笏の上にパラリと落とし、御久米の数をゆっくりと数える。

それから笏の上に

御久米が一直線になるよう人さし指で引き寄せ、それを久米袋に入れ、盆の御久米をとって添え米とする。それを願主に手渡し託宣を伝える。

御久米の数がうまく出ないときは、最初に戻って同じ動作を繰り返す。二度目もうまくいかない場合は、願主に託宣内容を詳しく丁寧に伝える。神籤をいただけなかった者には、代表の者が後で配る。最後に弓を打ちながら家族の繁栄を唱和して終わる。

「土公神迎え」と「荒神の舞納め」

二日目に行なわれた「土公神迎え」と「荒神の舞納め」では、神がかりの舞が演じられた。新築の家が大神楽の本当屋となる場合は、七座の神事の前に神がかりして土公神を迎える特別の慣例がある。

まず、台所に祀ってある土公神棚の下で、神職全員が笛と太鼓で竈《かまど》を祓い清める祝詞を奏上した後、サンヤ調で白衣・袴に烏帽子・白鉢巻の舞太夫一人が鈴と扇を採り、右に三周、左に三周ほど舞う。

続いて土公神幡（王子舞で使用するものと同じ）で同様の舞をしてから、舞太夫は当屋の繁栄を祈願する。次に土公神幡を捧持し、それを強く振って舞いながら太鼓で激しく追い込んでいく。

舞太夫は太鼓の追い込みに合わせ、土公神幡を激しく振りながら舞い続ける。クルックルックルッと回るうち、舞太夫は床に倒れ込んでしま

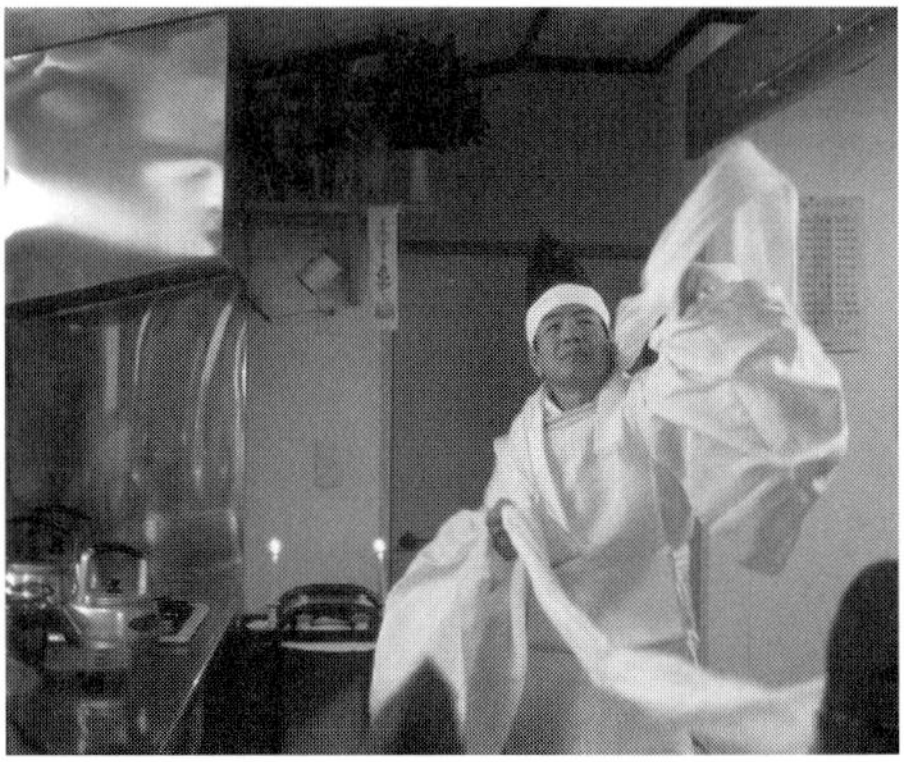

「土公神迎え」：白い布を振って土公神を依り憑ける

「土公神迎え」：同右

う。腰抱え役によって立ち上がらされた舞太夫は、再び、白い布を肩に掛けて舞い、次にその白い布を四方に打ちながら舞う。太鼓の追い込みに感応して、舞太夫は次第に布を激しく打ちつけながら舞い続ける。クルックルックルックルッと回っているうち土公神が舞太夫に乗り移り、舞太夫は突然その場に倒れ込んでしまう。腰抱きが即座に支え、舞太夫を舞場の神座前まで引きずっていく。

舞太夫は神座前でも白い布を四方に打ちつけながら激しい舞を続ける。クルックルックルッと回ると、再び土公神が乗り移り舞太夫は倒れ込む。太鼓と鈴を激しく鳴らし、祭主が「ウォー」と叫ぶと、舞太夫は腰抱きに連れられて別室に控える。祭主は、「どうもおめでとうございます」と集まった人に挨拶し土公神迎えは終了する。

神殿の内に入ろうとする荒神の藁蛇（上）、
神殿の内になだれ込む荒神の藁蛇（中）（下）

「荒神の舞納め」の神がかりがクライマックス

年番大神楽のクライマックスは、「荒神の舞納め」の神がかりである。当町大屋の一野宮神社の伊達泰輔宮司が神柱《しんばしら》（荒神が依り憑く人）に選ばれて、この神聖な神楽が行なわれた。藁蛇を舞場の東西の柱に引き渡し、二名の舞手が太刀でその藁蛇を叩いてまわる（「鱗打ち」という）。藁蛇の前方に白い布（この場面では「手草《たくさ》」という）を引き延べた籾俵を置き、その籾俵の前に神柱の神職が扇を開いて胸の前に置いて正座する。

白衣の神柱は、鈴と扇を手にして神座前でひれ伏して祈る。祭主が神柱に「エィー」と叫んで塩を投げつけて清めると、太鼓を打ちながら全員で各種の祓いの詞を唱えていく。太鼓の歌にあわせ神柱は正座し、次に立って小さく鈴を鳴らしながら、ゆっくり右に回って左に回り返し、四方を拝する。それから神柱は藁蛇に手を触れ、そこから離れて扇を水平にあげて静かに舞をする。

太鼓祝詞で神勧請があると、白蓋《びゃっかい》がゆるやかに揺れ動き始める。祝詞が終わらぬうちに、神柱の衣装を脱がし白浄衣にさせる。祭主が「ウォー」と叫んで神柱の頭を大幣で打つと、神柱は夢中になって白い布を採り、それを両肩に掛け、その端を両手に持って打ち振りつつ舞い狂う。

藁蛇に寄りついて舞い続けるうち、神柱は見る見るうちに神がかりと

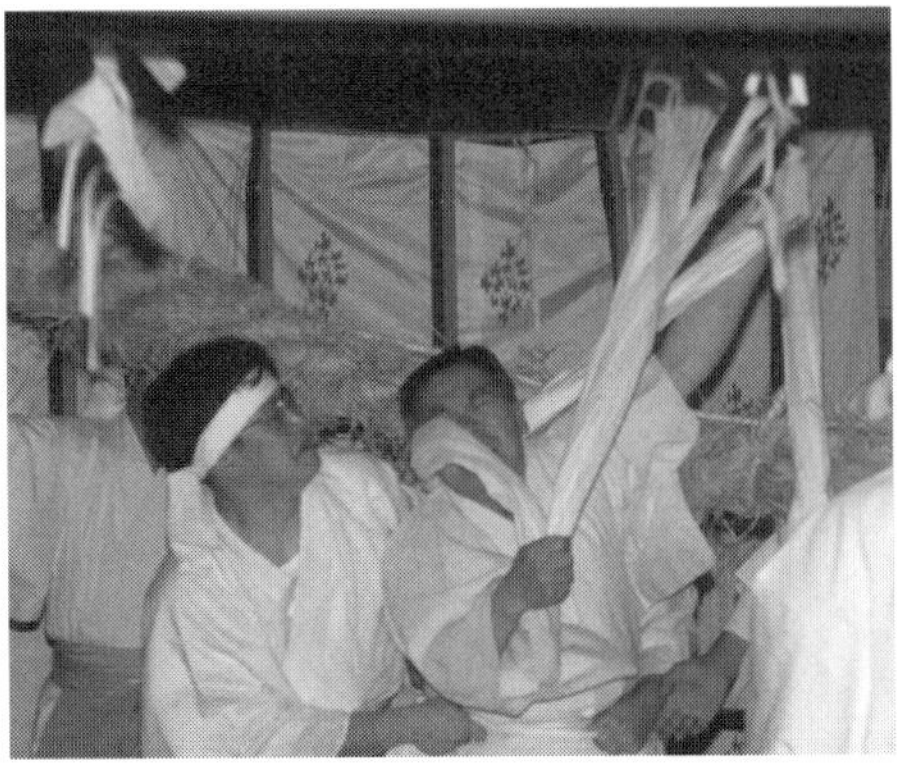

白い布を振って神がかる神柱

神座の前で静かに祈る神柱

なり、大声を発して失神する。腰抱え役が荒神幣を持たせ押さえつけて籾俵に座らせるが、神柱はその幣串を握りつぶし舞場に投げ上げる。祭主は必死で神がかった神柱を大幣で払い、鈴を振って神返しを行う。気を失った神柱を祭員たちが担いで別室に控えさせる。ユグリ（藁で作った籠）の中へ神柱が使った白い布をたぐり入れ、折れた荒神幣を注連縄で結ぶ。

ここでは託宣はなく、祭主は「三宝荒神に機嫌を聞きましたが、けっこうな籤でした。おめでとうございました」と全員に告げ、一切成就の祓いをして終わる。

比婆荒神神楽は神がかりの神秘を残す古風な神楽であり、今でも秘匿裡に行なわれている。東城町竹森の荒神祭祀を見た民俗学者の牛尾三千夫は、荒神の舞納めを目の当たりにして、「これが本当の昔の神楽と云うものであったような気がした」と感想を述べている。旧比婆郡の谷々の小集落で行なわれる荒神神楽を見ると、牛尾氏ならずともそのような思いを新たにする。

藁蛇に寄りついて舞う神柱（上）、神がかった神柱を担ぐ祭員（下）

神弓祭《じんきゅうさい》（庄原市西城町大屋）

問い合わせ：庄原市観光協会　☎0824・75・0173

地区の一人ひとりの幸を祈る祭り

庄原市西城町一円に「神弓祭」といわれる神楽が伝えられている。多くは地域の小集落で新春の祭りとして行なわれているが、式年の荒神祭の場でも行なわれることがある。備後神楽の弓神楽と同じように民家の奥座敷に神座を据え、弓弦を打竹で打ち鳴らしながら祭文を唱える座神楽である。

平成十一年十月二十三日に西城町大屋の地区集会所で、神弓祭の形式で行なわれた十七年の式年荒神祭を拝見した。神弓祭の神座の飾りつけはまことに美しい。三段の神座の最上段中央に荒神幣を据え、その両脇に玄米を満たした一斗升を据え、それに五行幡を挿し、そのまた脇に藁蛇を置く。二段目には神酒・餅二重・鯛・椎茸・五穀・野菜・小豆を、一番下の段には米・菓子・果物・赤飯・小餅を供える。

神座の前に青御座を敷いてそこへ方形の揺輪《ゆりわ》を据え、それに弦を上向きにした弓が縛り付けてある。揺輪の下には、御座藁十二本と半紙に包んだ米少量を入れる。神座の傍にはカンス二個（藁を編んだ容れ物で蛇の食べるものを入れる）、荒神遊びのための白い布やいろいろな幣、恵比寿遊びに使う唐箕《とうみ》（竹箕）などが置かれる。神座の中央から魚や鳥居の形に切り抜いた掛ヒナを付けた千道八本を引き、祭場の周囲に注連をめぐらして掛魚、

神弓祭の神座

掛鳥、掛鯛、掛銭などを結び、二匹の大きな藁蛇が氏子の座に向けて縛り付けてある。
　神職一同六名が午前八時に集合し、しばらく打ち合わせをした後、八時四十分から「湯立」が始まり、最後の「荒神送り」が終了したのは夕刻四時を過ぎていた。厳粛な祭りで、氏子全員礼服を着用して参列していた。

荒神の鎮まる本山三宝荒神社

　この荒神祭は、祭主が地区の者一人ひとりの幸を祈る祭りで、心が洗われるひとときであった。行事の進行を最初に記し、次にそれぞれについて説明したいと思う。

「湯立」（8：40～9：20）佐々木宮司
「荒神迎え」（9：20～10：30）各宮司、地頭
「勧請」（10：50～11：35）御崎宮司
「祝詞の座」（11：45～12：20）宮司全員
「荒神遊び」（13：30～14：05）佐々木・岡崎・伊藤宮司
「土公神遊び」（14：20～15：15）佐々木・岡崎・伊藤宮司
「結願神上げ」（15：45～16：45）伊達宮司
「荒神送り」（16：50～17：30）各宮司、地頭
「直会」　全員

「湯立」（上）、「荒神迎え」（中）（下）

湯立

「湯立」は、集会所の外庭に斎竹を四方に立て注連を張り、中央に据えた釜の前に青御座を敷いて、そこで楽を演奏して祭文を語るのである。湯を沸かし塩で湯を清めて湯漉《こ》しをし、笹で湯をかき混ぜそれで祭場や氏子らを清める。御久米による占いも行なわれる。

荒神迎え

「荒神迎え」は、寺谷地区にある紺屋名と本谷地区の紙屋名《みょう》の本山三宝荒神、寺谷地区の三名《みょう》（新屋・金屋・五段田）と本谷地区の六名《みょう》（田中・土居・正源寺・新屋・横路・中川）の三宝荒神、大屋地区の山ノ神や諸々の小神を神職四名と地頭（荒神もちの者）が迎える。私は佐々木宮司と寺谷地区にある三名の荒神迎えに同行させてもらった。

森の樫の大木（胸高直径約一メートル）の傍らに荒神祠があり、そこまでの道中は下草がきれいに整理されて歩きやすくしてあった。荒神祠の前で宮司は祭りをし、マスクを着けて荒神を抱え、地頭四名を伴い行列して帰る。全員が荒神を迎えて集会所に戻ると、内と外で神歌を掛け合い「ウォー」と発声して中に入り、荒神を神座に安置し祭りをする。

勧請

「勧請」は、御崎宮司ほか五名の神職によって行なわれた。首座は肩から白い布をかけ、弓を打ちながら神勧請を唱える。十七年前の大神楽のことから語り始め、今日再び大神楽が訪れたこと、今日ここに共に相集まって年番神楽を奉ることの喜びなどを語る。それから神楽の始まりを語り、幣・白蓋・注連の由来、注連の呪文を唱え、弓の唱行へと続く。

「勧請」と「祝詞の座」

ここで太鼓・鈴・鉦の楽が入り、「この弓の始めはいかに、サンヤー」で始まる神歌を祭主と祭員が交互に詠じていく。続いて諸国の神々、名《みょう》ごとの荒神、小神が次々に勧請されていく。太鼓にあわせて打つ弓の音が勧請の詞と調和して、人々は神の世界へと引き込まれていく。最後に祝詞が奏上される。

祝詞の座

「祝詞の座」は首座が代わり、当地の伊達宮司が務められた。肩に白い布をかけ打竹で祭壇に文字を描き、五方に鎮まる神々に向かって語りかける。弓弦を指で二度引いて鳴弦し、それから弓を打ち「無限霊宝加持」と唱えて祭文を詠み、各々の荒神を称え、地頭から始め、地区の人々の名前と誕生の干支を次々と読み上げながら、彼らを守り導き、家々に災いのないことを神に祈願する。

「サンヤー、神のいがきに手をかけて、みせてかなえよ」と述べ九字をきりながら歌う。それから御久米をとって鏇をし、それを久米袋に入れ、再び、弓を打ちながら奏楽にあわせて歌う。

荒神遊び

「荒神遊び」は、佐々木宮司を首座にして岡崎宮司と伊藤宮司が脇座で、伊達宮司と御崎宮司が笛、白根宮司が太鼓で行なわれた。二名《みょう》（紙屋名と紺屋名）の本山三宝荒神の地頭が神前に進み、奏楽の後に座すと中臣祓を唱えてから、神職三名が弓を打ち地頭らの安全と繁栄を祈願。

太鼓が入ると、「荒神遊べや遊べ」と荒神遊びの祭文が唱えられる。太鼓方がそれにあわせて祭文を唱えると、祭主は弓を打って荒神遊びを始める。

これは御久米による荒神遊びで、まず御久米を掌に載せ、それを笏《しゃく》に落としその数を数えてから集め、添え米をして久米袋に入れ、それを地頭に手渡していく。続いて九社の三宝荒神の地頭が神前に進み、本山三宝荒神の荒神遊びと同じように荒神遊びをして久米袋をいただく。

土公神遊び

続いて、「土公神遊び」が行なわれる。荒神遊びと同じ神職三名が弓を打ち、各家の代表者が三名ずつ二組になり神前に出て、土公神の遊

「土公神遊び」

「荒神遊び」

びをしてもらう。荒神遊びと同じように弓を打ち、御久米による籤をし、その内容を神職から伝えてもらう。大屋地区にある全戸、およそ五十の土公神遊びが行なわれた。

結願神上げ

「結願神上げ」は「結願」、「恵比寿の神遊び」、「神上げ」の順に行なわれる。大屋地区の宮司である伊達宮司が祭主となって神座に座し、伊藤宮司が脇座、ほかの四名の神職はその後に座し、参列者は全員、沈黙のうちに正座して厳粛に執り行なわれた。伊達宮司は、「謹上再拝かしこみかしこみ申す」と歌い、両手に持つ打竹で弓を打ちながら「勧請の神々を返し鎮めまつる」と唱えて神々を送るのである。

「恵比寿の神遊び」

祭主は今回の年番神楽の委員長、副委員長から始め、地区の住民全ての名前と誕生の干支を祝詞の座のときと同じように読み上げ、彼ら全員に「御霊のふゆを頂かしめ、身の上にはやましきことなく、煩わしことなく、おのおの成せる業を怠らず勤め励み、喜びも楽しみも絶えることなく、笑いにぎわい、豊かな家々と栄うべく守りさきはえ給え」と切願する。

それから地区の産土神、一柱の本山三宝荒神、九柱の三宝荒神、諸国の神々、町内の式内五社と産土神、小神の全てを漏らさず読みあげて「元のみ社へ御還御なしたまえ」と結願する。ここで初めて奏楽が入り神歌が詠じられる。

恵比寿の神遊び

続いて「恵比寿の神遊び」がある。「謹上再拝とかしこみかしこみ申す」で始まり、太鼓方は奏楽に合わせて恵比寿の祭文を唱える。祭主は遣幣《やりへい》二本を両手にとって拝し、竹箕をゆすり「サンヤー…」と歌って竹箕の御久米に呪文を書き、その遺幣を竹箕の上に置く。

それから御久米を握ってそれを三度竹箕にたらし、三度に分けて盆に盛り呪文を唱えながら占いをする。福藁と遺幣を藁で結び祭壇に置き、弓を打って全員奏楽に合わせ神歌を歌う。

神上げ

「神上げ」は据えた弓と揺輪を片づけることから始まる。祭主は「祝い納めて成就して、しらべの紐を解くは」と歌いながら弓をはずし、「内蓋のおこしに会う人は」などと歌いながら揺輪を起こしていく。そして鬼門（丑寅、北東の方向）に向かって弓矢を放つ。

それから「福の種をまこうや」と唱え、千道を打竹に巻いて祭壇上に置く。祭主は肩にかけた白い布を外し、成就の神歌を歌い、祭壇から荒神幣をとりそれで参列者を祓う。最後に佐々木宮司が「曲舞」を舞い、神上

「神上げ」：千道を打竹に巻く

「神上げ」：鬼門に向かって弓矢を放つ

「神上げ」：荒神幣で参列者を祓う

「神上げ」：最後に「曲舞」を舞う

げは完了した。

世話役の者が祭場の藁蛇を下ろし、それを集会所近くにある本山三宝荒神社まで行列して運んだ。その藁蛇を荒神社の天井に吊るし、五穀とユグリを荒神祠の裏に納めて全てが終了した。

問い合わせ：なし

比婆斎庭《ひばさにわ》神楽（庄原市比和町布見《ぬのみ》）

江戸初期から神職によって伝えられてきた神楽

庄原市高野町と比和町で、比婆荒神神楽とは違う形式の荒神神楽が行なわれている。「比婆斎庭神楽」である。江戸時代の初期から神職のみによって伝えられてきたが、平成十年から一般人も参加し、比和山八幡神社の久光元臣宮司を中心に熱心に伝統を守っている。奥出雲地方の神楽とよく似ている。昭和三十四年に広島県の無形民俗文化財に指定されている。

比婆斎庭神楽は、氏神社の毎年の例祭前夜にも奉納されているが、七年、十三年の式年の荒神祭には民家の座敷を祭場にしてとりわけ盛大に執り行なわれる。平成十五年十一月二十日に比和町布見の瀬川勝人氏宅を当屋にして行なわれた比婆斎庭神楽について紹介する。

布見は庄原市街から国道432号を北上し、比和支所のある町域か

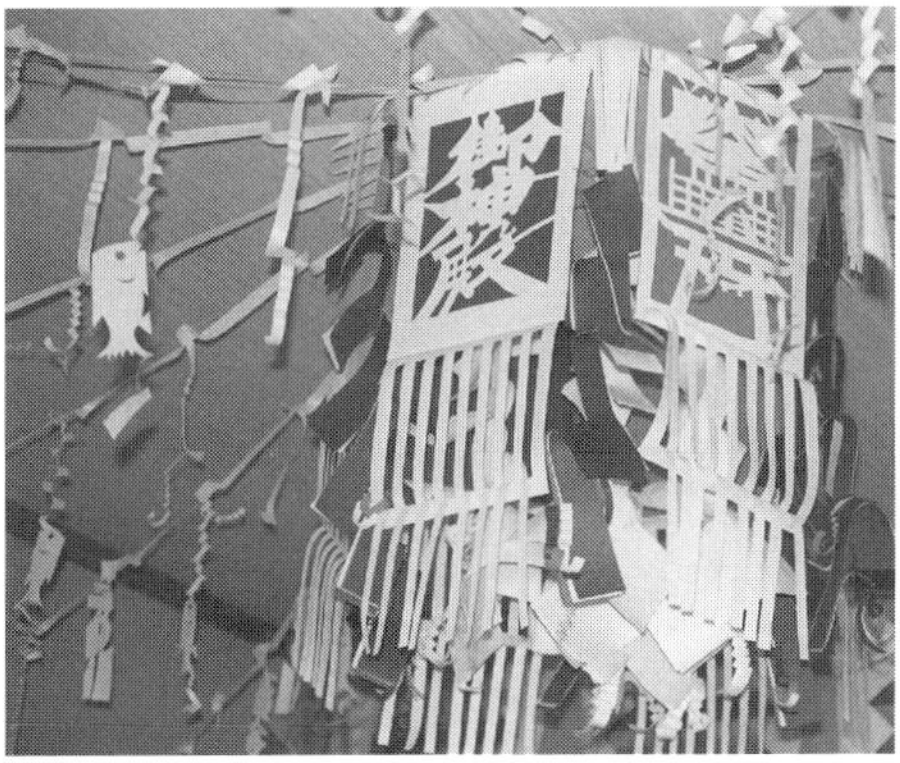

白蓋と千道

漆黒の闇の中で行なわれる「神殿入り」

「魔駈」

「荒神」

ら西に入った人口二十五名ほどの小集落である。ここの集落には古之家荒神が祀られており、十三年ごとにこの荒神の大神楽をする慣例がある。地区の人々は皆この荒神神楽を楽しみにしている。

「王子の舞」

日が暮れた夕刻六時半から、祭員たちと氏子代表者が瀬川氏宅を出発し「荒神迎え」をする。集落の辻に特設した神殿で祭りをして荒神を迎えるのである。提灯を先頭に、太鼓、笛、荒神、幣、鉦、祭主、提灯の列が漆黒の闇の中を当屋宅まで静かに行列する。

祭場では神職らが五行幡を手にして待ち、四季の神歌を掛け合って荒神をお迎えする。この荒神迎えのやり方は比婆荒神神楽と同じである。

荒神迎えが終わると、「入申《いりもうし》」「手草《たぐさ》」「魔駈《まはらい》」「祝詞」「荒神」「八頭《やと》乃能」「八幡」「略天孫」「恵美寿」「五行祭」の十番の神楽が行なわれた（昭和六十三年十二月三日に比和町森脇の大門荒神の年番神楽を見学したときは、「入申」

「塩浄」「荒神」「魔祓」「湯剣舞」「岩戸」「八幡の能」「八頭」「国譲り」「王子」の十番が行なわれた）。神楽は比婆荒神神楽の神楽とまったく異なっている。

八幡《はちまん》

「八幡」は、神秘的な面の武内宿禰《すくね》が出雲神楽風に「ヤホー、ヤホー」の囃子にあわせて舞い悪鬼を退治する。「略天孫」は情けない表情をした白い面の悪神が愉快な舞をする。「八頭乃能」と「八幡」の間に休憩があり、地区の人々全員が持ち寄った夜食を囲んで談笑する。私は神職方や舞手の方々、町長さんや町会議長さんをはじめ、地区の人々と一緒に夜食をいただいた。

「八幡」（鬼）

「八幡」（武内宿禰）

「昔はいつでもこれを飲んだもんですよ」といって、白濁のドブロクもご馳走になった。夜食が盛り上がったとき、誰とは知れず大国主命とひょっとこ面をつけた二名が現れ、おもしろい演技を披露し、集まった人々に菓子を撒く楽しいひとときもある。皆の笑いがいつまでもやまず、とても楽しい時間であった。荒神神楽は、地区民の固い結束に支えられて今日まで続けられてきたのだと、しみじみ感じた。

八頭乃能に八岐の大蛇のルーツを見る

「八頭乃能」は、私たちがよく目にする「八岐大蛇」の舞の起源を知る上で大変に興味深かった。まず、足《あし》名椎《なづち》と手名椎《てなづち》と姫が幕内から舞い出す。続いて奏楽が「ヤトがさか、あれに見ゆるは天が淵、八岐の大蛇の姿が見えつ隠れつ」と歌う。このような歌は八岐大蛇にはなく、八岐の大蛇の舞がヤトガサカの物語から作られた舞であることを示している。

姫が一舞したあと、スサノオが舞い出し、旱魃《かんばつ》で苦しむ人のために雨が淵に赴き、八人の姫の一人を人身御供とするから旱魃を免れさせてくれるよう願をかける。すると、すぐに雨が降るが、スサノオが一人の姫を七人と言い間違ったため、大蛇は七人の姫を奪ってしまった。さて、尊神が現れて大蛇に飲ませる酒を造ると、そこへ胴体に布を着けた青い頭の大蛇が酒を求めて現れる（よく知られている提灯胴の大蛇ではなく幕蛇）。この大蛇をスサノオが退治して終わるという舞である。

「略天孫」（悪神）

この八頭乃能は、私たちがよく知っている八岐大蛇の舞とはだいぶ違っている。斐伊《ひい》川の川上で大蛇を退治するのではなく、八頭乃能は雨乞いのヤトガサカの物語だったのである。また大蛇は今の提灯胴のような大蛇でなく、素朴な衣装の大蛇であった。このような八頭乃能が旧比婆郡内で行なわれていたのである。

「八頭乃能」：一般の八岐大蛇と違う

出雲の佐陀神能の「八重垣」では立ち大蛇、奥飯石神職神楽の「矢刀」では八頭乃能のような大蛇が登場するが、ヤトガサカの物語は失っている。名荷神楽の「八重垣」には、獅子舞のような形の幕蛇が登場する。

私たちが親しんでいる八岐の大蛇はヤトガサカの雨乞いの物語が、出雲神話の影響を受けて変化し、今のような形になったということはあまり知られていない。

第五章

広島県の神楽⑥

備後《びんご》神楽

備後神楽
―概説―

備後《びんご》神楽の名称・分布

広島県中・東部の広範囲に分布

広島県東部に「備後神楽」と呼ばれる、たいへん地味であまり知られていない神楽が伝えられている。井永八幡神社（府中市上下町《じょうげ》）の田中重雄宮司が『備後神楽』（平成十二年）でその全貌を初めて紹介され、備後神楽への関心が少しずつ高まっている。

備後神楽は広島県中・東部の広い地域（備後の大部分と安芸東部を含む）、備後では神石郡《じんせき》、府中市、福山市、尾道市、三原市、世羅郡《せら》、三次市《みよし》、庄原市に、安芸では東広島市、竹原市に分布している。分布地域に特定して、七村《ななむら》神楽（神石郡）、甲奴《こうぬ》神楽（旧甲奴郡）、世羅神楽（世羅郡）、三谿《みたに》神楽（旧双三郡）という名前で呼ばれたり、五行祭《ごぎょうさい》を重視していることから「王子神楽」とも呼ばれたりする。

備後神楽を行なっている神楽同好会を田中氏の資料から示したものが、「表5-1」である。この表に示してある神楽団体は全て素人神楽で、備後神楽の真の伝承者は、この表とは別の本手《ほんで》神楽というプロの神楽師たちである。

表 5-1　備後神楽

地域	神楽組織の名称	所在地	代表者氏名	人数
府中市	上下神楽保存会	上下町上下	森上　勝	6
	小塚神楽保存会	上下町小塚	室谷哲二	9
	二森神楽同好会	上下町二森	福元定美	5
	水永神楽同好会	上下町水永	楠　博親	6
	井永神楽保存会	上下町井永	岡田清志	8
	矢多田神楽同好会	上下町矢多田	小川武士	6
	矢野神楽同好会	上下町矢野	馬場　孝	10
	行藤神楽愛好会	行藤町	山本巌見	5
	目崎神楽同好会	目崎町	山岡節美	10
庄原市	総領町神楽同好会	総領町中領家	勢村和彦	5
世羅郡	甲山神楽保存会	世羅町上原	大原宏之	7
	小世良神楽同好会	世羅町小世良	内海孝之	9
	西神崎神楽保存会	世羅町西神崎	是竹良生	12
	青水神楽保存会	世羅町青水	金高正明	16
	中安田神楽保存会	世羅町安田	森田一登	6
	津口神楽会	世羅町津口	河原　徹	5
	賀茂神楽保存会	世羅町賀茂	小西国経	8
	小国神楽保存会	世羅町小国	曽根　学	8
	黒川神楽保存会	世羅町黒川	堂本春夫	
三原市	久井神楽保存会	久井町羽倉	福光　優	8
	大草神楽保存会	大和町大草	谷本盛夫	10
	上徳良神楽保存会	大和町上徳良	有田登美	9
	萩原神楽保存会	大和町萩原	近宗崇行	10
	和気神楽保存会	大和町和気	高木良昭	7
	大貝神楽保存会	大和町大貝	宝利　勇	6
東広島市	豊栄神楽保団	豊栄町清武	小川正義	8
	小田神楽保存会	河内町小田	香川正志	5
	西條神楽同好会	西条町御薗宇	杉原義徳	14
	西條神楽保存会	西条町寺家	吉見　久	7
	東広島神楽保存会	西条西本町	柴田増男	7
三次市	甲奴神楽同好会	甲奴町本郷	中山丈二	12
	宇賀神楽同好会	甲奴町宇賀	門山　弘	9
	三良坂三谿神楽保存会	三良坂町皆瀬	藤永貞三	3
	灰塚神楽団	三良坂町灰塚	大杉博樹	14
	八幡民芸振興会	吉舎町吉舎	高下隆美	

備後神楽の歴史

修験者たちにより伝えられてきた

備後地方では、古くからさまざまな神楽が行なわれていたようである。修験者の流れを汲む女性の神子《みこ》と男性の法者《ほうじゃ》の太夫が組になって行なっていた。

このような形で神楽を行なっていたグループの一つが、神石郡南西部の有福荘（京都賀茂神社の社領で、旧甲奴郡有福・小堀・階見《しなみ》・福田・有田を範囲とする。その中心が有福）の修験者たちであったと伝えられている。

その中心であった畄谷《あざや》家は有福荘階見の「木頃の先達」といわれてきた修験者で、桑本家は「先祖は修験者神光院」であったと記されていて（明治初年の「賀茂神社由緒書上帳」）、備後神楽は修験者たちにより伝えられたと考えられるのである。八ヶ社神楽の主宰者である豊松の翁家も修験者だったといわれている。

神楽太夫の間では、備後神楽の「五行祭は甲奴郡有福の僧侶が作った」という言い伝えもあるくらい、備後神楽と修験者との関わりは深いものがあったといえよう。

有福荘の畄谷家を中心に行なわれていた神楽は「七村神楽」といわれ、

「悪魔払い」：神事式で必ず舞う

備後神楽は神社境内の神楽殿で行なわれる

社人たちが伝えてきた。この七村神楽が備後地方に展開して一つの形に出来上がったのが備後神楽である。こうしてできた備後神楽の原型となる神楽は、府中市上下町小川家所蔵の安永五年（１７７６）十月七日の上下村三名《みょう》（善明名・行常名・吉井名）合同荒神祭の記録に認めることができる。

この神楽は既に修験者の太夫によってではなく、吉田神道の免許を得た十二名の社人たちによって行なわれている。「参水」「打立」「場祓」「十二番舞」「造花」「御手種」「五行」「荒神の神託」を行なった後、能二曲と狂言二番を行なっている。

文久二年（１８６２）井永村の荒神舞記録では、「御神事式」「御神能」「五行祭」「綱舞神事」の四つに区分して記録しているが、この四つの内容の神楽は安永年間から行なわれていた形である。備後神楽はこの四形式が今日まで伝えられているのである。

備後神楽で一般的な「造花」

備後神楽の特徴

五行祭は国内の頂点に立つレベル

備後神楽の担い手たちは前述したように修験者の太夫の流れを汲む社人たちであった。そのような伝統がもともとあるため、備後神楽の神楽師はプロであり、特別に「神楽太夫」と呼ばれている。プロの神楽師が神楽を行なう形が備後神楽の一番の特徴である。

現在はアマチュアの神楽組織があり、プロの神楽太夫の活動は衰退してはいるが、「備後府中荒神神楽系」

「悪魔祓」（大和町椋梨）

「弓神楽」（久井町莇原）

「五行祭」：挟箱の後から歌う（世羅町山中福田）

「豊栄《とよさか》神楽系」「御調《みつぎ》神楽系」といわれる組織におよそ三十名の神楽大夫が所属し、地域の祭りで伝統のあるいろいろな神楽にあたっている。

備後神楽の特徴は中世から伝えられている「弓神楽」や、それが展開して生まれた「五行祭」などを行なっていることである。特に五行祭は備後地方で異常に発達していて、神楽といえば五行祭を意味するほどである。五行祭は延々八時間以上にわたって演じられ、その内容も演出も豊富で、わが国五行祭の頂点に立つと考えてよい。

五行祭に見られるように、備後神楽は舞よりも歌や語りが中心の神楽である。また、神話・説話・謡曲や近世の物語から取材した多数の神楽能を伝えていることも珍しい。しかもその能が、芸北神楽でよく演じられる悪鬼退治だけでなく、呪いをテーマにしたものがたくさん伝えられている。

また、備後神楽は荒神信仰と深い関係を持つ神楽としても特徴がある。毎年の氏神社に奉納されるだけでなく、式年の荒神祭で根強い伝統を保っていて、藁蛇・白い布・石などを使った託宣行事を残している。今は絶えているが、明治初年頃まで「松神楽」と呼ばれる死霊供養の神楽も行なわれていた。

備後神楽の演出方法

キリキリ舞といわれ、スピード感豊かな舞

備後神楽は氏神社の毎年の例祭前夜に奉納されるが、式年の荒神祭でも舞われている。最初に「神事式」と「神事舞」をして、次に「能舞」をするというのが備後神楽の基本形式である。

神事式というのは五神祇ともいわれ、「清めの舞」「四神舞」「中央」「神舞《じんまい》」「悪魔祓」の五曲。神事舞は「手草」「造花引」「剣舞」「明現舞」「折敷舞」である。能舞の方は近世より伝承されてきた「古能」と、明治以後に作られた「新能」とがある。芸北神楽の能舞と比べ、たいへん古い伝統を持つ能舞である。

式年の荒神祭の神楽では、藁蛇（「龍《たつ》」と通称）を舞場や神前に据えて荒神神楽を行ない、最後にその藁蛇を引き回したりもする（探訪の「備後府中荒神神楽」を参照）。以前は名《みょう》という小集落の民家で行なっていたが、それが崩れて今は氏神社

「折敷舞」（世羅町小国）

で行なうところが多い。

備後神楽の演出方法は、芸北神楽と比べると驚くほど地味である。衣装は鎧などを着けることもあるが、多くは格衣《かくえ》という羽織のような地味な衣装を着けて舞うだけである。衣装は地味であるが、舞の方は「キリキリ舞」といわれ、まるで独楽《こま》が回るように目にもとまらぬスピードで旋回する。刀の先に盃を七、八個載せてキリキリ舞をしたりするのは、備後神楽にしかない独特の演出である。

このように備後神楽は、古い伝統と特殊な内容を多く伝承している広島県の根幹的な神楽である。にもかかわらず、最も無視されてきた神楽である。出雲神楽や備中神楽の亜流にすぎないと誤認されたり、備後神楽は神楽らしくない能舞をする神楽だと酷評されてきた。

しかし、神楽の価値という点から見るとまったくその逆である。備後神楽は安芸十二神祇神楽と同じように、広島県のオリジナルな神楽と考えねばならない神楽である。

五行祭《ごぎょうさい》

陰陽五行説に基づき考案された神楽

備後神楽で注目しておかなければならない神楽が「五行祭」である。五行祭は中国漢代に完成した陰陽五行説に基づいて作成されている。陰陽五行説というのは、宇宙空間における森羅万象を陰と陽の関係において捉える自然哲学で、この陰陽からなる宇宙の五元素（五）が、相生・相克（行）して万物は生成化育・栄華盛衰を繰り返すのだと考える。

この陰陽五行説をもとにして「土公祭文」が中世期頃に考案され、その土公祭文を有福荘（神石郡内）の

弓場と五郎王子（世羅町津口）

盤古大王（久井町黒郷）

修験者たちがいろいろ参酌し、祭文に登場する人物を具体配置し、立って読誦・演舞する形に組み立てたのが五行祭の始まりだと考えられる。今の形につながる五行祭が誕生したのは元禄期（１６８８～１７０４）の頃であったと伝えられている。誕生した五行祭は内容的に大きな変化もせず今日まで続けられてきた。

五行祭はどこでも筋書きはほぼ同一である。陰陽五行説に基づく宇宙観を骨子にした物語で、家族・兄弟の触れ合いや、日常生活に必要な五元の重要性が具体的に説かれている。この五行祭の内容を最もよく伝えるのが、小川家蔵の寛政二年（１７９０）「土公神延喜祭文祓」で、この祭文は毎年の春祈祷や式年の荒神祭において弓を据えて読誦されたり、立神楽の五行祭でも使用された。

現在使われている五行祭祭文は、この祭文をもとに東広島市河内町の神楽太夫・梶田駒吉が神楽を引退する昭和三年に上梓《じょうし》した『五行祭々文』である。この五行祭々文は「土公神延喜祭文祓」から仏教色を排除し、純神道式に変えられているが、そのストーリーと内容は土公神延喜祭文祓とまったく変わっていない。

五行祭は盤古《ばんこ》大王が四王子に譲りを残し、最後に五郎王子にも譲りが配分されるという壮大なドラマである。田中重雄氏の区分を参考にすると、次の六段で構成されている。

五郎王子（吉舎町辻）

⑴盤古大王（大王立ち）、⑵四人王子（四人王子の山出と談合）、⑶五郎王子（弓場の山出・五郎王子の山出・五郎王子弓場《ゆんば》に弓術を習う・五郎王子下界に天降り后《きさき》の宮を訪ねる・五郎王子父の名を尋ね四方殿を巡る）、⑷后の宮（五郎王子、后の宮より父大王の譲り形見を受ける）、⑸合戦（恒河の川上の合戦）、⑹問訊《もんじん》博士（所望分け・五大遊び）。（かっこ内の表記は田中氏による区分）。

元禄期頃に成立した五行祭は、文化年間（1804〜18）まで特別の名称はつけられていなかった。文化六年（1809）には、まだ後夜《ごや》神事の一つとして行なわれていた。五行祭と呼ばれるようになったのは、安政五年（1858）が最初である。五行祭と呼ばれるようになる頃から、五行祭の劇的な発展期が訪れた。

文久二年（1862）に甲奴郡井永村（府中市上下町井水）で行なわれた荒神祭は十一名の神職舞手が出演し、大蛇・姫・山神も加えた盛大な五行祭であった。明治十年代からは、太郎王子の語りの中にあった問訊博士が独立して登場するようになった。

五行祭は明治から昭和に至るまでますます繁栄し、備後各地で盛んに演奏され人々に感銘を与えてきた。自然の美しさをたたえ、夫婦の情愛や親の子に対する恩情、人間・兄弟同士をはじめ草木虫魚などとの温かいつながりを説く歌と語りに人々は耳を傾けてきた。

ところが、五行祭は昭和三十年代頃から急速に衰退を始め、今では見たくても見るのが困難な状況になってしまっている。

備後神楽
—探訪—

備後府中荒神神楽（府中市木野山《きのやま》町角目《つのめ》）

問い合わせ：備後府中荒神神楽　代表　豊島宣行　☎0847・53・8590

あまり知られていないプロによる素晴らしい神楽

備後神楽の代表的な一つが「備後府中荒神神楽」である。皿貝次郎、道下太郎など著名なプロの神楽太夫が活躍した神楽グループで、府中市を中心に活動し素晴らしい神楽を伝えている。昭和五十二年に広島県の無形民俗文化財に指定されているが、この神楽の良さはほとんど知られていない。

私が備後府中荒神神楽を初めて拝見したのは、平成十三年十一月十七日（土）の府中市木野山町角目の荒神社式年神楽であった。この年は尾道市美ノ郷町白江（十一月二十三日）、福山市駅家町法成寺（十一月二十五日）、同市駅家町中島（十二月二日）の荒神祭でも、備後府中荒神神楽が奉納されている。備後府中荒神神楽は毎年十一月から十二月にかけて、備後各地の荒神祭で人知れず密かに行なわれている。

府中市木野山町角目の式年荒神神楽は角目集会所を祭場として行なわれた。角目は府中市街からおよそ十キロメートル北にある山間地で、近くに弓神楽で知られる行縢《むかばき》や斗升《とます》がある。同市上下町や神石郡神石高原町にも近い所に位置している。午後二時から「荒神迎え」（遷座祭という）をしてから式年祭を行ない、いったん休憩した後、夜七時から深夜一時すぎまで次の順番で神楽が行なわれた。

(1)「清めの舞」、(2)「四神舞・中央」、(3)「神舞《じん》」、(4)「猿田彦」、(5)「造花」、(6)「剣舞」、(7)「大国主の舞」、(8)「八重垣の舞」、(9)「折敷舞」、(10)「蛇舞」、(11)「荒神送り」。

折敷舞は、全国でもここでしか見られない高度な舞

神楽は畳一枚分の板を二枚合わせた狭い舞台《まいだい》の上で行なわれる。その舞台の真上に造花（天蓋）を下げ、八本の千道を引いた素朴な飾りの舞場である。

(1)「**清めの舞**」（18：50〜19：15）。「灑水《しゃすい》」「指舞」ともいわれ、狩衣で烏帽子を着けた二人の舞手が、右手に鈴、左に指紙《さすかみ》（当夜の舞の役割を明記した半紙を幣串に挿したもの）を採り、神歌にあわせて座って舞い、次に鈴を扇に持ち替え立って舞う。

(2)「**四神舞・中央**」（19：15〜19：40）。四名の舞手が鈴と五色幣で舞う。最初は座し、次は立って扇を採って舞う堂々とした上品な舞で、諸神と荒神を勧請して四方に控える。すると中幣を持つ舞手（「中央」という）が清めの言葉を述べ、式年の祭りの喜びを長々と語る。そのあと全員が立って舞い退く。

(3)「**神舞**」（19：40〜19：50）。代表者が舞う一人舞である。最初座して太鼓方と神歌を交わし、立って扇と鈴で美しい舞をする。最後は扇と幣で一舞して去る。

(4)「**猿田彦**」（19：50〜20：30）。鼻高面の一人舞。鎧と袴の衣装にシャグマを付けた舞手が扇を持ち、自らの名乗りをして舞う。祈願者の名前を語るなど願舞の形式をとっている。次に刀を抜き襷がけになり、扇を

「清めの舞」

「猿田彦」

採って舞う。最後に扇を両手に持って舞う。

(5)「**造花**」(20：30〜20：54)。左手に白幣を持った一人の舞手が、神歌を歌い造花の謂《いわ》れを語りながら造花引きをする。最後に荒神を降ろし、七年祭の祝詞を上げる。

(6)「**剣舞**」(20：56〜21：35)。白衣と袴、シャグマ、鉢巻を着けた四名の舞手が、鈴と色幣、次に幣を扇に替え、神代の物語から始め剣の由来までを語って舞う。最後に刀を抜き、剣の先を握って刀くぐりや刀跳び、回転などする。その後で神酒（剣舞酒という）をいただく。

(7)「**大国主の舞**」(21：40〜22：10)。二人の舞手が恵比寿と大国主命について語った後、大国主命が舞い出しおもしろい話をして餅を撒く。

(8)「**八重垣の舞**」(22：20〜0：15)。スサノオが舞い出し、次に足名椎・手名椎が舞い出して舞った後、松尾明神の酒造りなどがある。最後にスサノオが大蛇を退治する。

(9)「**折敷舞**」(0：15〜0：40)。備後地方で最も人気ある舞で、最後の見せ場となる舞である。白衣に袴の舞手が折敷を両手に持って、次にキリキリ舞をしながら盃七、八個を一つずつ折敷に載せていく。次は、その盃を刀の先に一つずつ置く高度な芸をする。最後に襷をかけ、足に扇を挟んでキリキリ舞をする。この折敷舞は備後府中神楽が開発した独特の超人的な芸で、これほどまでに熟練を積んだ舞は全国どこにも見ら

「剣舞」

「造花」

「大国主の舞」

「八重垣の舞」

「折敷舞」

れない。

(10)「**蛇舞**」(0:40~0:55)。荒神祭の最後に行なわれる大切な神事である。神殿主《こうどのぬし》を先頭に三名の祭員が蛇を持って舞台に上がり、互いに問答を繰り返してから、神殿主を藁蛇でグルグル巻きする。神殿主はその藁蛇をつかんで、「エイッ」と発声して空中に投げ上げる。

舞台に落ちたその藁蛇を祭員たちが舞場に斜めに張り渡し、鱗打ちした後、刀で藁蛇を切り、頭に刀を差して酒を含ませ、性根を入れる。祭主はその藁蛇の前に米と塩を供え、氏子の幸福を祈願する。祭主は「千代の御神楽たてまつる」と唱え、御久米を打ちながら舞場を回る。

(11)「**荒神送り**」(1:00~1:20)。神事が全て完了した後、藁蛇を荒神祠に運び安置する。

備後府中荒神神楽は地域によってさまざまな形式で行なわれている。一般には蛇舞の形で行なうところが多いが、福山市駅家町服部、同市新市町藤尾、尾道市美ノ郷町白江など一部の地域では、蛇舞のほかに焼石《びゃくいし》神事(斎燈の中で焼いた石を素手で割って託宣を伺う真剣な神事)も行なっている。次に紹介する世羅郡世羅町小国では白い布を使う。

世羅《せら》町の荒神祭(世羅郡世羅町小国)

問い合わせ:世羅町教育委員会社会教育課
☎0847・22・4411

蛇を祀るたいへん古いタイプの祭り

備後神楽の特徴を伝えるもう一つの神楽が、世羅郡内の一部地域で行なわれている。この地域の荒神祭の神楽は誰にも知られていない神楽で、世羅町津口《つくち》、黒淵、上徳市、小国《おぐに》、長田、山中福田の六地区だけに伝えられている。

この六地区の荒神祭は、どこもだいたい同じ形式の神楽を行なっているので、平成十六年三月二十三日に世羅町(旧世羅西町)小国の中央大宮八幡神社で行なわれた

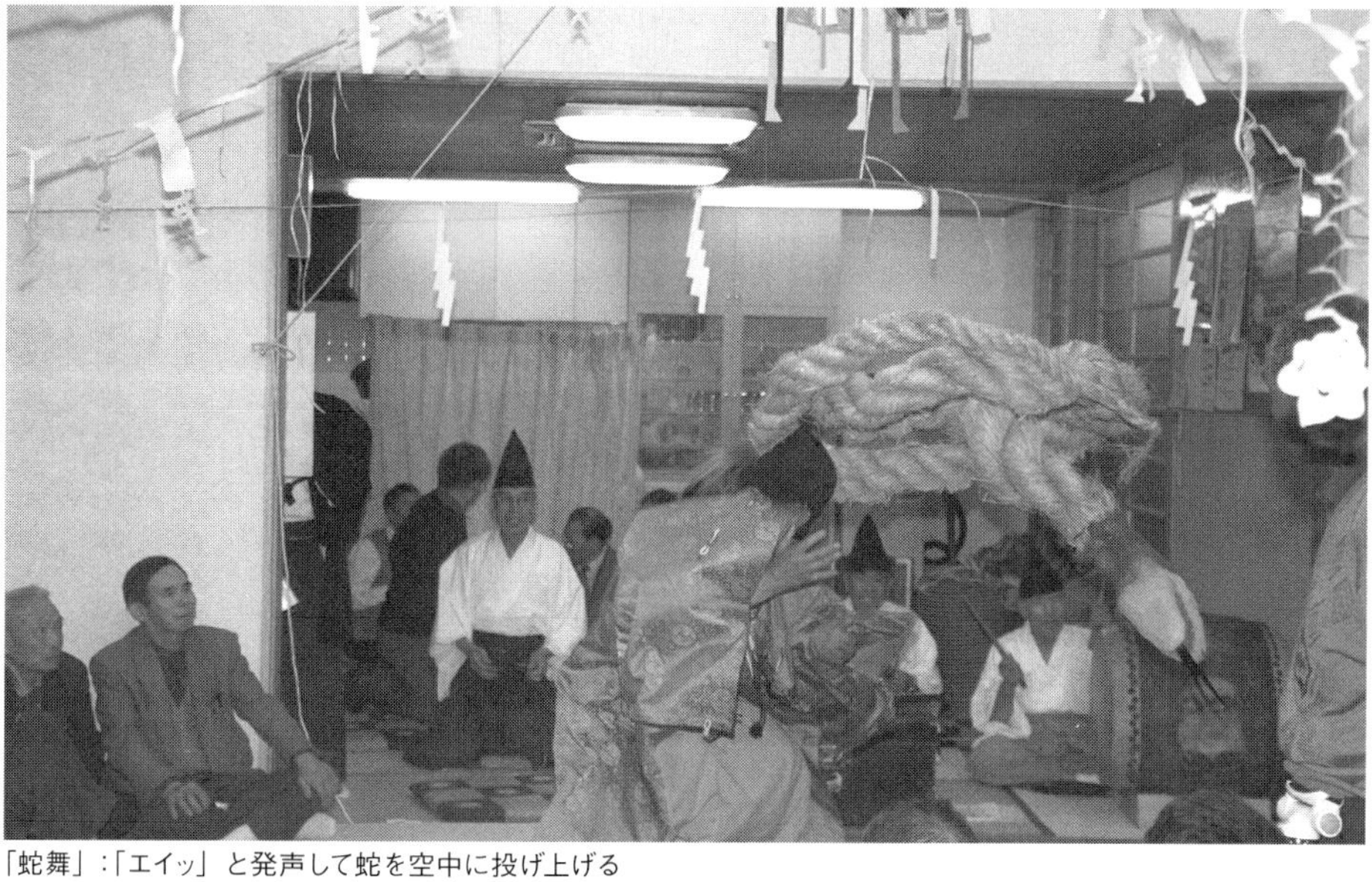

「蛇舞」:「エイッ」と発声して蛇を空中に投げ上げる

龍ネジの作業をする地区の人たち

荒神祭を食い入るように見る人たち

荒神祭を紹介する（平成三年三月三十一日に世羅町津口の枯木神社で、また平成二十四年三月二十五日に同じ津口の野原八幡神社で行なわれた荒神祭を見学したが、小国の荒神祭と同じであった）。中国の重慶市から広島市立大学大学院に留学して神楽の研究をしておられた王倩予さんと一緒に見にいった。

小国の荒神祭は七年に一度（寅と申）、小国上組と下組の荒神持ちの人々が中心になり、中央大宮神社と両化《りょうけ》八幡神社で交替に行なっている。平成十六年は中央大宮神社の神楽殿で、午前十時から夕刻まで行なわれた。翌日は雪が降ったので、当日もたいへん寒い一日であった。

祭りの一週間前に氏子全員神社に集合し、雌雄二体の藁蛇（「タツ」という）を作製する。これを「龍《たつ》ネジ」と呼んでいる。全員が持ち寄った藁で長さ七～八メートル、径三十センチメートルの藁蛇二匹のほかに、ユグリ二個（藁の入れ物。昔は幼児を入れて育てたりお櫃《ひつ》を入れて飯を温めたりした）とユグリに入れる龍の子二匹（小蛇のこと）も作る。

また各人は自分持ちの数の荒神や地神・水神の藁スボと荒神幣を作る。藁スボというのは藁で作ったスボ

（入れ物）で、煎った五穀を包んで中に入れて縛ったものである。昔はこれに藁の小蛇を付けていた（世羅町津口では藁スボでなく小さなユグリだけ作り、その中に龍の子と煎った五穀を入れている。小国でもユグリを作る家が何軒かある）。

作業が終わると雌雄二体の大きな藁蛇の頭を神楽殿の鴨居正面に向かい合わせにして吊り下げ、口の下に龍の子を入れたユグリを添え置く。藁蛇の胴体部は拝殿の外を回し、拝殿の背後でその尻尾を結びつける（これはセックスしている蛇を示しているらしく、氏子の繁栄が期待されていると思う）。藁蛇の頭部の側に荒神幣を何本も挿し、胴体から尻尾にかけて各家の荒神幣を添えた藁スボをぶら下げる。

荒神祭当日の神楽では、備後神楽の代表的な演目が行なわれる。神楽殿の中央に丸型の天蓋（当地では「造花《ぞうか》」という）一個を下げ、そこから八方に千道を延べ、切り紙を下げたごく簡単な舞場で神楽を演じる。

午前中に「清米《きよめ》」「神勧請」「悪魔祓い」の三番を舞い、午後から「五行祭」（13：10～16：05）を行なってから、「八重垣の能」（16：05～17：00）と「折敷舞」（17：00～17：30）を行なう。最後に「荒神舞」（神託舞）（17：30～18：00）をし、

神殿内に飾り付けた藁スボとユグリ

龍とユグリ（中に小蛇が入っている）

「造花引き」

世話役たちが藁蛇を神社の神木に巻きつけ六時すぎに終了した。

この神楽の中で午前の神楽と「折敷舞」は備後府中荒神神楽と同じで、「五行祭」は後で述べる五行祭と同じように行なわれる。「八重垣の能」（八岐大蛇の舞のこと）は、この地区の荒神祭では必ず演じる慣例があり、酒造りの尊が唐臼《からうす》で米を搗《つ》く場面（これを「カラス」と呼んでいる）があるなど、素朴で土着性に富んだおもしろい舞であった。

小国の荒神祭で特異な神楽は「神勧請」「造花引き」「荒神舞」である。「神勧請」は全国の一宮および県内・郡内の神社の祭神を一時間もかけ一々申し上げては勧請し、さらに村内の小社と荒神・地神・水神など全ての諸神を勧請する。

こんなに丁寧な神勧請をする所は県内にはほかにはないと思う。「造花引き」は神歌に合せて造花（天蓋のこと）を上下左右に飛ばしながら、勧請した神々をあらためて舞場に迎える。この造花引きは荒神舞に先立って必ず行なわねばならない重要な神楽とされている。

「荒神舞」は神がかり託宣があったので「神託舞」「託宣舞」、あるいは白い布が使われるので「布舞」ともいわれ、荒神祭で最も重要な神楽として古くから続けられている。二反の白い布を舞場の東西と南北の柱にクロス状に張り、同じ白い布二反から切り取って作った襷を右肩から掛けた三名の舞手が、その下で不思議な神楽を舞うのである。

まず座って鈴を鳴らしながら神歌を歌い、次に立って白幣と扇を採って優雅に舞い続ける。次に白幣と扇を首に挿し、最初は片手で、次に両手で白い布を握り、左右の手を次々に持ち替えながら舞場を反時計方向にグルグルと回っていく。次第に白い布を激しく揺らしながら神歌を繰り返して乱舞するのである。

　今宵の餅は十五夜の餅とさも似たり、　先ずお
　初穂を神聞し食せ。
　今宵の御酒は夜半に作りてかいませ、　先ずお
　初穂を神聞し食せ。

乱舞するうちに舞手は白い布に絡《から》み付くようになる。よろめきながら舞い続けるうち、三名は中央でもつれ合って倒れてしまう。倒れた舞手は震えながら小声で神歌をつぶやいている。神職が神前で祈願を唱えると、舞手はゆっくりと白い布に寄りすがりながら立ち上がり、再び白い布を揺らして舞い納める。昔は神がかりして託宣を下していたようであるが、今は神がかりも託宣も残っていない。

荒神祭の神楽が終了すると、氏子十名くらいが境内で藁蛇を引き回し、それをユグリと一緒に神

「荒神舞」：白い布を掴み神がかる三名の舞手

社境内の神木に巻き付ける。雄は中央大宮神社に、雌は両化八幡神社の神木に巻く。

集まった人々は各自の藁スボやユグリを持ち帰り、家の背戸や森にある荒神の神木（多くはツバキやフクラシの木）に納める。

小国の荒神祭は蛇を祀るたいへん古い形の祭りである。荒神さんの祠の傍に五輪石があること、蛇は死霊とみなされてきたことなどから、この地方の荒神祭は死霊を強く意識して行なわれてきたものと思われる。はるか昔の荒神祭は死者や先祖の祭りとして行なわれていたのかもしれない。

小国の谷々にある小集落のあちこちには、蛇磐とか神楽磐と呼ばれる岩があったり、蛇が棲むといわれる松があったりする。この岩や松の前で死霊を鎮める神楽を行なっていたのであろう。小国の荒神祭は神石郡の七村神楽とは別の、もう一つの備後神楽の起源ではないかと思われる。

藁スボを戴いて帰る氏子たち

「荒神送り」：神社内の神木に巻き付けられる藁蛇

弓《ゆみ》神楽（三原市久井《くい》町莇原《あぞうばら》）

問い合わせ：三原市教育委員会生涯学習課文化財係　☎0848・64・2137

国内でも備後地方だけに伝わる極めて貴重な神楽

備後神楽には「弓神楽」といわれる、また別の古い神楽がある。民家の座敷に作った神座の前に弓を据え、その弓を祭主が打ちながら、土公神祭文を読誦する変わった形の神楽である（庄原市西城町では「神弓祭」と呼んで同じような神楽を行なっている）。

国内で備後地方だけに伝えられている極めて貴重な神楽で、昭和四十六年に広島県の無形民俗文化財に指定され、昭和五十三年に文化庁の選択芸能に選定されている。この弓神楽は近年まで春の家祈祷や式年の荒神祭に、備後一円（主として旧御調郡、世羅郡、旧甲奴郡）で行なわれてきたが、今は衰え、三原市久井町莇原や府中市斗升《とます》など一部の地域に残るにすぎない。

弓神楽の保持者として広く知られている田中重雄宮司にご案内いただき、私はこれまで二度この弓神楽を拝見することができた。一回目は平成九年二月八日に久井町

「弓神楽」：二本の打竹で弓の弦を打ちながら祭文を誦む

萠原中組の行迫正明氏宅で、二回目は平成十六年二月二十八日に同町萠原上組の杉原強氏宅で見せていただいた。

萠原は谷あいの山裾に開けた古い集落で、上組、中組、下組と呼ばれる各十数軒ほどの小集落が続いている。二回とも同じ方式で行なわれたが、萠原中組は最後に珍しい「棚壊し」の行事を伝えているので、ここでは平成九年に行なわれた萠原中組の弓神楽について報告してみたい。

弓神楽の神座

切り飾りを製作する田中宮司

切り飾りに囲まれた美しい祭場

萠原中組の弓神楽は七年ごと（丑と未）に行なわれる荒神の小規模な祭りである（萠原上組は九年めぐりで行なっている）。当地では、「四季荒神祭」、あるいは「四季祭り」と呼んでいる。萠原中組では集落内の四か所にある荒神を迎え、弓神楽形式の荒神祭りを代々受け継いできたが、それがいつ頃始まったものであるかはあまりはっきりしていない。

弓神楽は民家のデイ（上《かみ》の間）とオモテ（中の間）の二間《ふたま》を使って行なう。二段に作った祭壇の上に菰《こも》四枚を敷き、下段に鯛・餅・果物類・野菜類を荒神の数（各四重）、土団子・ボテの実・小餅・土器《かわらけ》を田畑の数だけそれぞれ七十五個供える。上段にはユグリ（ユグリ内には龍《たつ》の子を入れ、祭主の方に向けて頭を出しておく）、五穀の小俵を各四個、御久米、白い布一反を供える。

祭壇中央には荒神幣を四本立てる。デイとオモテの境の長押《なげし》には五行幡（五本）と、鳥居・魚・幣などの彫り物を飾る。祭場の周囲には切り紙と藁垂を交互に下げた注連縄を張り、祭壇の上から八本の千道を延べる。千道には鳥居、鶴亀、幣、魚などの掛けヒナが下げられ、小さな部屋が見事な雰囲気を醸し出す。

備後の弓神楽は、「切り飾り半祈祷」といわれてきたほど、切り飾りに包まれた美しい祭場を丁寧に作るのである。

祭壇の前には弓矢三本と榊を立て、その前に青御座を敷いて揺輪（寿司桶などを使う）を伏せて据え、その下に御座藁十二本（閏年は十三本）を敷き御久米を入れる。揺輪には御座紙五枚を敷き、弓の弦を上に向けて結び付け五色幣を結んでおく。揺輪の両側には幣を立てる。

田中重雄宮司（府中市上下町井永の井永八幡神社宮司）を主座に、田中安一宮司（神石郡神石高原町の八幡神社宮司）を脇座にして弓

ユグリと餅：龍の子が頭を出している

揺輪

75個重ねて供えた小餅

神楽が始まった。初夜の二月八日は「祭典」と「弓神楽一席」（16：30～17：00）、夕食（18：00～19：00）、「弓神楽二席」（19：00～21：00）、「弓神楽三席」（21：00～22：00）が行なわれた。翌日二月九日は、「弓神楽四席」（8：30～10：30）、「弓神楽五席」（10：30～11：30）、「棚壊し」と「直会《なおらい》」（12：00～15：00）があった。

弓神楽は一席から五席まで行なう

弓神楽一席では「打立」と「神迎」が行なわれた。「打立」は御座歌から始まり、御座藁、御久米、揺輪、弓、打竹などの謂《いわ》れを弓を打ちながら歌い、「神迎」で諸神を勧請する。弓神楽第二席から第四席までの「土公神祭文」では五人の王子の長文の物語を歌誦する（この部分は五行祭の神楽と内容が同じ）。弓神楽五席は「手草祭文」の読誦と「御神楽」「弓上げ」である。

「手草祭文」では穢れを祓い清める岩戸開きの物語を歌誦する。祭文は少し変更して詠まれるところもあるが、「弓神楽現行詞章」（『上下町史』民俗資料編所収）の通りに歌誦される。主座が二本の打竹で弓弦を打ち、脇座が銅拍子を叩き、長々と続く祭文を全て暗誦した。心清まる響きであった。

「手草祭文」が終わり「御神楽」に移ると、祭主は一丈《じょう》（約三メートル）ほどの白い布を弓の弦に巻き、弓を打ちながら諸神から始めて当地の四柱の荒神に至るまで、一神ごと一々勧請していく。それから白い布を弓弦から外してそれを広げ、首に掛けて垂らし再び弓を打つ。次に御久米と塩を手に取り、それをパラリと周囲に撒いて三度米占をする（「御神籤をひく」という）。

続いて白い布を右肩から襷にかけ、鈴を振りながら祭文を唱え、揺輪に立ててある二本の白幣を外し、弓も外して座に着く。揺輪の下の御座藁を取り、それを揺輪の中に半紙と一緒に入れ、米占に使った御久米は久米袋に入れる（この一連の動作を「伏蓋《ふせぶた》おこし」という）。

「弓上げ」は千道から悪魔が入ってこないように、祭主は立ち上がって弓で素早く千道を切る。それから呪文を唱えながら天と地に向かって弓矢を放ち、指で弓の弦を鳴らしながら「悪魔退散、外道消滅」と唱える。そして集まった人々に「けっこうな御神籤でした」と伝え弓神楽を終える。

棚壊《たなこわ》しはとても珍しい行事

引き続いて「棚壊し」がある。これはとても珍しい行事で、莇原中組で稀にしか行なわれ

「弓上げ」：悪魔が入ってこないよう素早く千道を切る

ていない行事である。弓上げが終了するとすぐ、荒神持ちの四名が立ち上がり祭壇に供えてある全ての供え物を荒々しく崩し、崩れた供え物や飾りものなどを一緒にユグリの中に入れる（五行幡のみ持ち帰る）。

「勢力のええ荒神さんはよお食《く》うてじゃけえ」と言って、笑いながら餅や食べ物も一緒にユグリに入れる。そのユグリを祭壇に敷いてあった菰で包み込み、注連縄でしっかり結んでその上に荒神幣を挿す（これを「馬」という）。

その馬に荒神持ちの四名が跨《また が》って馬乗りになり、部屋中を跳ね回って互いに激しくぶっつかり合ったりするのである。ひと暴れしてから、「ウォー」と雄叫びをあげて祭場を飛び出し、今度は庭をしばらく飛んで跳ね回る。当分の間暴れ回ってから馬が鎮まると、それを荒神祠へ運んで荒神祠の後に埋めるのである。

四季荒神祭の最後の一コマは、人の一生の終わりの有様を生々しく教えてくれているように感じられた。この世においてて築き上げた人間の業が、瞬時のうちに崩されて一枚の菰に包み込まれ、やがて荒神の森へと返されていくのである。備後の四季荒神祭は祭文を通して語りかけてくる神の心に静かに耳を傾け、人の一生の儚《はかな》さを思い、あの世へ思いを馳せていく神楽だったのではないだろうか。

五行を示す彫り物

五行祭（三原市久井町黒郷・三次市吉舎《きさ》町辻）

問い合わせ：三原市教育委員会生涯学習課文化財係　☎０８４８・６４・２１３７
三次市吉舎支所　☎０８２４・４３・３１１１

いまや絶滅寸前の五行祭

「五行祭」は昭和三十年頃まで備後地方で盛んに演じられていたが、その後急速に衰退し、今では貴重な神楽になっている。この絶滅寸前の五行祭を演じている所が備後の一部の地域に残っている。

平成十四年だけだが、五月二十五日(日)に三原市久井町地域の福祉センターで行なわれた。十月十二日(日)

造花

五行幡

出演者の名前は事前に掲示される

五郎の山立ち（久井町黒郷）

大王の山出（久井町黒郷）

には辻八幡神社（三次市吉舎町辻）の秋季例祭で、十一月二日と三日には三次市吉舎町徳市で行なわれた（吉舎町では同じ五行祭が、八幡神社〈吉舎町清綱〉と四柱神社〈吉舎町桧〉でも行なわれたようである）。十一月二十三日には三原市大和町椋梨《むくなし》の恵比寿祭で行なわれた。

このように五行祭は今でもまだ辛うじて続いているのである。世羅町内では、式年の荒神祭に五行祭を必ず行なう伝統が今でも残っている。

五行祭の演出はどこでも同じなので、三次市吉舎町辻にある辻八幡神社の秋季例祭で行なわれた五行祭と、三原市久井町黒郷の地域福祉センターで行なわれた五行祭について紹介することにしたい。

辻八幡神社の秋季例祭は十月十二日（日）で、前夜は提灯祭りで有名な「神殿入り」と通常の備後神楽が未明まで奉納され、当日は午後一時から夕刻六時まで神社境内にある神楽殿で「五行祭」が行なわれる。

舞場には後方に挟箱《はさみばこ》（神楽の諸道具を入れる箱）を置き、それを挟んで前方が舞場、後方が楽屋となる。吉舎地方あたりでは造花をさげたり千道を延ばしたりしない習慣で、五行祭の舞場はとても簡素である。

備後神楽の独特の雰囲気を醸し出す手打鉦のけたたましい響きで五行祭が始まった。五行祭を演じたのは備後神楽の本手神楽太夫（吉舎町近隣に在住）たちである。大王と后《きさき》が青木敏氏、太郎王子が山崎泉氏、次郎王子が森田氏、三郎王子が末国氏、四郎王子が児玉氏、五郎王子が竹広氏、弓場《ゆんば》が青木氏の計六名。盤古大王の山出から弓場までを熱演した。

神楽殿の前に斎燈を焚きその周りで高年の方々が感慨深く鑑賞されていたが、見物人の数はチラホラで少しばかり淋しい思いがした（しかし青木氏が指導しておられる神楽太夫には、竹広氏をはじめ若手神楽太夫が多く育っていて、これからが大いに期待できる）。

三原市久井町黒郷で行なわれた五行祭は、同町の郷土文化愛好会が発足十五周年を記念して「懐かしい五行祭をもう一度見ようではないか」ということで特別企画されたのである。五行祭の名手、福光正明氏が主催して神楽太夫を集め、五月二十五日（日）午前九時から午後五時まで久井町地域福祉センターホールで行なわれた。

簡単な円形の造花と千道を張り、向かって右手に挟箱一台を据えて舞場と楽屋が仕切られ、そこで五行祭が演じられた。

午前九時に開会式があり、そのあとすぐ二名の舞手による「神事式」が行なわれた。これは備後

四王子の談合（吉舎町辻）

神楽では最初必ず舞われる舞で、右手に鈴、左手に幣を採った舞手がまず座して神歌をしばらく歌ってから、次に立ち上がりゆっくりとした優雅な舞をする。それから鈴を扇に替えて神歌を歌い、奏楽と一緒に神迎えの祈願をする。

五郎が弓場を訪ねる（吉舎町辻）

神事式の後、けたたましい手打鉦の響きで五行祭の幕が開く。五行祭を演じたのは備後神楽の本手神楽太夫たちである。大王と后が福光正明氏、太郎王子が田中清氏、次郎王子が金川二郎氏、三郎王子が森武氏、四郎王子が横山清氏、五郎王子が藤谷崇博氏、弓場が国原正明氏の計七名が、盤古大王の山出から膳場落しまでを五時間かけて熱演した。

膳場落しとは五郎王子が四郎王子と対面して膳場を催し、四郎王子が謀反《むほん》を起こす場面のことで、最近の五行祭はここまでで終えている。会場には百名余りの人々が集まり、昔を懐かしみながら感慨深く観賞していた。

行なわれた五行祭の順序は次の通りである。

⑴盤古大王の山出・后との別れ（9：35〜10：20）
⑵太郎の山出（10：20〜10：50）
⑶次郎の山出（10：50〜11：10）
⑷三郎の山出（11：10〜11：25）

(5)四郎の山出（11：25〜11：45）
(6)四王子の談合（11：45〜12：00）
(7)五郎の山出（12：00〜12：40）
(8)五郎が弓場を訪ねる（12：40〜13：05）
(9)五郎が后の宮（母親）を訪ねる（13：05〜13：20）
(10)五郎が四方殿（四王子の館）を訪ねる（13：20〜14：40）

このような順序で次々に進み、四方殿を訪ねて四郎王子と酒を交わすところで終える「膳場落し」の五行祭であった。后の宮（后の宮より父大王の譲り形見を受ける）、戦争の場（恒河の川上の合戦）、問訊博士（所望分け・五大遊び）などは行なわれなかった。

新能「播州皿屋敷」は人気

五行祭に続いて「悪魔祓い」（一人舞）が行なわれた（五行祭の前に舞うのが普通）。これは鼻高面の舞手が両手に扇を持って舞った後、襷がけで刀を振って悪魔を祓う勇壮な舞である。次に午後三時から五時まで、この地方で人気のある新能（明治以後に創作された能）の「播州皿屋敷」が演じられた。

播州の家老の青山鉄山が最初に舞い出し主家横領の企てを語る。その

深夜まで続く五行祭（大和町椋梨）

熱演する神楽太夫（大和町椋梨）

五行祭を真剣に見る人たち（大和町椋梨）

企てを足軽三郎の妻菊姫に立ち聞きされたので、鉄山は菊姫を亡き者にしようとする。早速三吉（ひょっとこ面で登場）を遣わして菊姫を家に呼んで真偽を質すが、菊姫は立ち聞きなどした覚えはないという。

そこで鉄山は旅立ちを理由に、菊姫に皿十枚を保管してくれるよう頼む。三吉が皿十枚をおもしろおかしく改めてから、それを菊姫に預ける。さて旅が中止となったので皿を返すよう鉄山は菊姫に申し付ける。鉄山は菊姫が返した皿の数を改めるが一枚が足りない。怒った鉄山は菊姫を古井戸に投げ落として殺す。

そこへ菊姫の夫三郎が舞い出す。妻の安否を心配して古井戸の縁を通ると、菊姫の亡霊が事の始終を語り伝える。それを聞いた夫三郎は鉄山を殺害することを決意し、めでたく恨みを晴らすという物語である。

備後神楽の能舞は播州皿屋敷からも窺えるように、芸北神楽のような鬼退治の物語より、呪いや恨みをテーマにしたものが多いようである。

豊松八ヶ社神楽《とよまつはっかしゃかぐら》（福山市加茂町百谷《ももたに》）

問い合わせ：豊松八ヶ社神楽社代表　加藤正夫
☎0847・84・2339

白蓋《びゃっかい》行事は代表的な演目

最後に神石郡神石高原町を中心に活動している「豊松八ヶ社神楽」について紹介しておきたい。豊松八ヶ社神楽はもともと翁家を注連頭とする神職のみで行なわれていた七村神楽であるが、明治時代から氏子らが舞に加わるようになり、今の形の神楽となった。

「神役」といわれる儀式舞と、「本舞」といわれる能舞から成り立っている。荒神神楽の場合は最後に「綱入れ」を付け

白蓋

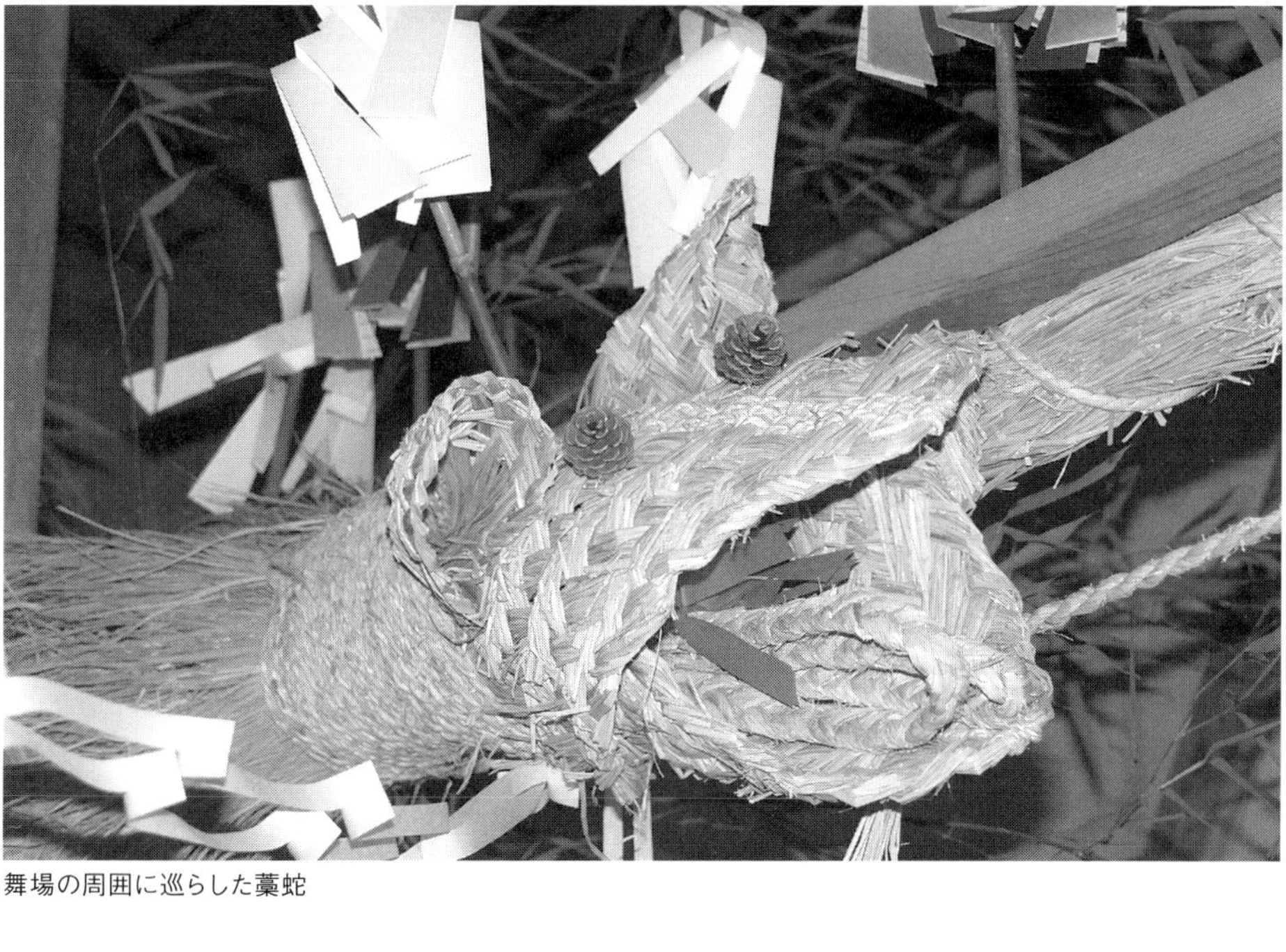
舞場の周囲に巡らした藁蛇

加えて行なっている。内容は比婆荒神神楽や備後神楽と共通する面があり位置づけが難しいが、備後神楽の発祥とも関わるので、一応、備後神楽の一つとして扱うことにしたい。

神石郡神石高原町は広島県内でありながら広島市から最も遠い場所であるため、この由緒ある神楽を見学する機会に恵まれなかった。ところが豊松八ヶ社神楽の加藤正夫氏から福山市加茂町百谷の高山地区集会所で荒神神楽を行なうという知らせをいただき、かねて念願であった豊松八ヶ社神楽を見学することができた。

高山地区は戸数二十八戸、人口五十八名の小集落である。六十歳以上の方が七十パーセント、七十五歳以上の方が三十パーセント、一人暮らしの家が九戸もある、高齢化と過疎化が深刻な集落である。児童は二名のみ。七年に一度の荒神神楽の準備はお年寄りの仕事であった。

一枚の紙に彫った美事な白蓋（上）（中）（下）

「白蓋行事」：舞手を覆うように揺れる白蓋

神楽は平成十五年十一月一日の夕刻五時から午前三時頃まで行なわれた。豊松八ヶ社神楽の伝統に従い、最初に「神役」といわれる神事舞があり、それが終わって能舞などの「本舞」が行なわれた。

舞場は四方の斎竹に注連をめぐらし、注連の上に各々十二本の幣をたて、中央から三重の白蓋をさげ八方に千道を曳く。正面の神棚には各種の供物をし、そこから藁蛇一匹を正面に向けて回しておく。このような施設は備中荒神神楽と類似していて、豊松八ヶ社神楽が備中神楽とつながりの深い神楽であることを示している。

「神役」は神職と神楽舞手七名、氏子二名が列座し執り行なった。「曲舞」「榊舞」「神迎え」「御座舞」「白蓋行事」があった（正式には「指紙舞」「勧請舞」もする）。その中で「白蓋行事」は豊松八ヶ社神楽の代表的演目であり、たいへん印象的な行事であった。

白蓋の下に一名の舞手が入って伏せ、その上の白蓋を神歌を歌いながら上下左右へ激しく揺らすのである。わずか十五分ほどの短い行事であるが、白蓋がまるで生きているように揺れ動く様は大変美しく感動的であった。このような素晴らしい白蓋行事はおそらく中国地方のどこにも見当たらないであろう。

白蓋を引いておられた加藤さんの体から汗が噴き出ていて、相当の熟練を重ねてこられたことが窺えた。白蓋の下に伏せていた舞手の体が、まるで神が乗り移ったかのように小刻みに震えていたのが印象的であった。

白蓋行事が終わるといったん休憩をして「本舞」となる。本舞は「猿田彦命悪魔祓」「国譲りの能」「吉備津の能」「八重垣の能」(祇園)と続き、最後に荒神祭の「綱入れ」がある。

豊松八ヶ社神楽は当日演じたもののほか、「岩戸」「大社」「竜宮」「降臨」(天孫)「喪刈」「磐余彦」(神武)「八幡」「神宝」「日本武」などの能舞も伝えているとのことである。これらの能舞は備中神楽で行なわれている能舞とあまり変わらない。この日行なわれた「吉備津の能」は、吉備津彦命が細谷川(白い布を引いて川に見立てる)で悪鬼温羅《うら》を退治する迫力あふれる舞で、県内ではあまり見ることができない舞である。

最後に行なわれた「綱入れ」は備後神楽の「蛇舞」に似た舞である。

「吉備津の能」

「国譲りの能」

最初に神楽舞手を先頭にし、蛇の頭に白幣を挿した藁蛇を氏子代表者らが担いで舞場に引き出す。そのとき先頭の舞手が舞場に控えている二名（神職と刀を持つ舞手）と、太鼓にあわせて比婆荒神神楽の竜押しの問答に似た内容を長々と問答する。

舞場に入り一周してから舞手が刀で鱗打ちの仕草をし、藁蛇を舞場の中でぐるぐる引き回して氏子らを囲い込み、その藁蛇をとぐろ巻きにして神殿正面に据える。それから荒神送りの儀式を行なって、藁蛇を荒神社へ納めた。

「八重垣の能」

「綱入れ」

比婆荒神神楽のような神がかりは行なわれず、当地の綱入れは少し迫力に欠けていた。式年の荒神神楽では、「五行舞」「託宣」「手草」「内輪喧嘩」「灰神楽」も行なわれるといわれているが、加茂町百谷では行なわれなかった。

第六章

中国地方の神楽探訪

中国地方の神楽
―― 概説 ――

広島県にとどまらない神楽の宝庫

広島県民にとって神楽への意識が変化した大きなイベントが、平成二十二年に開催された「全国神楽フェスティバルｉｎひろしま」である。一月九日から十一日まで三日間、全国の神楽が一堂に会した。会場は超満員の観客で埋まった。神楽に対する目が広島から外に広がった瞬間である。もっといろいろな神楽を知りたい、見てみたいという欲求が駆り立てられた。参加団体は「表６‐１」の通りである。

平成二十四年九月に同じような企画で「中国四国神楽フェスティバルｉｎひろしま」が行なわれ、会場の広島県立文化芸術ホール「上野学園ホール（旧ＡＬＳＯＫホール）」は超満員となった。出演団体は中国・四国地方の次の団体であった。

佐料編笠神楽（高松市）、宮乃木神楽（広島市安佐北区）、津野山神楽（高知県高岡郡梼原《ゆすはら》町）、備中神楽（岡山県井原市）、「阿波おどり」（徳島市）、

表 6-1　全国神楽フェスティバル in ひろしま

第1日	松前神楽（北海道小樽市）／早池峰大償神楽（岩手県花巻市）／西代神楽（大阪府河内長野市）／原田神楽（広島県安芸高田市高宮町）／中川戸神楽（広島県山県郡北広島町）／比婆荒神神楽（広島県庄原市東城町）
第2日	江戸里神楽（東京都荒川区）／霜月神楽（長野県下伊那郡天龍村）／津野山神楽（高知県高岡郡梼原町）／横田神楽（広島県安芸高田市美土里町）／大塚神楽／同こども神楽（広島県山県郡北広島町）
第3日	有東木神楽（静岡市）／石見神楽（島根県浜田市）／高千穂の夜神楽（宮崎県西臼杵郡高千穂町）／津浪神楽（広島県山県郡安芸太田町）／三谷神楽（広島県山県郡安芸太田町）

山代神楽（山口県岩国市）、藤縄神楽（愛媛県大洲市）、横田神楽（広島県安芸高田市美土里町）、日南神楽（鳥取県日野郡日南町）、石見神楽（島根県江津市）、琴庄神楽（広島県山県郡北広島町）、中川戸神楽（広島県山県郡北広島町）

本章からは広島県を取り囲む中国・四国地方の神楽を紹介し探訪してみることにしよう。その全体像は、付録「中国・四国各県の神楽団体」をご覧いただきたい。また筆者が探訪した記録を、付録「中国・四国地方の神楽探訪 —記録—」に一覧表で示したので参考にしていただきたい。探訪した神楽の中には「中国四国神楽フェスティバル ｉｎ ひろしま」に出演した神楽も一部含まれる。

岡山県の神楽

概説

鳥取県にも現存する備中《びっちゅう》神楽

岡山県は備前、備中、美作の三国より成るが、神楽が行なわれてきたのは備中と美作の一部にすぎない。岡山県神社庁に登録されている神楽団体数は現在およそ六〇団体（正式には五十九団体）である。文化庁のデータベース「神楽マップ」には四〇件の団体が記載してある。

その内訳は井原市（11）、高梁《たかはし》市（13）、新見市（8）、小田郡矢掛《やかげ》町（3）、倉敷市・笠岡市・岡山市・浅口郡里庄町・加賀郡吉備中央町に各一団体である（かっこ内数値は団体数）。どれも旧備中域で活動している団体である。岡山県には「備中神楽」と呼ばれる神楽だけが存在していることになる。

この備中神楽は鳥取県の日野郡にも現存している。下蚊屋《さがりかや》荒神神楽（日野郡江府《こうふ》町下蚊屋）、ひの神楽（同郡日野町根雨）、日南神楽（同郡日南《にちなん》町神戸上）の三団体がある。下蚊屋荒神神楽は県内で最も古い神楽といわれ、昭和四十九年に鳥取県無形民俗文化財に指定された神楽である。出雲神楽を起源に始まったといわれるが、実際は江戸時代末に備中神楽を導入した神楽であり、内

高梁市成羽町日名にある備中神代神楽碑

容は備中神楽と変わらない。したがって鳥取県の神楽は備中神楽で一括りにしておく。

神殿《こうどの》神楽ともいわれ、人気の高い神楽

荒神信仰を基盤にしているので「荒神神楽」ともいわれ、神殿《こうどの》という仮小屋を設置して行なうことから「神殿神楽」ともいわれている。広島県の神楽に負けないほど人気の高い神楽である。

この地方には中世からの地縁的組織の名《みょう》が発達しており、その名を基盤に荒神の式年祭祀の荒神神楽が社人たちによって伝えられてきた。この社人たちの神楽に、文化文政期（１８０４〜30）に備中成羽の神職・

西林国橋生家

西林国橋の墓

国橋の墓近くにある荒神社

西林国橋《にしばやしこっきょう》が創案した神代神楽（「岩戸開き」「国譲り」「大蛇退治」「吉備津」から成る）を導入して完成したのが備中神楽である。この備中神楽は例年の「宮神楽」と、七年・十三年の「荒神神楽」で行なわれる。

西林国橋は成羽町日名の生まれで、福地《しろち》に生家が残っている。下日名の神楽公園に国橋を顕彰する備中神代神楽碑がある。近くに国橋が神楽を奉納した御崎神社があり、そこからそう遠くないところに国橋の墓がある。

備中神楽はとても分かりやすい形式の神楽である。「宮神楽」は中国地方の例年祭の神楽奉納と同じ形式で行なわれる。「榊舞」「導きの舞」「猿田彦の舞」の神事舞の後、芸能的な神代神楽が奉納される。「荒神神楽」の場合は最初に当番宅で当番祭と簡単な神楽を行なってから、神殿（今は地区集会所などを使う）に荒神を迎え、あらためて長時間の神楽を行なう。そこで七座の神事をし、神代神楽を中心にした能舞を数番行ない、最後に特別な託宣の神楽を行なっている。

この形式は鳥取県の下蚊屋荒神神楽や広島県の比婆荒神神楽と類似しているし、備後の荒神神楽とも共通するところが多い。神楽の能舞は、伯耆や備後の神楽とほぼ同じと考えていいと思う。

探訪　成羽《なりわ》町の神楽（高梁市成羽町麻操《まくり》本郷・民家）

問い合わせ：高梁市産業振興課　☎０８６６・２１・０２２９

神がかりの神楽が二つ

備中神楽を初めて見たのは昭和六十二年一月九日、今から二十五、六年も前のことである。神楽探訪を始めたばかりで、神楽のどこをどのように見ればよいのかまったく分からなかった頃である。備中神代神楽を創

「布舞」：白い布を振って舞ううち神がかる

案した西林国橋の町、高梁市成羽町日名の畑上というところで北山社が演じた。

曲がりくねった吉備高原の細い道を登った高原に会場はあった。畑か田んぼに神殿を建て、そこで夜明けまで神楽があったように思う。はっきり思い出せないが、舞手が藁蛇にとりつき神がかり、足をガタガタ震わせながら不思議な言葉を語ったシーンの記憶が残っている。

「国譲りの能」

備中神楽には藁蛇を使う神がかり（「綱舞」という）と、白い布を使う神がかり（「布舞」という）の二つの神がかりがある。この方式は備中神楽ではどこでもほぼ同じなので、ここでは「布舞」について報告し、「綱舞」は美星町の神楽探訪で紹介する。

白い布を振るうちに神がかる

白い布による神がかり「布舞」を見るため、平成二十一年一月二日に高梁市成羽町麻操本郷地区で行なわれた本山荒神社と長地《おさじ》荒神社の式年千代大御神楽へ足を運んだ。午後一時頃に到着した。当番宿の神事（「湯祓い」「荒神迎え」「役指の舞」「榊舞」「猿田彦の舞」「白蓋行事」）は既に終わり、「磐戸開きの能」が始まったところだった。神楽を演じたのは井原市にある神光社である。

続いて「国譲りの能」（13：30～16：00）があり、荒神神楽に必須の「五行」（16：00～18：10）が行なわれた。それから「八重垣の能」（18：15～20：55）と「剣舞」（21：00～21：15）があり、四名の舞手が古式通り剣舞酒を飲んだ。そして白い布を使う「布舞」（21：15～22：05）で神がかりした。神がかりは次の通り進んだ。

「五行」の盤古大王

「剣舞」

「剣舞」：剣舞酒をいただく舞手たち

格衣《かくえ》に立烏帽子の託太夫が右手に鈴、左に扇を持って舞い出し、神前で拝し着座。それから立ち上がり白い布を採って榊舞と同じ手で一舞した。五方を拝し、「サンヤサンヤー」と歌いながら順逆を舞う。それが済むと白い布に文字を書き、「ヤ〜イ」と発声しその布を振り始めた。布を天蓋に向けて強く振りつけながら、「ゴーヤゴーサマ、ゴーヤゴーサマ、……」といいながら、大きく円を描くように振り、小さくクルクル回すように振った。そしてますます激しく布を振るうち託太夫は神がかった。

天蓋の下で託宣

神がかるとその白い布を託太夫の首に巻きつけ、布を結んだ棒を胸に抱かせ天蓋の真下に座らせる。祭主

神がかった託太夫

御久米を天に投げ占う託太夫

託太夫の託宣を聴く祭主

は盛んに祈願を唱えて託太夫に御久米を打って清める。そこで神がかった託太夫が託宣を始める。祭主から御久米（占米）の入った折敷を受け、占をなすと唱え託宣したことを外へ決してもらすなと述べる。「産子《うぶこ》に舞や降ろさん」と歌いながら荒神祭のことを長々と語り、産子に災いのないことをまず祈願する。そして御久米を高さ三尺ばかり投げ上げ、「白蓋の糸にとじられて、解くに解かれぬ、神むすびかな」と唱え、落ちてくる御久米を掴む。

それを祭主が受けて占い「吉です」と伝える。託太夫はその内容を会衆に解いて説明する。そして託太夫の背中をエイッと打ち返しする。託太夫は大幣と白い布を受けて引きさがる。続いて格衣と立烏帽子姿の託太夫が右手に鈴、左に扇を採って登場し、順逆を舞い鈴を打ちながら天蓋の中に入る。そして天蓋に入ったまま五方に舞う。

「お田植え」

荒神神楽では白い布がいろいろな場面で使われていた。舞手は腰に白い布の帯をつけ、剣舞では白い布の鉢巻きを締めていた。「お田植え」という余興の舞では白い布を田植縄として使っていた。

また白蓋も目についた。この真下で「剣舞」と「布舞」があり、託宣は白蓋の下で行なわれた。託宣を終えた託太夫は白蓋の中に入って五方に舞った。神がかり・託宣をする前に託太夫は白い布をこの白蓋に盛んに打ちつけていた。

探訪　美星《びせい》町の神楽（井原市美星町明治宗金・地区集会所）

問い合わせ：なし

およそ六十社の神楽社があり、競争は熾烈

備中地方では神楽社と呼ばれる専門の神楽組織が荒神を祀る地元地区から要請を受けて荒神神楽を行なっている。神楽社は備中地方におよそ六十社あり、お互いの競争はたいへん熾烈である。

私は備中神楽の盛んな美星町役場に神楽予定の問い合わせをしたことがあるが、なかなか詳細を教えてもらえず困った経験がある。備中神楽を見学しようと思えば、神楽社の方を通して予定を伺うのが一番いい方

「役指しの舞」

「猿田彦の舞」

「国譲り」

法だということが分かった。

美栄社（備中神楽社の一つ）の社長・岡本武文氏にご案内いただいて、平成十三年十一月二十三日から翌日の午前まで、井原市美星町明治宗金《むねかね》で行なわれた備中荒神神楽を拝見した。明治地区には九つの荒神組があり、宗金はそのうちの一つである。当地の産土《うぶすな》荒神社の七年目の荒神祭として行なわれた。

備中神楽が行なわれる吉備高原地帯は道路が網目状にもつれ合っていて、見学に行くたび道を迷ってしまう。今回も何度も同じ道を通り過ぎたり引き返したりし、最後に地元の人に案内していただいて、やっと目的地にたどりついたようなことであった。

神楽が行なわれる明治宗金は高原に開けた九戸ほどの小集落で、夜になると一面漆黒の闇となり無数の星に覆われる。一緒に見学に行った学生の一人が「星がきれいですねー。こんなにきれいな星空を見たのは生まれて初めてです」と感慨深そ

備中神楽の舞場（美星町・中世夢が原）

うに話しかけてきたことが思い出される。

夜八時から大当番宅で「当番祭」を行なってから、「導きの舞」「猿田彦の舞」「大国主の舞」の三番の舞が行なわれた。親戚や近所の方々が三十名ほど集まり、二時間ばかり和やかな雰囲気の中での神楽であった。

それから神楽祭員全員が神殿へ移動し、舞場を整えてから神楽となる。中央に天蓋を下げ、そこから千道を延べ、注連を張る形は備後の神楽と特別変わったところは見られない。大見神楽で四方の柱に付ける「四方がため」も飾ってあった。神棚は正面奥の右側にあり、そこにとぐろ巻きの藁蛇が据えてある。

男性的な歯切れのいい舞が、朝まで行なわれる

神楽は夜中の十一時四十五分に始まり、「役指しの舞」と「榊舞」を舞ってから式年祭神事を行ない、神事舞（「導きの舞」「猿田彦の舞」「岩戸開き」）をして神事が終わる。引き続いて十二時三十分から翌朝七時二十分まで、「国譲り」「大蛇退治」「五行幡割り」の三番の能舞が行なわれた。いずれも男性的なピシ

「大蛇退治」

「国譲り」：餅などを配る大国主命

ピシとした歯切れのよい備中神楽の特徴ある舞であった。

夜が明けて七時三十分から「綱舞」「託宣神事」「石割り神事」と続き、最後に藁蛇と焼石を荒神社の床下に納めた。全ての行事が終了したのは八時四十分であった。備中荒神神楽でよく行なわれる「白蓋神事」「布舞」「剣舞」などはここでは行なわれなかった。

「綱舞」は藁蛇を東西の柱に張り渡し、二名の舞手が藁蛇を挟んで刀で鱗打ちをした後、別の二名の舞手が神歌を歌いつつ藁蛇の周りを回る。太鼓の追い込みが激しくなると、託太夫の舞手が上衣の袖を抜いて襷掛けになり、激しい舞を繰り返すうちに、神がかりして藁蛇にすがりつく。祭員たちが藁蛇で託太夫を巻いて座らせ、祭主がその前に座して「託宣神事」となる。

託太夫は、失神状態で折敷に入れた御久米をパラリと打って場を清め、詞を唱えながらその御久米を空中に投げ上げ、落ちるところを右手でつかんで占う。成羽町と同じである。そして祟り月を伝え、信心用心するよう伝える。集まった人々は、水を打ったように静かにその荒神の託宣に聴き入る。厳粛で神秘的な瞬間である。

託宣神事に続いて「石割り神事」が行なわれる。庭の斎燈で一晩中焚いておいた焼石を半紙に包んで菰の上に据え、「焼石《びゃくいし》は玉になれ」と繰り返し歌いながら、託太夫が石を互いに打って砕く。託太夫は

「綱舞」：神がかり藁蛇にすがりつく

「綱舞」：藁蛇の周りを回る舞手

その焼石の割れ具合で吉凶を占い、再び菰に包んで縄で縛る。

広島県の尾道市美ノ郷町や福山市新市町の一部地域でも行なわれている神秘的な行事である。全ての祭事が終わると、藁蛇と焼石の前で神楽を舞い、荒神幣や五行幡と一緒に荒神社に運んで床下に埋めた。

「綱舞」：神がかった託太夫を藁蛇に巻いて座らせる

「石割り神事」：石を素手で割って吉凶を占う

「託宣神事」：御久米を右手でつかみ吉凶を占う

島根県の神楽

概説

出雲・石見・隠岐神楽の三タイプ

島根県は出雲、石見、隠岐の旧三国で構成されている。神の国として知られる出雲を中心に特徴ある神楽が伝えられている。神話の里ともいわれる島根県は全国有数の神楽どころ。それぞれの国名を付し「出雲神楽」、「石見神楽」、「隠岐神楽」と呼ばれる三つのタイプの神楽がある。出雲神楽は芸能的、石見神楽は演劇的な特徴があり、隠岐神楽は祈祷的で最も古風があるといえよう。

島根県教育庁古代文化センターの調査によると、この旧三国に現在、二百三十四の神楽団体ある。その内訳は平成二十二年一月現在、出雲神楽七十六団体、石見神楽百四十七団体、隠岐神楽十一団体である。

出雲神楽

佐陀神能の影響を受けて生まれた出雲神楽

出雲地方（能義《のぎ》地方を除く）と出雲の南西部一帯に「出雲神楽」と呼ばれる有名な神楽が分布している。現在、七十数団体が活躍している。前者地方の神楽は「出雲里神楽系」、後者地方の神楽は「奥飯石《おくいいし》・三瓶《さんべ》神楽系」といわれている。雲南市は八岐大蛇伝説の伝承地が各所にある。県指定の海潮山王寺《うしおさんのうじ》神楽は「簸《ひ》ノ川《かわ》大蛇退治」をはじめ出雲神話を演じる神楽を伝承している。大原《おおはら》神職神楽は三十三年に一度の託宣神事を守っている。

この出雲神楽の起源は、慶長年間（1596～1615）に京都の能楽を取り入れてできた佐太《さだ》神社の神楽（「佐陀神能《さだしんのう》」と通称。平成二十三年十一月にユネスコ無形文化遺産に登録）だといわれている。佐陀神能は、「七座」「式三番」「神能」の三部構成の神楽で、毎年九月二十四・二十五日の御座替《ござがえ》神事で行なわれている。

佐陀神能の「七座」は、「剣舞」「散供」「茣蓙」「清目」「勧請」「八乙女」「手草」の計七曲から成る神事舞で、烏帽子・狩衣・上千早・袴を着けた直面《ひためん》の舞手が、手に鈴・榊・茣蓙・幣・刀剣などの採物を持ち、神歌にあわせて厳かに舞う採物舞である。

刀で悪魔を払い（剣舞）、御供を散らして悪霊を祭却し（散供）、そこへ神の茣蓙を設け（茣蓙）、あらためてその茣蓙を清める（清目）。そこへ神々を招き降ろし（勧請）、手草を採って舞い遊ぶ（八乙女・手草）という形式である。

「八重垣」（佐陀神能）

佐太神社：佐陀神能を見学する観光客

翌日は、夕刻七時頃から着面の「式三番」と「神能」が法楽として演じられている。「式三番」では「翁」「千歳」「三番叟」が、「神能」では「大社」「真切目」「厳島」「恵

「山の神」（乙立神楽）

「国造り」（山王寺和野神楽）

「簸の川大蛇退治」（山王寺和野神楽）

比寿」「八幡」「岩戸」「日本武」「三韓」「八重垣」「荒神」「住吉」「武甕槌《たけみかづち》」の十二曲のうち数番が奉納されている。神能の多くは神話から取材したもので、全体の構想は文字通り能の様式にならい、シテ・ツレ・ワキ・ワキヅレ・トモの形になっている。

このような三部構成の佐陀神能が出雲地方に広まった神楽が、「出雲神楽」であると考えられている。代表的な出雲神楽として、見々久《みみく》神楽（出雲市見々久町）、槻之屋《つきのや》神楽（雲南市木次《きすき》町）、海潮山王寺神楽（雲南市大東町）などがある。その中でおもしろい神楽が平成十七年に国重要無形民俗文化財に指定された「大土《おおど》地《ち》神楽」である。出雲大社の門前町にある神楽である。江戸時代の宝暦年間（１７５０年代）に一般氏子が神職神楽を習って始めたという。子供たちも既に当時から参加していた。

出雲神楽は佐陀神能に始まるといわれているが、佐太神社の旧神楽帳にある二十四番の面神楽には、「山の神」「茅の輪」「三宝荒神」「五行」「亥の日祭」「大歳」など佐陀神能にない十四番の曲が入っていて、佐陀神能が大成される前にもいろいろな神楽が出雲では行なわれていたようである。

「八乙女神楽」「湯立神楽」をはじめ、さまざまな神事芸能も行なわれていたらしい。したがって出雲神楽は、従来あった出雲地方の神事芸能が佐陀神能の強い影響を受けることによってできた神楽といえよう。

石見神楽

石見神楽のルーツ

芸北地方に接している島根県西部地方（旧石見国）は、「石見神楽」の盛んな所である。石見神楽は現

「綱貫」（大元神楽）

「大蛇」（浜田養護学校神楽部）

「大蛇」（浜田養護学校神楽部）

在、明治初期にできた八調子とそれ以前の六調子の二形態を伝承している。代表的な演目は、「塵倫《じんりん》」「天神」「鍾馗《しょうき》」「岩戸」「大江山」「黒塚」など芸北神楽の旧舞とほぼ同一である。

その石見神楽の元になる神楽が「大元神楽《おおもと》」である。大元神楽は島根県邑智《おおち》郡・浜田市・江津市で、七年または十三年に当たる式年の霜月頃に、大元神を迎えて行なわれる神楽である。大元神というのは備後の荒神や周防の河内神と同類で、祖霊と関係が深い自然神である。

大元神楽は元は野外に設置した神殿で行なわれていたが、今は社殿か神社内に設置した臨時の祭場で行なっている。比婆荒神神楽や備後神楽の荒神祭と共通するところが多い神楽である。

大元神楽は芸北神楽が行なっている舞と同じような舞をしているが、芸北神楽と違うのは藁蛇を使った「託宣舞」を伝えていることである。祭員たちが舞殿の中で藁蛇を引き回した後、それを二本の柱に対角線に張り渡し、それを揺らして神がかりをするのである。

この神がかりの託宣舞には「本託」と、託宣を伴わない「柴託《しばたく》」の二形態がある。本託が行なわれるのは江津市桜江町や浜田市旭町などの一部の地域であるが、次第に消滅していく傾向にある。

隠岐神楽

「社家《しゃけ》神楽」をベースに古い形を伝える

隠岐神楽は島前《どうぜん》と島後《どうご》にあり、離島のためか古い形態の神楽が残っている。神楽が奉納されるのは毎年七月下旬頃が多い。神社か仮設した神殿で奉納される。巫女が幼児たちを抱いて舞う「巫女舞」や探湯《くかたち》をする「湯立」など、巫女の活躍が今も生きている。

出雲神楽の影響が見られるが、ベースは「社家神楽」である。社家といわれる神楽（祈祷を含む）専門の家系が伝える神楽のことで、古くは太夫《たゆう》という男性や女性の巫女が関わっていた。島前に五社家、島後の旧周吉《すき》郡（島後の東部）に七社家、旧穏地《おち》郡（島後の西部）に三社家があり、幣頭の采配下で各社家は協同で地区の神楽を勤めてきた。そのため各地区で特色ある神楽（島前神楽・周吉神楽・穏地神楽）が形成された。明治に入り社家制度が崩壊し、今は神職と氏子が神楽団体を組織し伝承活動を行なっている。

明治初期までは死者を弔う「葬祭神楽」や「霊祭神楽」、ほかに「願解神楽」など、今日では目にすることができないような神楽が盛んに行なわれていた。島後の社家たちが奉仕した「御注連《おしめ》神楽」（島前では「大《おお》注連《しめ》神楽」という）は病人の快癒や雨乞いなどの祈願をかけ、それが成就したときの願解《がんほどき》として行なわれた。

この「御注連神楽」は巫女が主役となり神がかりして託宣した。玉蓋《ぎょっかい》という天蓋の下に大太鼓を立て、そこに神酒と榊葉を供え、その後に二俵の米俵を並べ、前の俵に御幣（宇豆幣）を三本立て、御座を敷いた後の俵に巫女が腰かける。この巫女の後で幣頭（神楽全体を統括する祭主）が玉蓋の引き綱を引き、それを上下に揺すった（島後ではこの玉蓋の下に願主が入り玉蓋を深々と垂らし、

大注連神楽「注連行事」の人形展示（島根県立古代出雲歴史博物館）

願主はその玉蓋を頭にかざして舞ったという）。すると巫女が神がかり、続いて「布舞」と「舞い児」が行なわれた。亡くなった祖先たちの霊を送っていた、ひとつの名残でもあるのだろう。

佐陀神能と同じ形式の「式の神楽」

今は「式《しき》の神楽」と「式外《しきげ》の神楽」の二形式で行なわれるのが一般である。ほかに「儀式三番八乙女神楽」が神社祭礼として行なわれるだけである。「式の神楽」は出雲の佐陀神能と同じ形式を踏み、「前座の舞」七座（寄せ神楽・神途舞・入申・御座・御座清目・剣舞・幣帛舞）と「儀式の能」三番（先祓・湯立・随神）で構成されている。

「式外の神楽」は「十羅」「恵比須」「切部」「佐陀」「鵜の羽」「八重垣」などを伝承している。かつて「葬祭の能」で行なわれていた「八重垣」「石山」「身売」も、「注連行事（布舞）」「湯の行事」も廃れてしまった。「巫女神楽」（本格式・舞い児）が辛うじて残るにすぎない。

探訪　佐陀神能（松江市鹿島町佐陀宮内・佐太神社）

問い合わせ：佐太神社　☎ 0852・82・0668

ユネスコ無形文化遺産登録前に見学

神楽に興味を持ち始めた頃、「佐陀神能」が神楽のルーツだというわれ方がされていた。だから何はさておいても佐陀神能は必見しなければい

佐陀神能が演じられる神楽殿

「式三番」

「茣蓙」

けない。そんな気がして亀嵩《かめだけ》（「砂の器」で有名な奥出雲の小さな町）を抜け佐太神社へ向かった。佐陀神能がユネスコ無形文化遺産に登録されるはるか三〇年も前、昭和五十七年九月のことである。

台風のため神楽は社殿の中で行なわれた。能楽で使う大鼓《おおつづみ》と小鼓《こつづみ》を打ち、「ハー、エイヤー、ハー……」と囃していた。天蓋も切り飾りもない寂しい神楽。茣蓙《ござ》を持って舞ったり、頭のてっぺんに榊を結びつけ舞う佐陀神能を見て、「変わった神楽だな」という印象しか持てなかった。

「岩戸」の鈿女の命

「七座の神事」「式三番」「神能」と続く

それから二〇年後、私は再び佐陀神能を見に行った。その途次、出雲にお住まいの石塚尊俊先生のお宅にお邪魔し神楽の話をお聞きした。駆けだしたばかりの神楽研究を励ましてもらったのをよく覚えている。

今度は外の神楽殿で奉納された。夕刻の七時から「七座の神事」があり、続いて「式三番」、そして「神能」と続いた。「七座」といっても「剣舞」「勧

「大社」

「日本武」

「大社」

「日本武」

請」「手草」の三番だけ。「式三番」も「翁」だけだった。しかし、どれも風格のある舞で感動的だった。「神能」は「日本武《やまとたける》」「大社《おおやしろ》」「八重垣」の三番があった。神能といわれる通り能楽に近く、地謡にあわせて劇が進行していった。

「日本武」（21：05〜21：45）は頭に榊枝を結びつけた日本武が舞い出し、悪魔を鎮める名剣（天叢雲剣）をいただく。そして蝦夷《えみし》と呼ばれる鬼をその剣で退治する神話劇。ゆっくりとした劇に少々物足りなさを感じた。

「大社」（21：52〜22：22）は帝に仕える臣が「出雲佐太の社へ急ぎ候」と述べ参詣する。地謡とともに前シテの老人（イザナギ）が国造りから当社建立までの縁起を語る。それから後シテの佐陀大神が舞い出し床几《しょうぎ》に座すと、着面の龍神が御《お》筥《はこ》を持って現れ、その中から黄金の蛇を

「八重垣」：八つの目をした大蛇

取り出し佐陀大神に捧げる。佐太大社の重要な神能で、能「大社」をもとに作り替えたものだ。

「八重垣」（22：30〜23：04）は素盞嗚《すさのおの》尊《みこと》に仕える臣が出雲の神話を語ると、奇稲田《くしなだ》姫に続いて素盞嗚尊が舞い出す。控えるとシテの大蛇が榊枝を揺らしながら現れる。口は耳のところまで裂け、八つ目の恐ろしい面をかむっていた。蛇のウロコを示す三角紋様の着物を着ていたので大蛇に違いないが、角が生えていたので本当は鬼なのかもしれない。大蛇は酒樽（たる）に見立てた大鼓から酒を飲み、足を取られてしまう。それを素盞嗚尊が討ち取る。

それから五年後、神楽教室の生徒さんたちと「佐陀神能と出雲神話の里を訪ねる」の一泊二日の現地見学で三度目の佐陀神能を見た。暗闇の中で演じられる佐陀神能に、生徒さんたちは全員感激していた。

探訪　奥飯石《おくいいし》神職神楽（飯石郡飯南町野萓《のがや》・塚原八幡神社）

問い合わせ：飯南町産業振興課　☎0854・76・2214

古い形の出雲神楽が今に伝わる

国道五十四号を三次から北へ一時間ばかり車を走らせると、島根県飯石郡の村々にたどり着く。この地方

「手草の舞」

「入申し」

には古い形の出雲神楽が今でも伝えられている。

「奥飯石神職神楽」といわれ、長い間神職だけが伝えてきた神楽である（今は一般の人も参加して、その伝統を守っている）。飯南町に四団体、雲南市掛合町と吉田町民谷に各一団体ある。

私は平成十四年十一月二十一日（木）に、飯南町野萱にある塚原八幡神社で行なわれた奥飯石神職神楽を見学した。案内してくださったのは当神社の倉橋宮司である。山の中腹にある神社内に斎竹と注連を巡らし、天蓋一個と四方へ千道を延べた二間半の簡素な舞場をつくり、そこで夜七時から十二時まで神楽が行なわれた。

「入申し」「塩清目」「榊舞」「芝佐」「悪切」「幣舞」「手草の舞」「剣舞」「手草の連舞」「切目」「国向《くにむけ》の舞」「八頭」「日之御崎」の十三番の神楽は佐陀神能のように整然とした神楽ではないが、最初に七座に相当する神事舞を行ない、続いて神能を行なういわゆる出雲神楽の一つであった。

舞の美しさと神秘さに心打たれる

七座の神事に相当する神事舞は、「塩清目」「榊舞」「芝佐」「幣舞」「剣舞（前）」「手草の舞」「剣舞（後）」「手草の連舞」の七番である。この神事舞は神職だけが舞い伝えてきただけあって、舞の美しさと神秘さに心を打たれた。

「入申し」は最初の奏楽。「塩清目」は立烏帽子・狩衣の舞手が幣と笏《しゃく》を手にして舞場を清める一人舞。「榊舞」は舞手一名が榊（神芝）と鈴を採って舞う。「芝佐」は大山祇《おおやまづみ》ともいわれる能舞の一つだが、神事舞に組み込まれている。

最初に児屋根命が両手に榊葉を採って舞い、毛頭の大山祇命が出て榊葉を捜す柴取りの舞をした後、児屋根命より十握の剣をいただく。そしてその剣で四方を清める（この部分は「悪切」といわれる）。「幣舞」は四名の舞手が幣と笏・鈴で舞う。「手草の舞」は榊と笏・鈴で舞う単純な一人舞であるが、榊の元に一メートルもある白い布と赤い布がつけてあり（これを「由布《ゆう》」という）、この布を打ち振りながら八膝を折って華麗な舞をするのである。

「手草の連舞」は二人舞で、一方が布のついた榊を手にして手草の舞と同じような華麗な舞をする。手草の舞と手草の連舞は以前には巫女が舞っていたものであろう。「剣舞」もまた素晴らしい舞である。扇と剣の四名の舞手が最初に扇の手で舞い、次に二名が組んで舞う。そのとき狩衣の袖を打ち振りながら、まことに美しい舞を披露する。わずか三十分ほどの舞であったが、こんなに美しい舞を目にしたことはない。

能舞は四番行なわれた

続く能舞では、「切目」「国向の舞」（国譲り）「八頭」「日之御崎」の四番が行なわれた。大太鼓はなく、小鼓・笛・鉦のみの奏楽となり、「アイヤーオンハー」とか「アイヘヤーオーオ」と謡う。

また舞手は腰にカッコウという棒を挿した衣装を着る。このような衣装や奏楽は広島県では比婆斎庭神楽や尾道市の神楽で目にすることができるにすぎない。

「切目」（吉利目）は最初に天冠と姫面を着けた姫が舞い出し、八乙女舞（千早舞）をしてから北方に座す。吉利目が腰にカッコウを挿し、扇子を懐に幣を手に舞い出すと奏楽が「ホーエ、アイサー」といって囃す。

「切目」

「八頭」

「日之御崎」

吉利目は「それ神といっぱ天地未開の昔より、空寂円満虚空放海の神、之は天の宮天神七代と云えり、また地神五代の神といっぱー」と言うと、姫は「木火土金水青赤黄白黒の色をみて五体の神と現れたり」と答え問答する。

奏楽が「千早振る神楽の儀式のおもしろや、アーイ」と囃すと、二人は舞い姫は退く。吉利目は腰からカッコウを外して両手に一本ずつ持って舞い、小鼓を左手にし四方でそれを三点半打ち、中央で五点半打つ。最後に扇の手で舞う。

奏楽は「アイヤーオンハー、アイヤオンハ、アイヤー、思い出したり神代より、アイヤー、オンハー、アイヤオンハー、思い出したり神代より、神の太鼓を打たんとて、アイヤー、白波をたゝみ上げて、さて乙姫の舞の袖イヤかざすや波の太鼓の拍子をドンドンと、踏む足音になる神も、ふみとどろかして天の原、はらはれやかなぁる、アイヘヤー、オーオ、アイヘヤ、オーオ」と謡う。

「国向の舞」は、国譲りの能を演じるはずであるが、大国主命の鯛釣りの場面だけが演じられた。「八頭」は比婆斎庭神楽の「八頭乃能」と同じ名称であるが、内容は芸北神楽の八岐大蛇とあまり変わっていなかった。堤燈胴の大蛇を使っていたが、飯南町頓原では四メートルもある古い型の幕蛇（獅子舞で使う幕のようなもの）に三人の舞手が入って舞う形を伝えている。

「日之御崎」は日之御崎神が弓矢で悪魔を祓い、民を守る舞である。彦張を名乗る青い面の邪神に「我は雲洲神門の郡素我の里この浦にすまいなす日之御崎神とは自らが事なり」といって従うよう勧める。しかし邪神は鉾と榊を持って日之御崎神と対決する。最後は日之御崎神が弓を刀に替えて邪神を倒す。

奥飯石神職神楽の素晴らしさは神事舞の美しさにある。「塩清目」「幣舞」「榊舞」「千早舞」（八乙女）「手草舞」「茣蓙舞」「剣舞」が伝えられているが、少しずつその数が減少しているようである。能舞は、「芝佐」「悪切」「吉利目」「三番叟」「国向」（国譲り）「三韓」「五行」「天孫降臨」「岩戸」「八頭」「日之御崎」「荒神」「竹生島参詣」「天狗」「八十神」を残しているが、今はこの中の数番が行なわれるにすぎない。

探訪　大元神楽（江津《ごうつ》市　桜江《さくらえ》町江尾《えのお》・大元神社）

問い合わせ：江津市教育委員会社会教育課　☎0855・52・2501

約十mの藁蛇を縦横無尽に引き回す

平成十五年十一月二十三日、江津市桜江町江尾にある大元神社で七年に一度の大元神楽が行なわれた。江尾は浜田自動車道からだいぶ奥に入った所にある静かな山里である。中国人留学生の王さんと学生たちと一緒にこの神楽を見学した。

舞場となる拝殿に各地区（八地区）別に割り当てられた座席が決めてあり、その座席に地区同士の者が集まり、神楽を楽しみ夜食を取りながら交流を深め合っていた。

神殿の真正面にはこの日の神楽の中心となる、とぐろを巻いた藁蛇が据えられている。舞場東の柱は本山《もとやま》といわれる大元神の神座で、ここに山ノ俵二俵が据えてある。西の柱は端山《はやま》といわれる地神の神座で、ミサキ幣十七本と榊枝を挿した米俵が据えてあった。

舞場の周囲にたくさんの美しい切り紙を下げた注連を張り巡らし、舞場の真上には、一間四方の竹枠に無数の色紙を垂らした雲とよばれる飾りがあり、その中には後に行う「天蓋」で使う九個の小天蓋が隠されている。神殿に向かって左側には、別に斎竹を四方に立てた一間四方の湯立の斎場が設けてあった。

この日の大元神楽は夜七時から始まり、はじめに「大元神事」が行なわれ、引き続いて「大元神楽」が奉納された。大元神事は、「四方拝」「清湯立」「荒神祭」「潮祓い」「山勧請」「献饌」「大祓連続」「奉幣」「能里登」「玉串奉奠」。大元神楽は、「太鼓口」「磐戸」「弓八幡」「剣舞」「御座」「天蓋」「手草」「山の大王」「鞨鼓利面」「鍾馗」「恵比寿」「天神」「鈴合せ」「六所舞」「御綱祭」「塵倫」。最後に「納めの祭り」を行なう。全ての行

「山勧請」

「端山」といわれる地神の神座

事が終了したときは、もう夜が明けていた。

私たちがこの大元神楽で期待していたのは、大元神楽の神がかりの古儀を見ることであった。大元神楽では「本託」といって、神楽の最中に誰かに突然神が乗り移ることがあるのだ。しかし、今回の神楽では本託はしないということに決まっていて、神がかりのない「柴託」が行なわれた。「本託」は平成十八年に江津市桜江町市山の飯尾山八幡神社で見た。韓国の神楽研究者・尹光鳳氏（当時広島大学大学院教授）と一緒に見に行った。

「鈴合せ」（安芸十二神祇神楽では「八ツ花」といわれ、芸北神楽の「四神」、備後神楽の「剣舞」に相当する）が終わると、神前に据えてあった大元神の藁蛇を舞場に引き出し、それを祭員全員でグルグル引き回す「六所舞」をする。

「太鼓口」

「天蓋」

「山の大王」

「御綱祭」：藁蛇が大きく揺れると祭員は舞い上がる

十メートル近くある藁蛇の頭を神職（「花取り」という）が捧持し、その後に祭員が全員ついて、「みさき山、おりつのぼりつ、石ずりに、袴が破れて、着替へ給はれ」などの神歌を歌いながら蛇がのたうち回るみたいに舞場を縦横無尽に引き回すのである（中国の長江流域で行なわれる「道場」という死霊供養の祭りで、これとそっくりの行事があった）。尻尾を持っている祭員は、花取りが方向を変えるたびに大きく振り回されて大慌てする。見物の人々はそれを見て爆笑しながら声援を送る。

藁蛇を南北に大きく揺する

六所舞が済むと、藁蛇を東西の柱に引き渡してそれを白い布で吊り下げ、それに大元神を移してから胴体に氏子数の幣を挿して「御綱祭」をする。祭主が藁蛇の傍で大幣（「一束幣」という）を捧持し、全祭員は藁蛇の両側に位置して、その藁蛇を南北に大きく揺すり始める。

激しく揺するとき、宙に舞い上がる祭員もいる。このとき一束幣の祭主を先頭に祭員全員がミサキ幣を持って託太夫を打つと託太夫は神がかった。神がかりが起こると、すぐ「五龍王」を舞い（神がかりの前に行なった）、託太夫を藁蛇に寄せて託宣を伺った。それから十分ばかり藁蛇を揺すらせ、「静かまれ静かまれよと池の水、浪なき池にオシドリぞすむ」と歌いながら、藁蛇を揺するのを徐々に緩めていく。

祭主は散米を打って舞場を清め、全員で大元神を送る祭典を執り行い、その藁蛇を神社近くの神木に巻いて大元神をお返しした。

藁蛇を使う大元神楽と類似した方式の神楽は、山代地方や備後・備中地方でも見られ、もともとは同一の信仰に基づいて行なわれる中国地方に共通する祭事であったと思われる。そのような祭りが中国地方一円で広く行なわれていたのであろう。

探訪　隠岐神楽（隠岐郡隠岐の島町久見《くみ》・伊勢命《いせみこと》神社／西ノ島町別府《べっぷ》・海神社《かいじんじゃ》）

問い合わせ：隠岐の島町観光課　☎08512・2・8575
西ノ島町観光協会　☎08514・7・8888

「式の神楽」と「式外の能」から成る島後神楽

最初に平成四年七月二十五日に伊勢命神社で見た「島後久見神楽」（島後神楽）を紹介し、次に平成十五年七月二十一日に海神社で見た「隠岐島前神楽」（島前神楽）を紹介したいと思う。

本土から島後の西郷港まで高速船で三時間、そこでレンタバイクを借りて隠岐の島町久見まで一時間。神楽は神社境内の神楽殿で行なわれた。四方の棚に神饌類が並び、天井から五個の天蓋（「玉蓋《ぎょっかい》」という）が下がっていた。黒の紋付着物姿をした神社総代の方が「今夜は祈祷のための御注連神楽でなく、神社の祭礼のための儀式三番八乙女《やおとめ》神楽を奉納します」とアナウンスされた。

神楽は夜九時半に始まり、夜明けの五時まで続いた。「式の神楽」（「前座七座」と「儀式三番」）と「式外の能」で構成された典型的な隠岐神楽であった。

「前座七座」は七番の代表的な舞があった（かっこ内の数字は舞手の数）。「寄せ楽（全員）」は黒紋付着物で着座し、大太鼓、小太鼓、笛、鉦を奏した。「神途舞(1)」は扇と榊、白幣を持って五方を清め楽人を清める。「入申(2)」は太鼓を挟んで二名（幣頭と祓主）が向かい合い、祓主が大幣で楽人を清め神勧請する。終了する

「寄せ楽」（島前神楽）

「巫女舞」（島後神楽）

「四方堅め」（島後神楽）

と舞手に酒肴が出る。

「巫女舞(1)」は舞手全員が出て太鼓を中心に神歌、一名の巫女が太鼓の前に一端座し、立ち上がり開いた金扇で祈祷をしながらゆっくり順逆に回るだけの舞。「意趣の舞(1)」は祭主が白の大幣を持ち当日の神楽の趣旨を述べた。「花舞(2)」は紋付着物の上に白の水干姿の舞手が、右に扇、左に榊枝を持ち優雅に舞う。「四方堅め(4)」は帯刀した四名が花舞と同じ手で優雅に舞い、刀を抜いて四方を堅める。

「儀式三番」は「先祓(1)」「湯立(1)」「随神(2)」の三番。「先祓」(別名「猿田彦」)は鬼棒を持つ天狗面の舞手が舞場を清める舞。「湯立」は水干姿の巫女が大幣で箱(湯釜に見立てる)の湯をまぜる所作をする。次に榊葉で湯を振りまくさまを演じた。そこへ出た荒振神(鬼神面)が巫女になだめられる。「随神」は「弓矢八幡」

「舞い児」(島前神楽)

「随神」(島後神楽)

「随神能」(島前神楽)

ともいわれ、弓と弓矢を手にした中国地方の「八幡」に相当する舞。

「式外の能」は二番だけだった。「恵比須(1)」は恵比寿の鯛釣り舞。「切部(1)」は夜明け頃に行なわれる最後の能舞。太鼓を舞場前に据え、着面の神が舞いながら太鼓を打つ。その後「呉座舞(1)」があり、巻茣蓙を採り四方を拝み清めた。楽の演奏で神々を送る「神上げ(全員)」で終了した。

島後神楽は演劇性に乏しい分、穏やかで優雅に感じられた。巫女舞や儀式舞に優雅さがあった。最後に行なわれた「呉座舞」は美しかった。

島前神楽で見とれた巫女舞

島前神楽なら著名な焼火《たくひ》神社(西ノ島町美田《みた》)の神楽を見たいと思っていたが、なかなか日程の都合がつかない。やっと

「巫女舞」(島前神楽)

平成十五年七月二十一日に海神社（西ノ島町別府）の海上渡御祭で行なわれる神楽を見る段取りができた。同じ神楽は由良比女《ゆらひめ》神社（西ノ島町浦郷《うらごう》）や高田神社（西ノ島町船越）の海上渡御祭でもある。

夕方七時に「オーヤッサー、オーヤッサー」と若者たちの掛け声が響く。三十名の若者たちが担ぐ大神輿が海神社から運び出され海上渡御がスタート。やがて海を一巡した神輿が海のそばに仮設した神楽小屋へ戻り神楽が始まった。

神楽は島後神楽と似たりよったりだった。「寄せ楽（全員）」、「神途舞(1)」、「巫女舞(1)」、「幣帛舞(1)」、「舞い児(1)」、「先祓い(1)」、「随神能(2)」、「神戻し（全員）」の八番が奉納された。島前の神楽で特徴的な舞が巫女の舞（「巫女舞」と「舞い児」）である。緋色の袴姿の巫女が美しい舞をし、その後に幼児たちを次々抱いて祝福した。四国地方のダイバが幼児や老人を背負うのと似ていて楽しかった。

海上渡御祭（西ノ島町別府）

山口県の神楽

概説

山代《やましろ》・周防《すおう》・長門《ながと》の三タイプ

山口県にはそれほど神楽はないような気がするが、実に素晴らしい神楽を数多く伝承している。「岩国行波《ゆかば》の神舞《かんまい》」と「三作《みつくり》神楽」は国の重要無形民俗文化財に指定されている優れた神楽だ。

山口県教育委員会がまとめた資料（『山口県の民俗芸能』平成十二年）には八十三の神楽団体が挙げてある（廃絶した団体も含まれる）。旧周防国・長門国の広範囲に分布がみられる。それを簡潔に整理すると「山代《やましろ》神楽」（五団体）、「周防神舞」（三十三団体）、「長門の神楽」（四十五団体）に類型化できる。

山代神楽には安芸や石見の神楽の影響がみられる。周防神舞は東部と西部で多少の違いがある。長門の神楽も南と北で少し違う。代表的な団体は「表6‐2」の通りである。

山代《やましろ》神楽

安芸十二神祇神楽と石見神楽の特色を備えた独特の神楽

広島県西部の廿日市市と大竹市に隣接する山口県岩国市北部に、「山代神楽」と呼ば

表 6-2　山口県の神楽

山代神楽	周防神舞		長門の神楽	
周防北東部	周防東部	周防西部	長門南部	長門北部
山代本谷神楽 山代白羽神楽	岩国行波の神舞 大波野神舞	三作神楽 祝島神舞	別府岩戸神楽舞 岩戸神楽（楠町）	滝坂神楽舞

れる安芸十二神祇神楽に類似した神楽がある。この地域は日本有数の清流といわれる錦川の最上流域に当たり、森林に囲まれた自然豊かな環境が残っている。広島県の山間部と違い、この地方の山々は大変険しく、谷々は深い。

山代神楽を伝えているのは、岩国市美和町・本郷町・美川町・錦町・周東町と島根県鹿足《かのあし》郡吉賀《よしか》町の地域で、現在活動している神楽団は、山代白羽《しらは》神楽（美和町北中山二ツ野）、金山神楽（美和町金山）、釜ヶ原神楽（美和町釜ヶ原）、山代本谷《ほんだに》神楽（本郷町本谷）、向峠《むかたお》神楽（錦町宇佐郷向峠）、上沼田《うえぬだ》神楽（錦町上沼田）、東谷神楽（美和町東谷）である。

江戸時代末頃まで、この地域では周防神舞に近い「山代舞」という古い神楽が盛んで、広島県西部地域の神楽にまで大きな影響を与えていた。ところが江戸時代末頃から山代地方は逆に広島県の神楽（安芸十二神祇神楽）を導入するようになった。

たとえば美和町二ツ野の山代白羽神楽は、天保十年（1839）の神社改築落成祝いに佐伯郡宮内村明石（廿日市市宮内）の神楽を招いて盛大に祝ったという。このような交流の結果、昔からあった山代舞は、安芸十二神祇神楽の影響を受けて大きく変貌することになった。大正時代から

山代神楽の天蓋（山代白羽神楽）

「湯立神楽」（山代白羽神楽）

さらに石見神楽が導入され、現在行なわれている形式の「山代神楽」が成立したのである。

山代神楽の成立にはこうした歴史的背景があるため、この地方の神楽は昔からの山代舞の伝統を受け継ぎつつも、安芸十二神祇神楽や石見神楽の特色も兼ね備えた独特の神楽となった。山代神楽で最も人気のある演目「大江山」は、昔からの山代舞の明るい奏楽を伴う壮大なドラマに組み立てられている。「姫取り」「金時」なども繰り込まれ、その演技は高度に洗練されている。

山代神楽の大きな特徴は、式年の「年祭」(「山鎮祭」「山〆《しめ》」ともいう)だけに行なわれる「山之神」といわれる原始色の強い舞を伝えていることである。この山之神は安芸十二神祇神楽の「将軍舞」に似ているが、古くからあった山代舞の特徴を微妙に感じさせる価値の高い舞である。

舞場の上部角《すみ》にある御棚《みたな》という神棚に藁蛇を飾り、それを天大将軍という舞手が棒や弓を振り回して叩き落とし、神がかりする珍しい舞である。

周防神舞《かんまい》

国重文の素晴らしい神楽

広島県の西部地域に隣接する岩国市とその南西にある柳井市、光市、熊毛郡(平生《ひらお》町・田布施《たぶせ》町)、さらに西の周南市に、「周防神舞《かんまい》」という広島県の神楽とは一味違う神楽がある。東部と西部では芸態に少し違いがある。東部の代表的な周防神舞の「岩国行波の神舞」は、昭和五十四年に比婆荒神神楽と同時に国の重要無形民俗文化財に指定された神楽である。広島県のすぐ傍にこんなに素晴らしい神楽があることを私たちはあまり知っていない。西部の代表的な周防神舞は「三作神楽」で、平成十二年に国重要無形民俗文化財に指定された。

　現在、周防神舞を伝えているのは東部に多く、「下《しも》の神楽」（岩国市下）、「岩国行波の神舞」（同市行波）、「嬉野《うれしの》神楽」（同市通津《つづ》）、「藤生《ふじゅう》神楽」（同市藤生）、「笠塚神楽」（同市由宇町笠塚）、「谷津《やつ》神楽舞」（同市玖珂町谷津）、「長野神楽舞」（同市周東町長野）、「伊陸《いかち》神舞」（柳井市伊陸）、「大波野《おおはの》神舞」（熊毛郡田布施町大波野）、「曽根神舞」（同郡平生町曽根）、「石城《いわき》神楽」（光市塩田）である。それに練り塀で有名な祝島《いわいしま》に「祝島神舞」がある。そして「三作神楽」である。

　周防神舞は、旧岩国領内で江戸時代中期に大成された式年の神楽である。旧岩国領内には修験者の流れを汲む社人集団によって、神舞の先駆となる神楽が中世期から行なわれていた。彼らはこの神楽を修験の教義・儀礼に基づいて組織化し、「荒神舞」と呼ぶ神事芸能に発展させていった。

「荒霊武鎮」のモドキ（伊陸神舞）

　寛文年間（１６６１～73）から荒神舞は「神舞」と呼ばれるようになり、神職組織により荒神の式年祭祀の一つとして霜月に実施されてきた。故三上従正氏（岩国市下）が所蔵しておられる『神道神楽目録次第』（享保年間のものと思われる）には、「湯立」「十二ノ舞」「八関」「火鎮」の順番で執行していたことが記録に残されている。これは今日行なわれている周防神舞と変わらぬ内容であり、現在の周防神舞は、これを継承してきたものだということができよう。

幡で飾られた神殿（長野神楽舞）

「将軍」（笠塚神楽）

「奴舞」（笠塚神楽）

八関の松登りは、最もユニーク

周防神舞は、七年ごとに田んぼなどに大がかりな神楽小屋（神殿《かんどん》という）を仮設し、その中で演じられている。最初に「湯立」と「火鎮」が合体した湯立行事をする。「十二ノ舞」は古い様式の神楽であるにもかかわらず、大変明るく軽やかな神楽である。周防神舞で最もユニークな神楽は、最終場面で行う「八関《はっせき》」の松登りである。白装束の舞手が二十メートルもある赤松の柱に登り、綱を伝って逆さまになって降りてくるまことに立派な神楽である。こんな神楽が広島県のすぐ隣で行なわれているのに、誰もそれほど知らないのはまったく不思議なことである。

長門の神楽

独特の神がかりの舞が残る

山口県の神楽を思うとき、私は決まって財前司一氏を思い出す。神楽団員や地域の関係者と一途に神楽研究をされた方で、「岩国行波の神舞」や「三作神楽」を世に紹介された方でもある。

山代神楽の調査で走り回っていたとき、山代白羽神楽の調査に見えていた財前氏に初めてお目にかかった。それ以来、私は何度もご自宅にお邪魔し山口県の神楽について教えていただいた。先生はいつも山口県の地図を広げ、山口の神楽分布や類型、歴史・特徴などを丁寧に教えてくださった（その詳しい内容は財前司一『山口県の神楽』〈私家版、２００２年〉参照）。

長門では文政二年（１８１９）に社人神楽が禁止になったため仏教色が抜かれた神楽になってしまった。長門の北部と南部で特徴があるが、いずれも舞場はシンプルで飾りに乏しいのはそのためである。

北部には「滝坂神楽舞」（長門市滝坂）をはじめ、同類の「兎渡谷《とどろく》神楽」（同市三隅上）、「木間《こま》神楽」（萩市山田）、「三見《さんみ》の神楽」（同市手水《ちょうず》川、床並《とこなみ》、中山）がある。独特の神がかりの舞が残っており、それを「鬼がつく」とも「おうり」ともいう。東部の嘉年《かね》（山口市阿東嘉年下）には珍しい神がかりの「厄神《やくじん》舞」がある。

この北部の神楽が南下したのが長門南部の神楽である。仏教的な背景をもつ天蓋などを粗末に扱っている（天の岩戸に使うなど）。長門南部の神楽の代表例が「別府岩戸神楽舞」（採訪で紹介）である。これに右にならえする形の神楽が「大日《だいにち》岩戸の舞」（美祢市西厚保《にしあつ》町大日）、「真長田《まながた》神楽舞」（同市美東《みとう》町真長田）、「岩戸神楽舞」（宇部市奥万倉二ツ道祖《おくまぐらふたつざや》）、「岩戸神楽」（山口市小郡上郷岩屋）などである。

探訪

山代本谷《やましろほんだに》神楽（岩国市本郷町本谷・河内神社／同市波野・河内神社）

問い合わせ：岩国市文化財保護課　☎0827・41・0452

長さ13ｍの藁蛇を使って夜通し舞う

安芸十二神祇神楽の将軍舞を調べていた頃、私は「山之神」（舞の名称）の舞を見たくて何度も山代地方に足を運んだ。そのうちの一つ、岩国市本郷町の山代本谷神楽について紹介したいと思う。山代地方は昔から辺境の地とされてきた所だけに、谷々の随所に棚田の風景が広がっている。過疎化が深刻であちこちに休耕田が見られる。

こうした時代の流れに押され、この地方にあった多くの神楽は姿を消していったが、本郷町本谷は山代神楽の伝統が頑《かたく》なに守り続けられてきた所だ。先年まで代表者であった上野嘉氏を中心に戦争時も中断したことがなかった。

平成十一年十月二十五日夜から翌日未明にかけて、本郷町本谷の河内神社で七年に一度の「年祭」が行なわれた。年祭は岩国市やその周辺地域で行なわれている山ノ神の祭祀で、七尋半（約13ｍ）の藁蛇を祀って一夜の神楽を奉納する。安政年間（１８５４～60）に流行した疫病の平癒祈願として奉納し始めたと伝えられているが、その起源はもっと古いのではないかと思われる。

「山之神」：天大将軍の舞（釜ヶ原）

四名の小弓の舞（釜ヶ原）

中央に円形の白蓋（天蓋のこと）と、その周囲に方形の天蓋を四つ吊るし、白蓋に「天神地祇八百萬神降臨鎮護祈攸」と記した大幡や十二神名旗を、また天蓋の四方にもさまざまな神名旗を下げ、周囲の注連に三十二の神名旗を下げた、まことに美しい祭場を整えて神楽が行なわれる。

北東の上方角の御棚に山ノ神の藁蛇（五本の色幣を挿してある）と山ノ神（神霊名）の幣串を安置し、その下にいろいろな神饌品が供えてある。神楽は夜八時半に始まり、深夜二時四十五分頃に終了した。

山代本谷神楽は「禊祓」「御神楽」「猿田彦」「七夕」「恵比須」「那須野ヶ原」「磐戸」「大江山」「小太刀」「芝鬼神」「大蛇」「山之神」の十二演目を保持している。年祭には「引天蓋」を加え「禊祓」「御神楽」「猿田彦」「恵比須」「芝鬼神」「那須野ヶ原」「引天蓋」「大江山」「大蛇」の八番が行なわれた。

神聖な舞、山之神

八番の神楽奉納を終えてから舞場をきれいに整え、全祭員が列座して「七年祭山巻祭」を行ない、午前三時頃から年祭の眼目である重要な「山之神」が始まった。この「山之神」は神聖な舞とされ、全員白装束で行なう。参列者は沈

ヤマ（波野）

藁蛇がグルグル巻きになった天大将軍（本谷）

神がかった天大将軍を鎮める（二ツ野）

黙してこの舞を見る。まず四名の舞手が小弓を持って舞い、弓矢をつがえ跳ねながら激しく舞う。時折り重なり合い、弓矢を天と地に射るような仕《し》草《ぐさ》で舞い続ける。

次に抜き身の刀を肩にあて、激しい舞を繰り返す。互いに近づくときは刀を寄せ合い、それを上方に振ることもある。そのとき、「シュッシュッ」という音を発するのが聞こえてくる。太鼓のリズムはとても激しく、数分叩いては次々に打手が交替する。

二十分ばかり舞い続けたとき、白の竹棒（長さ七尺三寸、直径一寸。以前は弓を使用していた）を持った天大将軍が舞い出し、「いかなる神も静め静まり候。張ったる弦ははずし袋に納め、抜きたる刀は鞘に納め、いかなる神も静め静まり候。これより山之神、天大将軍の御舞を御舞い候や」とおもむろに詠じる。添えの四名は、「受け賜って候」と応えて四方に控える。天大将軍は、「河内五所大明神も御満足に候えば、国家安泰の御舞を舞い静め候」と一言述べて舞に入る。

天大将軍は初めゆっくりと舞い、山ノ神の御棚の前で一礼して座す。それから竹棒を手にして立ち上がり、薙刀舞を舞う仕草でそれをグルグル振り回す。その勢いで飾りつけた幡や神名旗が千切れ、舞場いっぱいに散乱する。

舞がいよいよ激しさを増すうち、天大将軍は白蓋、天蓋、御棚を竹棒で次々と叩き落として乱舞し、最後に藁蛇と山ノ神の幣串を無我夢中で叩き落とす。叩き落とした藁蛇が天大将軍の体にグルグル巻きに絡みつくと、それを振り払いながら舞い続けるが、ついに力尽きて舞場に倒れ込んでしまう。

「山巻き」（本谷）

「山之神」（波野）

すると、四名の添《そえ》（最初に小弓で舞った四名）が立ち上がって、即座に天大将軍を抱えて太鼓の上に伏させ、祭主が神幣で霊戻しの祈願をする。失神した天大将軍を添が担いで楽屋へ連れ去るまで、どれくらいの時間が経過したか分からないほど、神秘的な舞の連続であった。

叩き落とされた藁蛇と幣串（山ノ神・水神・地神）、竹棒、散り散りになった幡、神名旗、千道、切り飾りなどを氏子代表者らが拾い集め、それらを薦の俵に入れて社殿横の神木（樅の木）に運び、短い神事をしてから藁蛇で神木に巻き付ける。

藁蛇には小幣を挿し、米、酒などを供え、蛇の口に鏡餅をくわえさせる。「山巻き」が終了した時間は、既に午前四時を過ぎていた。

本郷町波野《はの》の山之神は、驚嘆すべき舞

「山之神」は山代地方の年祭では同じような形式で行なわれているが、本郷町波野の河内神社の年祭だけは、特殊な形の山之神が伝えられている。

舞場の中央にヤマと呼ぶ幣串の束を据え、二名の氏子がそれに抱きつき、その周りを四名の舞手が弓矢と刀を振り回して乱舞する。

私はこの波野の山之神を見て驚嘆させられた。これほどまでの壮絶な神楽は、日本中のどこにもないはずである。この山之神の中には、神楽のもつ真の意味が隠されているように思われた。（詳しくは、三村泰臣「山代神楽」と「山代舞」『民俗芸能研究』34号、2002年）

探訪　岩国行波《いわくにゆかば》の神舞《かんまい》（岩国市行波・錦川河畔）

日時：4月第一土・日曜日（巳と亥の年）
問い合わせ：岩国市文化財保護課
☎0827・41・0452

全国有数の美しい祭場

岩国市行波で七年ごと（巳と亥）の四月初旬に、行波荒玉社の式年祭の「岩国行波の神舞」が行なわれる（周防地方では神楽のことを「神舞」という）。

岩国行波の神舞の荘厳な神殿

この神楽の起源は寛政三年（1791）にまでさかのぼるといわれている。

行波は、錦帯橋から錦川を十キロメートルほどさかのぼった所にある川沿いの小集落である。辺りにたくさんの竹林がある。神舞は、錦川の河原を祭場にして行なわれ、近隣から数千人の見物客が集まる周防地方最大の神楽の祭りである。

この神舞を最初に見学したのは昭和六十四年で、当時中国放送に勤めていた小沢康甫氏（現在、編集者）と一緒だった。それ以来、私は神舞が行なわれるたびに足を運んで来た。最近の神舞は平成二十五年に行なわれた。神舞は壮大な施設をつくることから始まる。地区民が全員総出で錦川の河原に赤松の大柱八本を使って、切妻屋根、菰《こも》葺きの神殿《かんどん》を建てる。

神殿の周囲には七段に注連縄を巡らし、そこに五色の無数の幡や神名旗を吊り下げる。また神殿から二十四間川上に高さ十二間の赤松の大柱松を立て、その先端から三方に太綱を引く。これほど見事な神楽の祭場は、日本全国のどこにも見当たらない。

壮厳な湯立神楽と火鎮の神楽

この神殿の中で丸二日間にわたり神舞が演じられる。前夜は、湯立行事と神楽（「湯篠《ゆしの》」「湯立」「火霊斗《ひのとび》」「火鎮」）と、ほかに数番の神楽が演じられる。神殿の中央に湯釜を据え、近隣の神職が全員参加して湯立を行ない、その周りで美しい湯立神楽と火鎮の神楽がある。

湯立神楽で最初に舞うのが「湯篠」である。笹を手にした舞手が首を微かに揺らせながら、火の周囲を小刻みに舞う素朴な舞で、とても神秘的である。「湯立」は四名の舞手が剣で舞う。「火霊斗」は、トビという巾着型の白い布の袋を捧持した二名の舞手が、腰に手をあててゆっくりと舞う。どれも美しい舞である。「火

「湯立行事」

「湯立」

鎮」は修験さながらの呪術的な秘事で、最後に火渡りも行なわれていた（由宇町清水地区では今も行なっている）。

当日は午前八時から全祭員が神殿に集って「荘厳」をし、続いて「六識幸文祭《ろくしきこうぶんさい》」「諸神勧請」「注連灑水《ちゅうれんしゃすい》」「日本紀」「真榊対応内外《まさかきたいおうないぎ》」「荒霊武鎮《こうれいぶちん》」「八関」「愛宕八幡」「弓箭《ゆみや》将軍」「三宝鬼神」「五龍地鎮《じちん》」「天津岩座《あまついわと》」の十二ノ舞を深夜まで演じ続けるのである。どの舞も聞き慣れない名前が付せられているのは、神道の強い影響が加わったためである。「荒霊武鎮」は安芸十二神祇神楽の荒神《あらかみ》のことで、行波では四名の舞手が背に旗を負い、軽やかな奏楽にあわせて陶酔するような舞を長時間にわたり演じる。

途中から大名持《おおなもち》という滑稽な顔をした舞手が加わってモドキを舞い、卑猥なことなどして皆を笑わせる。高度に熟練された剣や太刀の舞も組み込まれている。「真榊対応内外」は荒平、「三宝鬼神」は三鬼、「五龍地鎮」は所務分けで、安芸十二神祇神楽と交わるところが幾つもある。「弓箭将軍」は将軍舞で、一童・二童を引き連れた将軍が、弓のキリキリ舞を一時間以上も汗だくになり演じる素晴らしい舞である。

「真榊対応内外」の鬼

「真榊対応内外」の法吏

松の小枝には、不幸を除けるご利益がある

行波神舞の最大の人気演目が、「八関《はっせき》」という松登りの舞である。潔斎した白衣の舞手（荒神《こうじん》という）が神殿の先に建てた柱松に登り、太綱を伝って降りてくる壮絶な舞である。

この松登りに先立ち、八頭の鬼が舞場から鬼棒と団扇《うちわ》を振りながら繰り出し、次々と小屋に閉じ込められる。その後、白装束の荒神が手を水平にして静かに柱松の前に進み、天を仰ぎながら一歩一歩、この柱松に登るのである。頂上に登りつくと、日月を表す紙の鏡（三光という）を燃やし、松の小枝を千切って人々に投げる。

小枝はまるで雪のように天から次々に降ってくる。人々はこの松の小枝を競って拾う。小枝には不幸を除ける御利益があるといわれているからである。

松の小枝を落とした後、荒神は三本の太綱の一つにぶら下がり、その綱の上で可能な限りの舞を披露しながら降りてくる。地上に降り立った荒神の姿は、この世の者とは思えないほど神々しく、その姿に手を合わす人も多い。

この八関の松登りは伊陸神舞（柳井市）、大波野神舞（田布施町）とここ岩国行波の神舞だけで行なわれる貴重なものである。広島県でもかつては安芸高田市美土里町、世羅郡世羅町、府中市上下町など、あちこちで行なわれていた記録が残っている。

行波神舞は周防神舞の典型であるが、周防地方には行波神舞に負けないような素晴らしい神楽が、あちこちで行なわれているのである。それは、春の桜が咲く季節に行なわれる。

探訪 三作《みつくり》神楽（周南市和田・三作神楽伝承館前／防府市野島《のしま》・矢立神社）

問い合わせ：三作神楽保存会　伊藤禎亮　☎0834・67・2177

軽やかな神楽の囃子、推奨したい神楽の一つ

近年まで周防西部に「十二の舞」と呼ぶ神楽が伝承していた。その中で唯一廃絶を免れ活発な伝承活動を続けているのが「三作神楽」である。平成十二年に国の重要無形民俗文化財に指定された。同じ国指定の「岩国行波の神舞」に似ているようで似ていない神楽である。飢饉や疫病から逃れるために始まったと伝えられている。

柱松に登る荒神

「八関」の鬼の舞

「八関」：柱松から降りる荒神（伊陸神舞）

平成十三年四月に国重要無形民俗文化財指定記念公演があり、旧新南陽市の文化財審議会委員であった財前司一氏の講演があった。体調がすぐれず奥様がそばに付き添っておられた。三作神楽の基礎に亡くなった先祖たちを迎え七年ごと（卯と酉）に行なわれた神楽であると説明された。

三作神楽は国指定の前から何度も探訪していた。明るくて軽やかな神楽囃子に足が向いてしまうのだろうか。平成十七年（酉）と平成二十三年（卯）は広島市内で開催している神楽講座の生徒さんたちをお連れし見学した。人に勧めたい神楽の一つである。

山頂にある河内神社境内で行なわれてきたが、平成十一年から麓に完成した神楽伝承館前の広場で行なわれるようになった。十一月十三日（土）から五日（月）まで、三日間にわり見学した内容を報告したいと思う。

七社の神々を迎え、神殿入り

一週間前に河内神社宮司、保存会会長をはじめ、三作地区（原赤、中村、林から成る）のおよそ五〇名が総出で「神殿《かんどん》かけ」を行なった。五間×四間の見事な神殿と、藁蛇（巻縄《まきなわ》という）二体、それに天蓋二個が完成した。昼の休憩時間を利用し三地区の神々が鎮まるという七社（林の大番社・氏社、原赤の河内社・大元社、中村の小原河内社・大元社・大番社）を見に行った。森の中にひっそり祀られていた。

小原河内社・大元社・大番社

神殿かけ

初日（十三日）の正午から当屋（新築の民家）で神楽がスタート。「清めの舞」「恵比寿の舞」「柴鬼神の舞」を終え、全員行列を組んで祭場に神殿《こうどの》入りした。午後二時半から神殿内で清めの神事と、神殿入り口で二名の神職が「湯立」と「湯こし」の神事を行なった。白い布に三度、丁寧に湯を通した。それから当屋で舞ったと同じ舞を三番奉納しこの日は終了。

二日目（十四日）は午前七時半に神殿で祓いの儀式を済ませ、すぐ七社の神迎えに出た。私は原赤の河内社と大元社の神迎えに同行した。一時間後に七社の神々が迎えられ、原赤、中村、林の順番で神殿入りした。神楽は十時にスタートし、午後七時すぎに終了。奉納した神楽は次の二十三番（かっこ内は舞手数）。若い舞手たちの力のこもった舞が次々に演じられた。

「清めの舞(2)」「荒神《こうじん》の舞(2)」「河内社の神楽(2)」「二つ太刀の舞(2)」「恵比須の舞(1)」「大元社の神楽(2)」「二

「湯立」：白い布に湯を通す湯こし

「柴鬼神の舞」

「神明の舞」：手力男命

つ弓の舞(2)」「卓《しょく》の舞(4)」「小原河内社の神楽(2)」「柴鬼神の舞(2)」「小原大番社の神楽(2)」「四つ太刀の舞(4)」「小原大元社の神楽(2)」「殿様神楽(2)」「四つ弓の舞(4)」「大番矛の舞(2)」「大番社の神楽(2)」「三方荒神の舞(3)」「氏社の神楽(2)」「長刀の舞(1)」「五龍王子の舞(7)」「神明の舞(6)」「花鎮の舞(2)」

一本綱に登り、逆さになって降りる

私にとって見ごたえのあった舞は二つ。「三方荒神《さんぽうこうじん》の舞」と最後の「花鎮《はなしずめ》の舞」である。どれも若い青年たちが熱烈に舞いあげた。

「三方荒神の舞」は神殿の天井梁から三本の白い布を下げ、その布を三名の舞手が握って回りながら一本の綱に綯《な》っていく。そしてこの一本綱に舞手が次々に登り、てっぺんで両手両足を大きく広げ「畏《かしこ》くも神代の法を受けつぎて、身を逆《さか》しらに今ぞなしぬる」と絶叫し、サーカスみたいに逆さまになってその綱を降りてくる。これに似た演出を「旦《だん》の十二の舞」(防府市大道の繁枝神社で三年ごとに実施)で見たことがある。岩国行波の神舞では綱の代わりに柱松が使われている。ここでは白い布が使われており、財前氏が言われるように元は亡き人を清める目的で行なっていた神楽であったことが窺《うかが》えた。

「花鎮の舞」は陽が沈んだ時を見計らうように行なわれる。白衣と赤衣の二名の少年舞手が、桜の枝と鈴で美しい舞をする。二つの天蓋が上下四方に飛び交い始め、その中から色紙を小さく切った無数の花びらが散り乱れる。花吹雪に包まれて少年たちはとどまることなく舞い続ける。感動的な美しい舞であった。

一緒に見学していた神楽講座の生徒さんたちの誰もがこの花鎮の舞に感動し、「次もまた見にきたい」と口ぐちに言われていた。この舞が終わると神殿の真ん中に太鼓を立て、全員その周りを回りながら「八百万神神戻し!」と繰り返し歌い、十時間に及ぶ神楽は閉じた。

三日目（十五日）は早朝に「神返し」があった。シンボルの巻縄二体と道具類、神殿飾りなど一切合切《いっさいがっさい》を片付け、それらを氏子たちが七社へ運んだ。巻縄は背負って大番社へ運び、弓や矛、剣、鬼棒、幣串などと一緒に神木に巻きつけ、その周囲に五穀を撒《ま》き急いで引き返した。

周防灘の小島でも奉納

三作神楽は周防灘に浮かぶ小島、野島（防府市野島）でも五年ごと（戌・寅・午）に行なわれている。平成十八年に慶応義塾大学の鈴木正崇氏とイリットさんというイスラエルの神楽研究者と一緒に行った。島で見る神楽は里の神楽と異なり、特別の雰囲気があり味わい深い。島の集会所に雑魚寝して三日間過ごした。

「三方荒神の舞」：逆さまになり白い布の一本綱を下りる

「花鎮の舞」

「舞いこみ」（三作神楽の当屋の舞にあたる）が港内であった。三作神楽で見た同じ舞手たちが船から上がり、道中シャギリをして神殿入りした（祝島の神舞でもこれと同様のことがある）。舞は三作地区で行なった演目と同じだった。終わってから二人を安芸高田市の神楽ドームへ案内した。イリットさんは「ひろしま神楽」を食い入るように見ていた。

野島から東南25キロメートルのところにある祝島（山口県熊毛郡上関町）でもこれによく似た「祝島神舞」が、五年に一度、夏の暑いときに行なわれる。島民総出で壮大な神殿を作り、国東半島東岸の伊美別宮社（大分県国東市国見町伊美）から神職と舞手を招き、「入船神事」「岩戸神楽」「祈願神楽」「夜戸神楽」「出船神事」を五日間にわたり盛大に催す。安芸十二神祇神楽の「荒平舞」と同じ「神主荒神」が繰り返し奉納され、最後に「将軍」もあり、遠い昔に瀬戸内海を挟んで神楽のつながりがあったことを感じた。

探訪 長門の神楽（美祢市秋芳《しゅうほう》町別府《べっぷ》・壬生《みぶ》神社／萩市山田・天神社）

問い合わせ：美祢市観光協会 ☎0837・62・0115 萩市観光協会 ☎0838・25・1750

激しい舞が見もの、「手力男命《たぢからおのみこと》」

平成十二年十一月四日、財前先生に長門の神楽の典型とされる壬生神社（美祢市秋芳町別府）の「別府岩戸神楽舞」を案内していただいた。昼すぎにお宅へ伺い、夕食まで長門の神楽について話した。夕食をいただいて、迎えに来られた団員の方と一緒に壬生神社へ向かった。

神楽は拝殿で夜七時から十一時半まであった。その後、地区の方々と遅くまで直会《なおらい》に参加し、その夜は先生宅に泊めてもらった。奉納された舞は次の十五番。白衣に黄色の衣を着け、多くは四角形を描きながら神社拝殿内で舞った（かっこ内は舞手数）。

「天蓋引き(1)」「天蓋下一(4)」「天蓋下二(4)」「一番神楽(1)」「二番神楽・もどき(2)」「うずめ(1)」「花さんじ(4)」「荒神(2)」「所ならし(1)」「鉾の舞(1)」「神和《かんなぎ》(1)」「弓の舞(2)」「両剣(1)」「尉《じい》の舞(1)」「手力男命(2)」

白の天蓋一個が下がるだけの質素な祭場だった。その天蓋を引いて遊ばせた後、それを胸の高さまで下げ少年たち四名が輪鈴と榊で静かに舞った。見慣れない面の舞が続いた。

ろうそくの火を持った尉が岩戸を探りあてると、赤熊をつけ赤い衣に鎧を着けた鬼面の手力男命が登場。激しい舞をし（当地では「ジラ舞」という）天蓋を取りのけ岩戸を開けた。このような手力男命の扮装および舞い方は長門地方ではどこでも同じだということである。最後に手力男命は鏡と榊で舞い、天蓋を担いで力強く舞い納めた。

質素な舞場で美しい「帯舞」

「別府岩戸神楽舞」と似ているもう一つの長門の神楽を紹介しよう。平成十二年十一月十八日、夜七時から十二時すぎまで天神社（萩市山田）であった神楽。当地の山田神楽が中心で神楽を奉納し、同じ山田にある木間《こま》神楽、萩市三見の手水川《ちょうずがわ》神楽と床並神楽、長門市滝坂の滝坂神楽舞も応援出演した。十月には山田の三

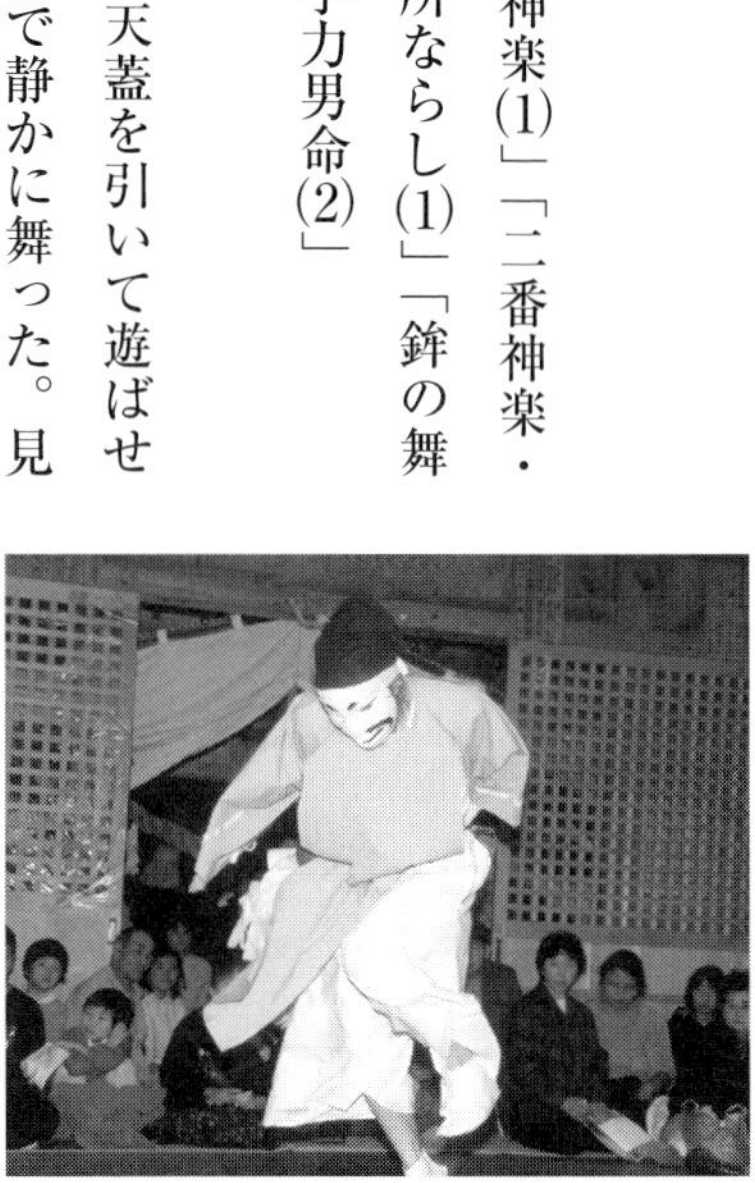

「二番神楽・もどき」（別府）

「尉の舞」（別府）

「手力男命」：天蓋を担いで力強く舞い納める（別府）

「手力男命」（別府）

田八幡宮で二十五年の式年祭が三見・山田の連合であったばかりで、この年の三見・山田地区は神楽で盛り上がっていた。

萩市山田は萩市中心部から西に四、五キロメートル下った所にある。ほぼ同じ所に三見神楽（手水川、床並、中山）、その南に木間神楽や滝坂神楽舞がある。当夜は二十二番の神楽が奉納された（かっこ内は舞手数）。

「三ばい(1)」「散まい米(3)」「幣の四剣(4)」「床ならし(1)」「三宝荒神(3)」「天蓋(1)」「宇立(4)」「太刀の四剣(4)」「岩戸の爺(2)」「岩戸の鬼(1)」「弓の舞(2)」「幣の舞(2)」「違の舞(2)」「矢剣(1)」「無言の爺(1)」「帯の舞（寄進）(2)」「所望分(7)」「両剣(1)」「にぎりばち(2)」「夜明けの鬼(2)」「火の舞(2)」「舞じまい(1)」

この演目は長門南部の神楽と重なるものが多い。長門の神楽らしく天蓋を二個下げただけの質素な舞場の二枚の筵《むしろ》の上でゆっくり舞う。しかし神がかりのあるときだけは急調子の奏楽になった。奏楽は大太鼓、手打鉦、笛（横）のみ。

舞と舞の間に木間神楽の「山荒神」があった。二本の布を振って舞い、それを体に巻きつけたりした。「弓の舞」は親子で舞う習慣がある。弓くぐりをするなど迫力があった。高千穂神楽などでよく見た妊婦の帯を採って舞う「帯舞」もあり美しかった。「夜明けの鬼」では綱切りをした。九州の神楽とやわらかいつながりがあることを実感できる神楽である。

神がかる舞手

この地域の神楽にはおもしろい神がかりの舞がある。「違《ちがい》の舞」「帯の舞」「にぎりばち」でその神がかりがあった（これを「鬼がつく」という）。酒を飲んで酔っぱらっているので目がまわっているだけだと説明をする人もあるが、舞手は本当に正気を失っている。鬼がつく特定の舞があるわけではない。プロセスはおよそ次の通り。

舞手の周りに数人が集まり手拍子を打って囃し立てる。舞手は天蓋を見上げ舞い続けているが、たちまち顔が紅潮し、やがて赤黒くなってくる。すると急に足元が乱れ床に倒れ込む。それを一人が頭を、もう一人が足元を押さえ、尉の面を冠《かぶ》った者（神楽会会長）が寝かせ幣で祓うとすぐに正気を取り戻すから不思議だ。

随分前に萩市の東にある須賀神社（山口市阿東嘉年下）で「厄神舞《やくじん》」という本当に神がかる神楽を何度か見たことがある。寄進の数だけ神がかりすることになっているので、頻繁《ひんぱん》に神がかりがある。広場から六、七人の男たちが手拍子で舞手を囃すと、舞手の顔が急に引きつり舞台に倒れ転げ回るのである。まるで空中を飛ぶみたいに舞台から広場に飛び出してしまうこともある。

「帯の舞」（山田）

「山荒神」（木間）

しかし大幣で祓うとまったく何もなかったようにすぐ正気に戻る。
繁枝《しげし》神社（防府市旦）で見た三年に一度行なわれる「旦の十二の舞」は長門と周防の神楽が混じっていた。

おもしろかったのが「三宝荒神」「鬼の舞」「みさきの舞」。「三宝荒神」は天蓋から下げた三本の白い布を舞手が握って舞った。「みさきの舞」でも白い布を舞手二人が引きあって舞い、最後に幣を投げると氏子たちがそれに群がった。「鬼の舞」は赤い面をつけた鬼が「荒平」と名乗っていた。安芸十二神祇神楽に伝わる荒平がここにも登場していたのである。

「厄神舞」：神がかり広場に飛び出す舞手（嘉年）

「三宝荒神」（旦）

「鬼の舞」：荒平を名乗る鬼（旦）

第七章

四国地方の神楽探訪

四国地方の神楽
―― 概説 ――

愛媛・高知県に集中分布、古風を保つ神楽

瀬戸内海を挟み、その南部に四国地方がある。美しい自然に恵まれている四国地方には、「阿波おどり」「獅子舞」「太鼓台」などたくさんの優れた民俗芸能が伝承している。神楽もそれに劣らない。四国地方の神楽は九州の豊《ぶ》前《ぜん》・豊《ぶん》後《ご》の神楽や中国地方の神楽と共通する点が多い。そのため私はこれらの神楽を「環瀬戸内海神楽」と呼んでいいのではないかと思っている。

四国地方の神楽の分布状況は西高東低で、愛媛県全域と高知県の西三分の二の地域に神楽が集中している。東部の徳島県にはわずか三団体ほどしかなく、香川県もそんなに多くはない（高松市の東には神楽はない）。高知県の東部も神楽は至って少ない。

坂本竜馬脱藩の道で有名な高知県高岡郡梼原町で毎年六月第一土曜日に「四国神楽大会」が開催される。四国各地の代表的な神楽を公演する。私は平成二十四年の第二十六回大会を見学した。会場「ゆすはら座」に約三百名の見物客が詰めかけていた。公演が始まる前に神事が執行され、広島などの神楽大会に比べると神聖な雰囲気でスタートした。

大会に出演した団体は、「永渕《ながふち》神楽保存会」（高知県長岡郡大豊《おおとよ》町）、「伊予神楽かんなぎ会」（愛媛県宇和島市）、「津野山《つのやま》古式神楽保存会」（高知県高岡郡津野町）、「津野山神楽保存会」（高知県高岡郡梼原町）であった。やはり四国地方では愛媛県と高知県の神楽が優勢であることをあらためて知った。

この中で伊予神楽かんなぎ会は「大蛇《おろち》舞」、津野山神楽は「大蛮《だいばん》」を演じた。これは中国地方の神楽の「荒平」

に相当する舞である。いずれも鬼神が登場し子供や老人を抱いて祝福した。今回の大会ではなかったが、「山王」といわれる古い鬼神の舞も伝えられている。四国地方には古い鬼神の舞が生きているのである。それは九州地方の豊前・豊後の神楽や中国地方各地の神楽とも通じるところがある。

四国地方の神楽は中国地方の神楽と比べ演劇性には乏しいが、真面目で古風を保っていることも分かった。本章では充実した四国地方の神楽を紹介したいと思う。

四国神楽大会の行なわれる「ゆすはら座」

徳島県の神楽

概説

数少ない中に光彩を放つ神楽

徳島県は阿波おどりや人形浄瑠璃などは発達しているが、神楽はほとんどないといっていいに等しい状況である。巫女神楽は各神社の祭礼で行なわれているが、男性による神楽は非常に少ない。「金丸《かなまる》八幡神社の宵宮神事」（三好郡東みよし町中庄）で行なわれる神楽と、「有瀬《あるせ》神楽」（三好市西祖谷山村有瀬）（いずれも県指定無形民俗文化財）、「天の岩戸神楽」（美馬《みま》郡つるぎ町貞光）くらいである。

有瀬神楽は高知県長岡郡大豊町に隣接していて、当地の「永渕神楽」とほぼ同じ神楽である。「天の岩戸神楽」は文字通り岩戸開きを演じる神楽で、毎年元日に地元の松尾神社で奉納される。最も意義深い神楽は「金丸八幡神社の宵宮神事」で、珍しい天蓋行事と五行の神楽を伝えている。

探訪 金丸《かなまる》八幡神社の宵宮《よいみや》神事（三好郡東みよし町・金丸八幡神社）

問い合わせ：東みよし町産業課　☎0883・79・5345

備後神楽に通う五行

神楽の少ない徳島県に一つだけおもしろい神楽がある。金丸八幡神社（三好郡東みよし町）の秋祭り前夜（十月十四日）に行なわれる神楽である。公式には「宵宮神事」と呼ばれている。オンジャクという天蓋を遊ば

「乙子の五郎王子の舞」

せる珍しい神楽を伝えている。石塚尊俊氏が『西日本諸神楽の研究』などに何度か紹介されていたので、いつも気にかかっていた。

広島から新幹線で岡山へ、そこから瀬戸大橋を列車で阿波池田へ、再度乗り換え三加茂《みかも》で降りた。金丸八幡神社まで広島から三時間もかからない。駅を降りるとすぐそこが神社である。神社地は緑色の石で囲まれていた。

神楽はほんの一時間半ほどと短い。社殿前の庭に三畳敷大の舞台を設置し奉納するが、この日は土砂降りの雨のため拝殿で奉納した。舞手たちが（氏子の青年が務める）、太鼓と手打鉦だけで「オンジャク」「剣の舞」「乙子の五郎王子の舞」の三段の神楽を奉納。一段は神迎えの行事、二段は舞場を清める舞、三段は五行に相当する。

「乙子の五郎王子の舞」は四人の王子たちが青・赤・白・黒の衣装で登場し、剣の舞と同じ舞をして名乗りする。最後に乙子の五郎王子が黄色の衣裳で登場し長々と祭文を語る。その中で「男子なくして子は

神楽を始める前の神事

「剣の舞」

生まれず」など備後神楽の五行祭と同一の文言があり、神楽の広がりを感じることができた。芸能性も演劇性もない単純素朴な神楽であったが、どこか神楽の神髄を見ているような気がした。舞手は阿刀神楽と同じように草鞋《わらじ》をはいて演じた。

石を使う「オンジャク」

この神楽で特別に興味があったのは神迎えの「オンジャク」である。神社入り口の鳥居と拝殿の間の参道で行なわれた。丸太を組んだ二組の三本脚の間に竹竿を渡し、その竹竿に一本の紐で「オンジャク」という天蓋が吊るしてあった。

舞を務める地区の若者六名が、順次この紐を強く引いてオンジャクを飛ばせ、それを拝殿の中に入れ込むのである。オンジャクが空を舞うとき「ヒューヒュー」と独楽《こま》のような唸《うな》り音がする。うまく拝殿に入れば神迎えが果たせたということらしく、成功するたび大きな拍手が湧き上がった。

二尺大の丸い枠に一メートくらいの長い五色の色紙を房にして下げてある。その天蓋の中をよく見ると、長さ二十センチメートルほどの長い石がくくりつけてあった。そのため、この天蓋のことをオンジャクとい

長い石をくくりつけたオンジャク

うらしい。「温石」と表記したり、空を舞うときヒューヒューと音がするので「音石」と表記したりする。

とにかくこの神楽では石が重要なのである。石が使われる神楽は備中や備後の神楽でも時々見られる。「焼石《びゃくいし》神事」といって一晩中斎燈にくべた石を紙にくるみ一気に粉々にする。その石の壊れ具合で占う行事である。そのとき「焼石は玉になれ、焼石は玉になれ」と繰り返し唱える。

「オンジャク」はこの「焼石」とは異なるが、元は何か共通の願いで石を使っていたのであろう。備中や備後のように、亡くなった親族の霊が清まり玉になることを祈願していたのであろうか。

「オンジャク」：紐を引いて天蓋を拝殿の中へ入れる

香川県の神楽

概説

対照的な「編笠神楽」と「本神楽」

香川県の神楽は東の高松市から愛媛県境地域にまで分布している。五十団体近くあると思うが、どれほどの神楽団体があるか正確には分かっていない。高松市から東には神楽は見られないし、小豆島にも神楽はない。

香川県には対照的な二種類の神楽が伝承している。一つは高松市西南の鬼無《きなし》地区に集中的に分布する「編笠《あみがさ》神楽」で、一般人によって伝えられている。二十余りの団体があったが、今はそのうち佐料《さりょう》、神高《かんだか》、平賀、弾正原《だんじょうばら》、郷東《ごうとう》、中間（竹藪）、多肥《たひ》の七団体が活動中である。どの神楽も類似している。烏帽子の代わりに編笠をかむり、高く飛んだり跳ねたりする珍しい神楽である。

もう一つは高松市より西の坂出《さかいで》市、丸亀市、善通寺市、観音寺《かんおんじ》市などに分布する「本神楽」で、神職グループが伝えている。今は一般人も一部参加している。神職たちが一つの組を組織し、各地に赴き神楽を奉納する。『日本の民俗芸能調査報告書集成17』には坂出神楽、伊吹の神楽、東谷の神楽、御山《おやま》の神楽、綾北地方の神楽、庄内《しょうない》神楽、仁尾神楽に分類し報告してある。石塚尊俊氏は約十五の地区の神楽組を紹介している。

どの団体も一般に秋の祭り前夜に奉納する。「猩々《しょうじょう》の舞」や「島《しま》」という中国地方では見かけることができない神楽を伝えている。また、神職が代替わりの際に行なっていたという「湯立神楽」も一部地域にある。この湯立神楽は九州の豊前や豊後の神楽、また中国地方の神楽を考える上で貴重である。

探訪 編笠《あみがさ》神楽（高松市鬼無町佐料・荒神社）

問い合わせ：鬼無コミュニティセンター ☎087・882・0875

横跳び・跳ね上がりの舞に驚嘆

平成二十二年十月に備中神楽発祥の地である岡山県高梁市成羽町で「第二十五回国民文化祭・おかやま二〇一〇」が開催された。私はこの大会で初めて高松市佐料地区の「編笠神楽」を見た。「カラスの舞」という珍しい名称に驚いたが、長い色紙の房の付いた御幣や鈴などを採って横跳びしたり、ピョンと一メートルも跳ね上がって舞うのにも驚いた。阿波おどりの女性が被《かぶ》る編笠を用いるので「編笠神楽」と呼ばれているという（編笠を被らず頭巾や鉢巻で舞う地区もあるが、これも編笠神楽という）。

これまでに見たどんな神楽とも雰囲気が違っていたので、この神楽を現地で見てみたいと思った。平成二十四年九月二十二日、大きな手術をした後で体調はまだ不良状態だったが、無理をして高松市

「相舞」：御幣や鈴に長い房が付いている

「ほうきの舞」

「カラスの舞」：1メートルも跳ね上がる

まで行きこの珍しい神楽を見た。町内の婦人会や地区の方々が夜店を出し、子供たちをはじめ、たくさんの人々で賑わっていた。

方言丸出しの「ジョウハン」

荒神社（奥津神社内にある）の境内に高さ三尺ほど（約一メートル）の舞台を設置し、四方に斎竹を立て注連縄で囲み、その一方に神棚を据え神楽を奉納する。神楽は午後六時三〇分からおよそ四時間、小雨の中で十四演目が奉納された（かっこ内は舞手数）。

「神の舞(4)」「相舞(2)」「ほうきの舞(2)」「塩振り(1)」（花の披露）「四方切り(1)」「弓の舞(1)」「カラスの舞(2)」「岩戸の舞(1)」「両刀の舞(1)」「猩々《しょうじょう》の舞(1)」「剣の舞(4)」「ダイバ(1)」「上殿さん(2)」「四人兄弟・長刀(5)」

「神の舞」と「相舞」は基本の舞。「ほうきの舞」「カラスの舞」などで舞手は左右に飛び跳ねた。「猩々の舞」は讃岐の神楽ではどこでも演じられる人気の舞。ここ佐料では化粧した子供が演じていた。素面の舞手に背負われて猩々が登場すると、会場からおひねりが飛び交った。長袖着物に襷、黒のフミコミ、赤シャグマの子供猩々が、酒樽から酒を飲んでグデングデンに酔っ払う舞を楽しく演じた。

「上殿さん」は讃岐地方では一般に「ジョウハン」と呼ばれている人気演目。讃岐西部では「島」（あるいは「朝鮮行き」などいろいろな名称がある）といわれている。墨染の着物にあご鬚《ひげ》が伸びた黒色面の上殿さん（正式には素戔嗚尊）が、編笠を被ったイタ吉を連れ船に乗って大陸へ渡り宝物を釣るという筋書き。竹で作った船を足に引っ掛けながら、連れのイタ吉と方言丸出しのおもしろおかしい問答を繰り広げる。

「岩戸の舞」

「猩々の舞」

「剣の舞」

「上殿さん」

「ダイバ」

「四人兄弟・長刀」

「ダイバ」は愛媛県や高知県のダイバとは全く異なる火の舞。黒シャグマをつけた青年舞手が、二・五メートルもある松明仕掛けの鬼棒に火をつけ、それを振り回す暴れ舞である。暗闇に見事な火の輪が浮かび、舞場一面に火の粉が飛び散る迫力に舞手も見物人も興奮する。

最後は「四人兄弟・薙刀」（中国地方の「王子」に相当）で舞い納める。四人兄弟が「剣の舞」と同じように腰を落として美しい舞をした。そこへ薙刀を持った五郎が登場すると、四人兄弟は真剣で注連縄と四方の斎竹を切り倒した。そして四人兄弟と五郎の対決となる。最後に五郎が薙刀の舞で舞い納める。

四国地方と中国地方の神楽は兄弟の関係か？

佐料編笠神楽は江戸時代に非業の死を遂げた「きんみね大五郎」の霊を慰めるために始まったと伝えられている。「ダイバ」（荒平舞に相当）と「四人兄弟・薙刀」（王子舞に相当）がセットで行なわれていて、安芸十二神祇神楽とどこかで通じているような気がし親近感を抱いた。祭場の雰囲気や「四人兄弟・薙刀」の演出は、尾道市の浦崎神楽を見ているのではと、錯覚した。四人兄弟が注連縄と斎竹を切り倒したとき、三原市久井町で見た弓神楽の「棚壊し」のことを思いだした。「剣の舞」は阿刀神楽のあの美しい「八ツ花」と重なった。中国地方と四国地方の神楽は兄弟の関係だったのだろうか。

探訪 讃岐神楽（観音寺市伊吹《いぶき》町・伊吹八幡神社／丸亀市垂水《たるみ》町・垂水神社）

問い合わせ：観音寺市伊吹支所　☎０８７５・２９・２１１１
垂水神社　☎０８７７・２８・５０３５

民俗行事の宝庫、伊吹島

観音寺市から船で三十分の沖合にイリコで有名な伊吹島がある。周囲がわずか五・四キロメートルしかないこの小さな島は民俗行事の宝庫である。その一つが茅の輪くぐりをする「夏越し行事」。七月一日に近い日曜日に行なわれ、神楽がある。丸亀市の神職が中心で行なっている讃岐神楽の一つである。

二本の白い布を下げた祭場（荒神社）

昼は伊吹八幡神社の絵馬堂で、夜は島の真ん中にある荒神社で奉納される。延宝元年（1673）に行なわれていたという記録が残る古い神楽だ。山口県の周防地方の「松登り」と同名の神楽が残り、「玉とり」（「婆の玉」ともいう）という伊吹島だけしかない神楽もある。平成二十二年六月六日、広島市在住の小原さんご夫妻と現地でご一緒し見学した。

柱松に登り、松明を投じる

午後二時から絵馬堂で七名の神職（六名は島外の神職）が略式の神楽を奉納。奏楽は大太鼓と手打鉦のみ。四方に斎竹を立て注連縄を張った簡単な祭場であった。天蓋などはまったくなかった。奉納したのは代表的な讃岐神楽で次の十三演目（かっこ内は舞手数）。

「神寄せ(4)」「榊の舞(4)」「幣の舞(1)」「ホン舞(1)」「ウズメ(1)」（岩戸の舞）「杖の舞(2)」「笹の舞(1)」「将軍(1)」「弓(1)」「島(2)」「ひさごの舞(1)」（猩々）「添神楽(1)」（ウズメを舞う）「鉾の舞(1)」

「島」は佐料編笠神楽の「上殿さん」。「猩々」は緋色の袴と白の着物に赤襷、赤シャグマに真っ赤な猩々面をつけた舞手が、神前の酒樽を

「ひさごの舞」（伊吹八幡神社）

「島」：船を足にひっかけ二人が問答する（伊吹八幡神社）

かついで見物人の中に転げこんだりする楽しい舞。佐料では子供が演じたが、ここでは瓢《ひさご》に入れた酒を氏子たちに飲ませた。

夜の神楽は七時三〇分から荒神社前の広場で行なわれた。昼の神楽に「玉取り」と「ゴゲン」（「五行」に相当）、「松登り」を加え奉納した。祭場も充実していた。高さ十数メートルの竹柱が立ち、その先端に開き扇三本を円形に飾り（修験道儀礼のノゾキに酷似）、そこから二本の長い白い布が垂れていた。

「ゴゲン」の後に重要演目の「松登り」があった。神職一人が斎燈の火を移した松明を持って柱松に登り、そのてっぺんで松明を振りながら唱え事をし、火のついた松明を境内に投じた。氏子たちはその松明や祭場の注連縄、幡を奪い合い持ち帰った。川名津神楽や周防神舞の柱松と同じことがここでも行なわれていたのである。終了したのは九時四十五分頃。引き続いて社務所で豆腐をつぶして神楽を閉じる珍しい「戻し神楽」が行なわれた。

「松登り」（荒神社）

特別の祭場で行なう湯立神楽

讃岐の神楽で紹介しておかなければならないのが「湯立神楽」である。神楽と湯立行事がセットで行なわれる。湯立神楽は全国に広く分布している神楽で、東北地方の「霜月神楽」(秋田県横手市大森町八沢木の保呂羽山波宇志別神社)と中部地方(三河・信濃・遠江が交わる三信遠地方)の「花祭り」がとりわけ有名である。中国地方の荒神神楽や九州地方の豊前や豊後の神楽でも湯立が行なわれている。これと同じ湯立が、香川県丸亀市とその周辺にいくつか伝えられている。私は平成二十二年十月に三島神社(香川県仲多度郡まんのう町)で、また翌年十月に垂水神社(丸亀市垂水町)で見学した。熊野神社(丸亀市郡家町)でも行なわれているという。どれも素晴らしかったが、ここでは「垂水神社湯立神楽」について報告しておきたい。

瀬戸中央自動車道で岡山県の早島から香川県の坂出に入ると、いつも美しい讃岐富士が私を迎えてくれる。この讃岐富士から近いところに垂水神社がある。神社裏にたくさんの五輪石が立ち並び、中には若宮と書いた墓石もあった。この辺りの神楽は先祖たちとのつながりの中で舞い伝えられてきたのであろうか。

湯立神楽は神職の代替りのときに行なうのが習慣であったらしい。しかし、垂水神社湯立神楽は毎年の秋季大祭前夜(十月第三土曜日)に行なわれる。夜八時から正祭(神事と遷座)があり、九時から「本神楽」が奉納される。そして夜明けの五時から「湯立神楽」がある。

「湯立神楽」は神社境内につくった特別の祭場で行なう。直径二十センチメートルの檜の丸太を組んでつくった縦横約三メートルの広さの祭場である。高さ二メートルの所が床になっていて、縦に長い。四面に各六本の竹柱を組み、床から背丈ほどの高さまで菰《こも》で囲み、上から何本もの白い布を下げた見事な祭場である。

祭場の奥に神棚(「湯棚」という)を据え、入り口側の右手に階段を、左手に特別な湯釜が取りつけてある(これは必見)。四本の柱を組み、それに泥を塗って固めた長足の珍しい湯釜である。こんな立派な祭場をつくる

湯立神事の祭場（三島神社）：前方左に湯釜がある

のは大変な作業であるに違いない。神楽に先立ち丁寧な「遷座の式」が行なわれた。

白い布の上を通って遷座

遷座とは神様を祭場に移すことである。七名の白装束の神職によって行なわれた。この遷座で目に留まったのが、本殿から湯棚まで敷かれたおよそ二十メートルもある長い白い布。暗黒の中で龍笛、笙《しょう》、篳篥《ひちりき》、太鼓が奏でられ、その白い布の上を神饌類が運ばれ、最後に御神体が移された。大元神楽の神饌をはるかに凌《しの》ぐ膨大な量の海・山・里の幸が献饌された。遷座が終わると白い布はすぐ片付けられた。

それから湯棚で祝詞が奏上され、祭人、楽人、氏子総代らが舞台に参列してこの神事に授かった。遷座を終え、すぐに讃岐の神楽（本神楽）が奉納された。神楽は地面に特設した畳二枚の広さの簡素な舞台《まいだい》の上で行なった。

「湯立」（垂水神社）

伊吹島で見た神楽と同じ讃岐神楽の代表的演目が奉納された（かっこ内は舞手数）。

「神寄せの舞(4)」「榊の舞(4)」「幣の舞(1)」「ウズメの舞(1)」（添え神楽ともいう）「杖の舞(2)」「篠の舞(1)」「弓の舞(1)」「太刀の舞(1)」「須佐之男の舞(2)」「猩々の舞(1)」「鉾の舞(1)」

夜明け五時頃「湯立神楽」が開始される。湯棚の上に取り付けた神官に被《かぶ》せる大きな籠（天蓋）が目に留まる。湯棚の神座で祝詞が奏上され、夜が明けそめる頃、神燈の火から湯釜に火が入った。湯が沸くと最初にご神体を湯あみさせて湯を清める。次に火に塩を打ちつけ火を清める。その湯に神官一名がつかった。すると天蓋が降り神官を覆った。そして上下の問答がある。

湯あみを終えた神官は湯棚から降り三度火渡りした。氏子たちが続いて火渡りし、各々湯の

「湯立」（垂水神社）：右手に籠がある

幣をいただいた。

それから白い布が湯棚から本殿まで敷き延ばされ、ご神体はその上を通り本殿にお戻りになった。

愛媛県の神楽

概説

東予・中予・南予に伝わる

愛媛県（旧伊予国）の神楽は東予、中予、南予に伝承している。東予の神楽は芸予諸島の神楽と関連が深い。中予と南予の神楽は高知県西部の神楽（津野山神楽など）とのつながりがある。

東予の神楽の代表格は「大三島《おおみしま》の神楽」（今治《いまばり》市大三島町）である。中予の神楽は肱《ひじ》川の流れる大洲《おおず》市や、その西の八幡浜《やわたはま》市などで活発である。「鎮縄《しめ》神楽」（大洲市肱川町山鳥坂）と「川名津《かわなづ》神楽」（八幡浜市川上町川名津）は県指定無形民俗文化財である。南予の神楽と似たところが多い。川名津神楽は今でも屋外に仮設の舞場を建築し、そこで夜通し神楽を行なう。岩国行波の神舞と同じように柱松（ここでは杉を使う）に松明を背負った舞手が登り、綱を伝って降りる貴重な舞を伝えている。

南予の神楽の中心は宇和島市の「伊予神楽」である。元文三年（1738）の『伊予神楽舞歌幷次第目録』が保存されている古い歴史のある神楽である。「男神子《おかんこ》四国神楽」と呼ばれていた。香川県丸亀市周辺の神楽と同じように、神職グループによって伝承されている。「乱れ」といってクルクル回転する特徴的な舞を伝えている。昭和五十六年に国の重要無形民俗文化財に指定されている。中予と南予の神楽は「ダイバの舞」を軸に構成されている。

探訪

大三島《おおみしま》の神楽（今治市大三島町大見・姫坂《ひめさか》神社）

問い合わせ：今治市大三島支所産業建設課 ☎0897・82・0500

芸予諸島の今治市大三島町に古い伝統を持つ神楽が残っている。大三島は広島県と愛媛県を結ぶしまなみ海道の真ん中にあり、広島県の生口《いくち》島と多々良大橋で結ばれている。島の中央にクスノキの巨木で有名な大《おお》山祇《やまづみ》神社がある。島全体がミカン畑で、初春は菜の花が咲き乱れる美しい島である。

中世、伊勢の一族がもたらした神楽

この島では古くから神楽が行なわれていたようである。水軍たちが詠んだ十五世紀中期から十六世紀後期の神楽歌が数多く残っているし、岩崎正八幡宮が再興された元亀三年（1572）の棟札に「神楽幾余日奉納」と書かれていることなどから、大三島神楽の歴史の深さを窺《うかが》い知ることができる。

伝えによれば、大三島の神楽は中世期に伊勢の物申《ものもうし》・河崎太夫一族が大山祇神社へ下向したときから行なわれてきたといわれる。河崎氏は天文十年（1541）に岩崎正八幡宮が明日《あけび》村に遷祀されたのに伴い、舞太夫を擁して明日神楽を始め、天正七年（1579）に大見《おおみ》八幡宮（明日八幡宮から勧請された）でも神楽株を結成し、十年ごとの大神楽と毎

「手草」

「神入り」

年春の小神楽を執行してきたと伝えられている。

明日神楽の資料（近世中後期のものとされている）によると、「朖詠《ろうえい》」「幣舞《へんばい》」「注連口《しめくち》」「神迎《かみむかい》」「行《をこない》」「勧請《くわんじやう》」「禮《らい》」「荒神《こうじん》」「四天《してん》」「岩戸《いわと》」「弓関《ゆみせき》」「異国《いこく》」「二天《にてん》」「太刀関《たちせき》」「手草《たぐさ》」など、芸予諸島の神楽につながる十五番の神楽が行なわれていた。

終戦後までは十年に一度の大神楽も行なわれていたが今は衰退し、大三島の神楽は大三島町の大見と明日の二集落でしか行なわれていない。古いのは明日神楽の方であるが、伝統が保たれているのは大見神楽の方である。

興味深い籤舞《くじまい》と呼ばれる託宣の舞

大見神楽は大三島町大見の大見八幡神社と姫坂神社で交替に、毎年初春に奉納されている。平成十五年二月十六日（日）に、大見神楽保存会前会長の藤原肇氏に御案内をいただき、姫坂神社で行なわれた大見神楽を拝見した。午前十時から午後二時までの短い時間の神楽であった。

「籖舞」：舞手に籖を引かせて占う

境内に二間四方の仮設の小屋を建て、四方に注連を張って切り紙（「おみどり」という）・紙垂・藁・榊葉を下げ、神社本殿側に神棚を設置し、四方の柱に餅をつけた御幣（「四方がため」という）を付けた簡素な舞場で神楽が行なわれる。

この仮小屋の祭場に天狗面の露払いを先頭に、当屋宅からミカン畑の中を舞手たちが行列し登ってくる。神社で簡単な神事をしてから仮小屋に移動し神楽を奉納する。行なわれた神楽はずいぶん簡略化しており、「露払」「手草」「注連口」「神迎」「籤舞」「四天」「長刀舞」「舞上」の八番ほどであった（ほかに「二天」を舞うこともある）。

どれも芸予諸島のほかの神楽と同じようであったが、なかでも興味深かったのが「籤舞」と呼ばれる託宣の舞であった。「神迎」の舞を終えると、神饌（散米・お神酒・鏡餅・鯛魚・干物・野菜・果物）を神棚に供え、舞で使用した採物（手草で使った竹笹、注連口の青幣、神迎の赤幣）も一式神前に供する。

「四天」

「長刀舞」

最も重要な供え物は、折敷に入れた御久米である。白衣・紋付着物に足袋、烏帽子を着けた祭員全員が神前で厳粛に神事をし、その後すぐに三名の舞手が右手に扇、左手に白幣を採って舞い出し、座して拍手し、立ち上がって神歌を歌い、立ち上がって両手を上げて静かに舞う。

舞を終えると神前に座して祈願し、神棚横の太鼓座へ御久米を盛った折敷を運んで祭主と対座する。祭主はそれを中啓（扇）でひと掬《すく》いし、舞手の右手に握らせる。舞手はその御久米を天に向かって投じ、落ちてくるところを掴んで祭主の中啓に返す。

祭主はその数を確認していったん前に置き、久米袋（半紙で作った紙の三角袋）を会衆に見せて、中啓にある御久米をその中に入れ、それを折敷に盛った御久米の山に立てる。こうして順次、舞手に籤を引かせては、同じように久米袋に入れて折敷に立てていく。

折敷に三本の久米袋が立つと、祭主は「よい籤が降りました」と集まった人々に伝える。御久米の数が奇数なら吉（偶数なら凶）とされている。吉が出ると、再び舞となる。

舞手は神歌を歌い、最初と同様に両手を上げて静かに舞い上げる。籤舞が終了すると直会《なおらい》が行なわれ、続いて「四天」などの勇壮な舞を演じることができることになっている。

「舞上」（上）、（下）

芸予諸島や備後南部の神楽に大きく影響

「籤舞」は明日神楽資料の「行」、あるいは、「禮」に相当するものである。備後神楽の近世末文献で「神酒祭」ともいわれていた。餅・酒・米を供えて祝詞を上げ、白張と烏帽子の四人の舞手が神託舞を舞っている。

名荷神楽の元治元年に行なわれた礼(「禮」)は、「諸神御神託」と呼ばれていた。

したがって大見神楽の籤舞は、諸神御神託と同じ舞であったと考えられる。大見神楽だけでなく、芸予諸島の神楽では、籤舞のような御久米による託宣形式の神楽が古くから行なわれていたのであろう。「籤舞」は名荷神楽の「三方荒神御縄」とともに、芸予諸島の神楽に残っている希少な託宣行事である。大三島の神楽は、芸予諸島や備後南部の神楽に大きな影響を与えてきた神楽に違いない。

探訪 川名津《かわなづ》神楽(八幡浜市川上町川名津・天満神社)

問い合わせ:八幡浜市商工観光課 ☎0894・22・3111

クライマックスは柱松登り

四国地方の神楽で私がいちばん興味を持った神楽が「川名津神楽」(正式名称は「川名津の柱松神事」)である。四国最西端の佐田岬半島の付け根にあるミカンの町、八幡浜市川上町川名津に伝わる神楽である。四月第三土曜日に天満神社で行なわれる。

江戸時代中頃、大火が相次いで起こり、村人たちはそれを恐れ厄火祓いの神楽を始めたという。天保四年(1833)には柱松神事と神楽を一体で奉納した記録があり、現在の形式はその頃に整えられたものと考えられる。なかなか興味深い内容が詰まっており、これまでに三度見学した。勤務先の大学のゼミ生たちと一緒に行き、その帰りに内子町で内子座を見学した思い出がある。

川名津神楽は当地の厄年を迎えた男性たちが中心に務めている。早朝山に登り、長さ十二間、太さ五尺余りの杉(昔は松)を切り出し神社まで運び出すのである(「柱引き」という)。途中、その杉を川や海に突き落として清める。神社へ引き込むと藁を巻いて化粧を施し、柱の先端に赤い着物を着せた「ショウジョウサマ」（菅原道真公を模す）と呼ぶ藁人形を取りつけ、四方から綱で引いて境内に直立させる。

神楽は境内の一角に仮設した舞場（「ハナヤ」という）で夜七時すぎから深夜一時頃までである。神楽の前に南予を代表する「五つ鹿踊り」や「牛鬼」があり、神楽の最後にクライマックスの「柱松登り」が行なわれる。松明《たいまつ》を背負った舞手（「大魔《だいま》」という）が柱松に登り、そのてっぺんから火と共に藁人形と白い布を投げ落とす含蓄ある芸を披露する。それから四本の綱のうち一本を伝って降りてくる。岩国行波の神舞の「八関（松登り）」そっくりの芸が残っているのである。

幼児を抱いて祝福する「大魔」

平成二十年四月十九日、学生たちと早朝フェリーで広島港から川名津に向かい昼前に到着。柱引きはもう始まっていた。龍を染め抜いた法被姿の青年団員十五名が、赤い手ぬぐいを首に巻き、「ボーホン・イェー」

「清祓」

「巴那の舞」

「将軍の舞」

と掛け声をあげながら杉の大木を海へ引いていた。

陽が沈んで神楽が始まった。腰に白い紙垂をつけ、鹿頭を被った二名の少年が鞨鼓《かっこ》を打ちながら「五つ鹿踊り」を踊った。子供たちによる「八雲の橋」や「将軍の舞」の披露もあった。奉納された神楽は次の二十番（かっこ内は舞手数）。

「清祓（全員）」「事始（全員）」「神酒《みき》の舞(4)」「手草《たぐさ》舞(2)」「神請《かみしょうじ》(2)」「巴那《はな》の舞(1)」「鈴神楽(1)」「魔祓(4)」「古今舞(1)」「大魔(3)」「神躰《しんたい》の舞(1)」「路志(1)」「飛出舞(2)」「大母《おおぼ》天の舞(2)」「山の内(1)」「二人鈴の舞(2)」「岩戸開(4)」「羅刹《らせつ》(4)」「大蛇退治(5)」「火鎮の舞(5)」

「大魔」：子供を抱く大魔

「山の内」：高知県の「山王」や「山探し」に相当する

「大蛇退治」：巨大な面をつけるスサノオ

天蓋（「錦蓋《きんかい》」という）の下でクルクルと順逆に舞う「巴那の舞」は美しかった。左手に幣を、右手に鈴や扇を採って舞う姿は津野山神楽の「花米《はなよね》」に似ていた。語る言葉にも同じものがあった。舞手は扇に御久米を受け、それを五方に次々撒《ま》いて清めた。天蓋を飛ばすと五色の紙吹雪が舞い散った。

「大魔」は鬼神がこれまでの悪行を悔い改める舞で「ダイバ」のこと。呉市広小坪で見た「だいば（大婆）」と同じ台詞《せりふ》があり親近感を抱いた。違っていたのは四国の大魔は幼子たちを抱いて祝福したが、広小坪の大婆はそれをしなかったことである。

「路志」は折敷舞のこと。「山の内」は高知県の「山王」や「山探し」に相当する鬼神舞。頭に赤い布を被った鬼神が、腰を低くして舞い出した。その後は大魔と同じように子供を抱いたり、厄年の男たちを抱いて振り回したりする。最後に二刀を持ち舞い納めた。「羅刹」も大魔に似た鬼神舞。「大蛇退治」は石見神楽と同じ提灯胴の大蛇がスサノヲに見事退治される。スサノヲはギョロッとした大きな目の五十センチメートルもある巨大な面をつけていた。

「火鎮の舞」

柱松で演じる大魔の不思議な所作

川名津神楽の真骨頂は最後の「火鎮の舞」である。最初に神官が四本の松明に火をつけると、二名の舞手がその松明を二本ずつ持って激しい舞をする。その火で柱松の傍の篝火《かがりび》に点火し、残った火は神官が呪文を唱え奉書紙で一気に消し鎮めた。

続いて「四天の舞」がある。刀を持つ四名の舞手が柱松の下で舞うと、その中に大魔が割り込む（大魔と同じ衣装だが鬼面はつけていない）。やがて柱の下の櫓《やぐら》に上がり、背中に松明を負い、岩国行波の神舞の荒神さながら柱松に登り始める。

てっぺんに着くと、そこで天下泰平、五穀豊穣、国家安穏、鎮火を祈願する。そして柱の先の綱に結び付けてある白い布を振って投げ落とす。次に藁人形の入った漏斗《ろうと》状の竹枠を投げ落とし、最後に藁人形を投げ落とした。

どうしてこんな不思議なことを続けてきたのだろうか。神楽が奉納されるハナヤの脇に一本の笹竹が立ててあり、そこに柄杓《ひしゃく》と白い布と白幣が結び付けてあった。この笹竹は三宝荒神を示すのだという。笹竹が柱松神事の謎を知っているのだろうか。

翌日は牛鬼、五つ鹿踊り、唐獅子、神輿の後について各地区を巡った。天神社から一キロメートル離れた上泊地区で昨夜と同じ舞手たちが神楽を奉納していた。

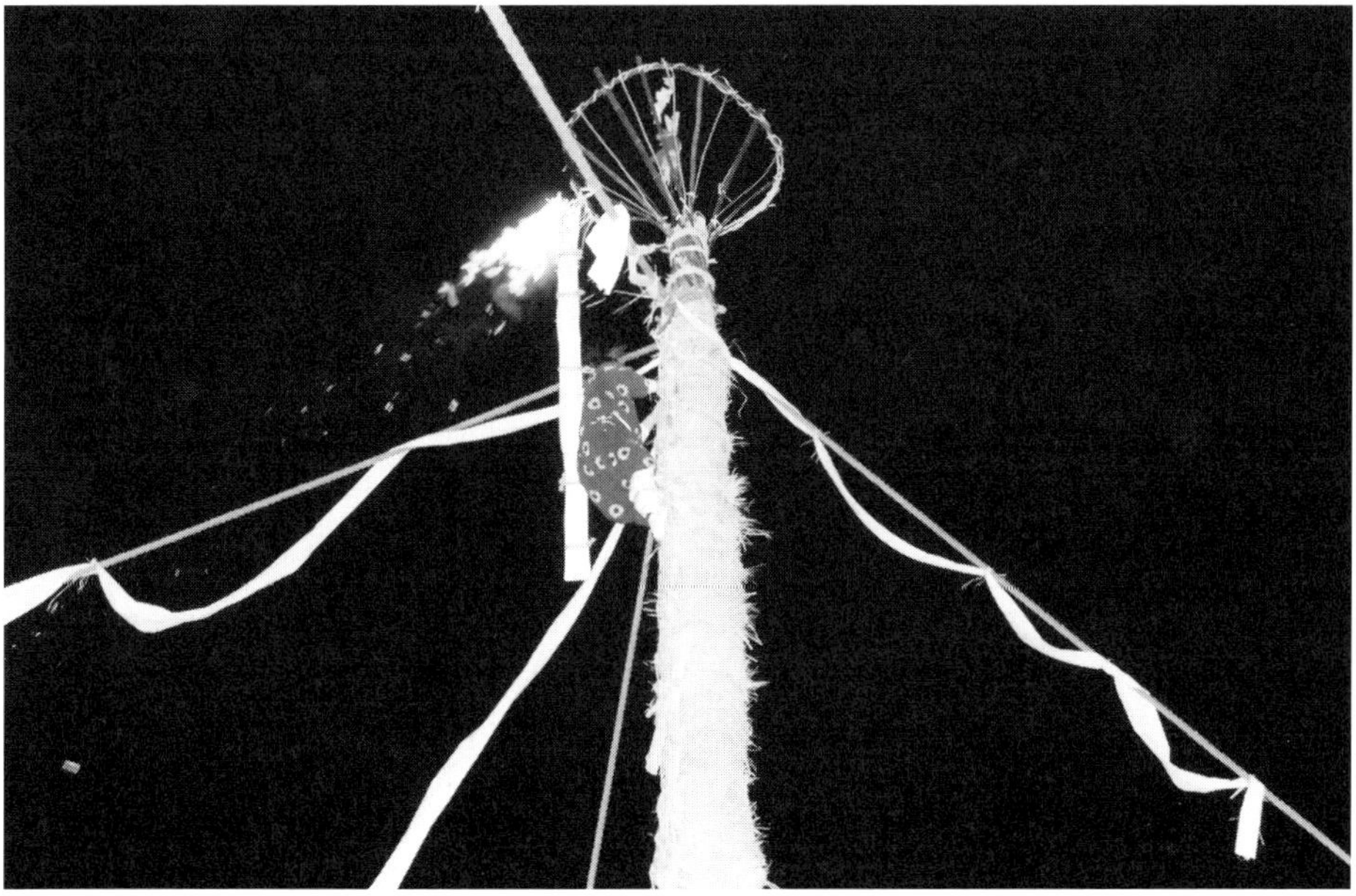

藁人形と白い布を結んだ柱に登る大魔

探訪 伊予神楽（宇和島市吉田町立間・八坂神社／立川《たつかわ》神楽／藤縄《ふじなわ》神楽／鎮縄《しめ》神楽）

問い合わせ：伊予神楽かんなぎ会（多賀神社）☎0895・22・3444
内子町ビジターセンター　☎0893・44・3790　大洲市観光課　☎0893・24・1717

神職中心で組織

伊予神楽は愛媛県南部の宇和島市を中心に、北宇和郡と南宇和郡内に分布する。春秋の神社祭礼に奉納される。神職中心で組織される「伊予神楽かんなぎ会」が奉仕している（伊予神楽以外は明治中期頃から一般人が舞っている）。元禄八年（1695）の記録に「清め」「鈴神楽」「二天」「鬼舞」「式三番」などがあり、江戸時代初期に伊予神楽の基礎は確立していたことが窺《うかが》える。

伊予神楽が整備されたのは近世中期頃である。渡邊豊前源應曹《みなもとのおうそう》が編集した元文三年（一七三八）「伊予神楽舞歌並次第目録」には、三十五番の神楽と神楽歌が図入りで記録されている。湯立神楽も行なわれていた。「男神子《おかんこ》四国神楽」と名付けているので、整備される頃は女性の神子も神楽に関与していたと思われる。昭和五十六年に国指定重要無形民俗文化財に指定された。現在は往時の三分の一程度の十二～十三演目を伝承している。

毎年四月十四日の三島神社（宇和島市長堀）の夜神楽が最も盛大に行なわれる。「シメ神楽」といわれ、伊予神楽の全演目（「造酒祭舞《みきまつり》(4)」「式三番舞(1)」「喜余女手草舞《きよめたぐさ》(2)」「古今老神舞《こきんおきな》(1)」「内舞(1)」「恵比須舞(1)」

「日月の舞」：乱れが美しい盆の舞（藤縄神楽）

「悪魔拂《あくまばらい》舞(5)」「大蛇《おろち》舞(2)」「神躰鈿女の舞(1)」「弓の舞(1)」「神清浄の舞(2)」「松明の舞(2)」「妙剣の舞(1)」が奉納される（かっこ内は舞手数）。私は平成二十三年三月二十四日に八坂神社（宇和島市吉田町立間《たちま》）で「半神楽」（保持演目のうち半分くらいを奉納する）を見学した。

相撲をとるダイバ

吉田町立間は二地区あり、桂天満神社と八坂神社がある。この二神社で同日に伊予神楽が奉納され、私は八坂神社の神楽を見た。祭場は神社拝殿で、飾り付けは簡素だった。大太鼓と小太鼓はどの演目でも使用し、鉦と笛は演目により使い分けていた。常に太鼓方が主導し、神話などを語り歌った。八名の神職舞手が集まり午後一時から祭典、続いて次の七番の神楽が奉納された。

「造酒祭舞(4)」「式三番舞(1)」「喜余女手草舞(2)」「古今老神舞(1)」「悪魔拂舞(5)」「大蛇舞(2)」「妙剣の舞(1)」

「造酒祭舞」は色幣と扇で舞い神酒を供える。「式三番舞」は大太鼓と小太鼓だけの奏楽。狩衣を着た舞手が

「造酒祭舞」（伊予神楽かんなぎ会）

「妙剣の舞」（伊予神楽かんなぎ会）

「大蛇舞」：勢害というダイバ（伊予神楽かんなぎ会）

右に鈴、左に色幣を採ってクルクル舞（これを「乱《みだ》れ」という）をした。間に太鼓方の神歌がある。「喜余女手草舞」は両手に榊を採って乱れをして四方を清める。「古今老神舞」は着面で白狩衣の天児屋根の神霊の翁が大幣と扇でゆっくり舞う。「悪魔拂舞」は直面で色幣と刀で舞い悪魔を祓う。その後すぐに「大蛇舞」があった。最後の「妙剣の舞」で狩衣を着けた舞手が真剣で乱れをし、剣と鈴で舞い納めた。

「大蛇舞」は大蛇退治の舞ではなく、四国地方で人気ある「ダイバ」の舞の別名である。両手に榊の枝を採った、赤面、長髪のダイバ（「勢害《ぜがい》」という）が登場すると、「悪魔拂舞」の舞手は退場する。ダイバは神主と相撲をとり、すぐ敗れる。次に男の子供たちと相撲をとり、今度は全部投げ飛ばす。そんなことをした後、ダイバは幼児を抱いて祝福。最後にまた子供たちと相撲をとり、こんどは逆にやられてしまった。餅まきをして午後三時に終了した。

伊予神楽は神職神楽なので真面目で、神楽のおもしろ味には欠ける。しかしクルクル舞の乱れはトルコの旋回舞踊のようで見入ってしまった。大蛇の舞も楽しかった。

荒平に通じるダイバの杖

伊予神楽の伝統を汲むほかの神楽もいくつか探訪した。どの神楽にもダイバが登場し幼児や老人を抱いて（あるいはおんぶし）祝福した。平成二十三年三月五日に三島神社で見た立川神楽（喜多郡内子町立川川中）はなかなかよかった。

拝殿に紐で吊った天蓋を下げ、千道を引いた飾り付けは伊予神楽に比べると少し賑《にぎ》やかだった。きっと以前はこの天蓋を引いて遊ばせていたのだろう。正午すぎに本殿前で巫女による「鈴神楽」があり、それから夕刻五時すぎまで十五演目が奉納された。

「鈴神楽⑴」「注連口（全員）」「舞の口⑴」「神請《かみむかい》（玉作之舞）⑵」「幣四殿《しでん》⑷」「老翁《こきん》⑴」「飛出《とびで》⑴」「盆の舞⑴」「御幸《みさき》（鏡作りの舞）⑵」「恵美須大黒の舞⑵」「磐戸⑵」「大蛇《おろち》の舞⑵」「四天王の舞⑸」「鎮火の舞⑵」「弓の舞⑴」「長刀の舞⑴」

伊予神楽とほぼ同じ内容で、旋回の舞「乱れ」も見られた。「盆の舞」は一般にいわれている折敷舞。ひょっとこ面の舞手がもどくなどして

「大蛇の舞」：一升びんの酒をのむ大蛇（立川神楽）

見物人を笑わせた。「大蛇の舞」は伊予神楽の「大蛇舞」と異なり正真正銘の大蛇退治。長い蛇頭に幕蛇と提灯胴が混在した大蛇が、一升びんの酒を一気にあおり見物客に振る舞って雰囲気を盛り上げていた。終盤に舞う「弓の舞」は別名「将軍」ともいわれる。

立川神楽で最も充実していたのが「四天王の舞」である。最初に四名の直面舞手がクルクル旋回の舞をした後にダイバが登場。蛇のウロコ模様の裁着袴《たっつけばかま》をはき、両手に榊の枝を持って力強い舞をした。そして子供や若い女の子を抱いて振り回し熱演。また老人の膝を優しくさすったり老人をおんぶしたりして、最後に餅を授けて祝福した。ダイバに手を合わせる老人たちもいた。

ダイバは杖を振って舞った。神前で祈る氏子たちを幣で祓い、次に幼児を抱いて祈った。そして手に持つ杖で氏子たちの肩や腰や背中を打ち、餅を授けて祝福した。死繁盛の杖を授け氏人を祝福していた中国地方

「四天王の舞」：蛇のウロコ模様のダイバ（立川神楽）

「四天王の舞」：氏子たちを杖で祝福するダイバ（立川神楽）

の「荒平」が、ここではまだ生き生きと演じられているのに感激した。

大洲市の「藤縄神楽」と「鎮縄神楽」（両者共に愛媛県の無形民俗文化財）も印象的であった。藤縄神楽は三月十一日に春日神社（大洲市喜多山）で午後一時から四時すぎまであった。十二演目が奉納された（「前の口」「手草」「舞四天」「一番」「月日の舞」「古欣・飛出」「御前」「鈴神楽・神体」「恵美須」「悪魔払・鬼四天」「鎮火の舞」「長刀の舞」）。

「鬼四天」：子供を抱いて祝福するダイバ（藤縄神楽）

「ダイバ」：老婆をおんぶし祝福するダイバ（鎮縄神楽）

鎮縄神楽は天満神社（同市河辺町山鳥坂月野尾）で大規模に行なわれるが、私は三月十三日に須賀神社（同市菅田町）で見学した。午後一時から四時まで十演目が奉納された（「勧請」「神請」「白蓋」「御前」「鯛つり」「将軍」「ダイバ」「四天」「大蛇退治」「天の岩戸」）。わずか三十人ほどの地区民が集まる小さな神楽だった。しかし皆で弁当の御馳走を食べあいながら見る、和気あいあいの楽しい神楽だった。保育園児たちが神楽に参加見学した。学校帰りの中学生たちも座り込んで最後まで神楽を見続けた。

高知県の神楽

概説

国指定の「土佐の神楽」

四国の南半分を占める高知県（旧土佐国）は、険しい四国山脈と荒波の太平洋に挟まれているため外部との交流が少なかった。そのため高知県には土佐独特の神楽が温存されている。神楽の数はそれほど多くなく、四国山地に点在している。演劇性には乏しいが、「大蛮（ダイバン）」（大蕃・大番・大蠻とも表記）や「山王」（山主・山探し）など古い形の鬼神舞が残っている。

昭和五十五年に「池川《いけがわ》神楽」「本川《ほんかわ》神楽」「安居《やすい》神楽」「梼原町《ゆすはらちょう》津野山《つのやま》神楽」「東津野村津野山神楽」「幡多《はた》神楽」「岩原《いわはら》・永淵《ながふち》神楽」「いざなぎ流御祈祷」「名野川《なのかわ》岩戸神楽」の九神楽が一括で「土佐の神楽」として国の重要無形民俗文化財に指定されている。

県中西部の神楽と東部の神楽との間には歴然とした相違が見られる。西部と中部はどちらも「大蛮」や「山王」などの鬼神舞を伝えるなど類似点がある。東部のいざなぎ流御祈祷は舞神楽というより祈祷中心で、ほかの神楽とまったく違うタイプの神楽というべきである。

探訪 本川《ほんかわ》神楽（吾川《あがわ》郡いの町中野川・大森神社）

問い合わせ：いの町観光協会 ☎088・893・1211

神秘的な「山王の舞」

平成十二年に開催予定の「本川神楽」について、本川村（現吾川郡いの町）教育委員会へ電話で問い合わせた。「十一月から十二月初めにかけてあります。十五日が白鬚《しらひげ》神社（長沢）、十七日に白鬚神社（寺川）、三十日に地主神社（脇ノ山）、そして十二月一日に大森神社（中野川）であります。どこも夜六時か七時頃始まり三時間程度で終ります。本川神楽は十数か所であるのですが、今年はこの四か所だけです。二年に一度だけのところもあります」と教えていただいた。最後の中野川地区で行なわれる神楽を探訪することにした。

大学の講義を終え、ただちに四国へ向かった。到着してすぐ神事が始まった。神楽太夫（六名）が十畳ほどの舞場で祓いの神事をした。天蓋などの飾りはなく、太鼓（締め太鼓を使用）に榊を縛り付けて立てた質素な祭場だった。七時すぎ、けたたましい鉦と太鼓の連打（備後神楽に通じるような奏

「神迎え」

「注連の舞」

楽）で神楽が始まった。全ての演目を挙げると次の十四曲（かっこ内は舞手数）。

「神迎え（全員）」「注連《しめ》の舞(1)」「座固め(1)」「初穂寄せ(1)」「山王《やまおう》の舞(1)」「相舞(2)」「幣舞(1)」「般若《はんにゃ》の舞(1)」「折敷の舞(3)」「つるぎの舞(1)」「鬼神争い(2)」「長刀の舞(1)」「やたの舞(1)」「神送り(1)」

「注連の舞」は注連を持って舞った後、その注連を祭場に張り巡らせ結界する。「座固め」は榊舞。榊の枝と葉を指に挟んで舞い、その葉を投げて清めた。それから素手で呪術的な舞をした。「初穂寄せ」は扇に稗《ひえ》を載せ、何度もそれを祭場に打って清めた。終わると氏子たちはその稗をいただき口にした。けたたましい奏楽の中で原始的な激しい舞が展開していった。

中締めが「山王の舞」。土佐の神楽で最も中心的な舞といわれる鬼神の舞である。脚絆《きゃはん》をつけ、腰に太刀をはいた鬼神が赤い布で身を隠し、腰を落とし、にじるようにして舞い出す。そして「山王の本地」をボソボソ唱え、終えると赤い布をはねのけ異様な姿で力強く舞い続けた。あちこちからおひねりが飛んだ。山王は扇と幣を刀に替え、

「山王の舞」：力強く舞う山王

「山王の舞」：赤い布で身を隠し舞い出す

両刀を振り回し舞い納めた。

この「山王の舞」は安居神楽（八所河内神社・吾川郡仁淀川町成川）で「山主」という名で、また津野山神楽（三島神社・高岡郡梼原町田野々越知面）で「山探し」という名で見たことがある。名称はそれぞれ異なるが、どれも同じ内容の神秘的な舞であった。川名津神楽の「山の内」も同一の舞だった。立川神楽ではしなかったが「山王《さんのお》之舞」と呼ばれている。

「山王の舞」が終ると、舞手と氏子、見物客全員が囲炉裏端で「座祝い」をした。おでんと焼き豆腐、そして土佐名物「さわち料理」が振る舞われた。再び舞となり、「相舞」「幣舞」が続いた。どれも「座固め」と同じ型で舞う。「般若の舞」は八十四歳の太夫が務めた。「山王の舞」と同じように布で身を隠して登場し、激しく床を踏んで舞った後、会場にミカンやお菓子をまいた。そして最後に二本の刀で舞い納めた。

「般若の舞」

「木樵りの舞」：真っ黒い顔で人々を笑わせる

「やたの舞」：大豆を四方八方に激しくまく

大豆を拾い集める氏子たち

土佐弁の問答に和む「鬼神争い」

遠く高知の山中にまで神楽を見に来てよかったと思ったのは、「鬼神争い」を見ることができたことである。「鬼神争い」とは四国西部で行なわれる鬼神舞「ダイバ」のことである。本川神楽ではこのダイバ（「カゲンの舞」という）の前に「木樵《きこ》りの舞」と「姫の舞」を挿入し、全体を「鬼神争い」と名付けている。

真っ黒い木樵り面をつけた舞手が鈴と扇で人々の中に入り、おもしろいことを語り始める。真っ黒い顔をした木樵りが氏子たちに「（お前の顔は）黒いの～」と言って笑わせる。氏子たちは「おまん、どこから来たぜよ？」など土佐弁で語りかけると、雰囲気が一変し和気あいあいになる。そこで木樵りは太夫と一から十までの数問答をする。木樵りが「三に桜」、「五に五葉の松、……」など、木の名前をうまく言うことができると太鼓が連打された。森や木を大切にしてきた風土が生きていることに感動した。

「鬼神争い」：太夫に服従する鬼神「カゲン」

次に姫が現れ、木樵りと問答を繰り返す。そこへ両手に榊の枝を持った鬼神「カゲン」が登場。太夫が鬼神に鬼棒を手渡すと、鬼神はその鬼棒を長刀を振り回すように力強く振り回した。太夫は抜き身の刀を立て鬼神と問答し、問答しては舞を繰り返した。最後に鬼神が太夫に服従する。

「やたの舞（八幡舞）」はものすごい勢いの舞である。大豆の入った一升枡《ます》を持って舞った後、その大豆を四方八方に猛烈な勢いで投げつけ激しく舞った。「神送り」の太鼓がけたたましく響く中、人々はその豆を拾い集め、御幣の紙をいただいて暗い夜道を家路についた。

探訪　いざなぎ流御祈祷（高知県南国《なんこく》市福船・民家）

問い合わせ：香美市教育委員会物部分室　☎0887・52・9290

神楽の古形を伝える

高知県東部、香美《かみ》市物部《ものべ》町に伝承する「いざなぎ流御祈祷」はなかなか分かりにくい神楽である。天上界のいざなぎ様から弓祈祷の方法を伝授され始まったという伝えがある。複雑な祭文や呪文を唱え祈祷することが多く（一般祈祷や病人祈祷が複雑に混在）、舞は副次的に行なわれるにすぎず発達していない。この祈祷を「神楽」といい、祈祷の最後に簡単な舞がある。それを「舞神楽」と呼んで神楽と区別している。

御幣を切ることなども重要な祈祷の一部と見なされている。中国地方の神楽でいえば備後の「弓神楽」に近い神楽のように思った。とても古い神楽なので、神楽成立の謎に迫ることができる。そのため一部の研究者たちが興味を持っているが、一般の人にはそれほど関心が向かないようだ。

高知県立歴史民俗資料館の梅野光興氏の案内で、平成二十年一月五日から八日まで丸四日間、この分かりにくい神楽を見学した。南国市福船の民家（中尾家）であった。三年前にアラ巫女神に祭り上げた先祖の魂を、このたび八幡神に祭り上げるため行なわれた。伊井阿良芳太夫と息子の幸夫太夫がこの神楽を勤めた。身内の者を中心におよそ二十五名がこの神楽に集まった。京都からいざなぎ流御祈祷の研究者である齊藤英喜氏も来て太夫たちの祈祷に加わった。

天蓋の下で神々を集める祈祷

神楽は次の順序で行なわれた。

一日目（一月五日）「取り分け」

二日目（一月六日）「精進入り《しょうじい》」「湯立」「湯神楽」

三日目（一月七日）「礼神楽」「本神楽」

四日目（一月八日）「恵比寿神楽」

とても複雑な神楽ではあるが、よく観察すると流れをつかむことができる。最初の「取り分け」で災いを引き起こす悪霊たちを祓い清め、「精進入り」で祭場を整えて神霊を迎える。それから「湯立」「湯神楽」「礼神楽」「本神楽」で招いた神霊を清め、最後に「恵比寿神楽」で送るのである。

一日目は太夫たちが朝から御幣切りをする。その後、美しい「三階のみてぐら」などを作る。「法の枕」（米を入れ三本の御幣を立てた神座）を据え、太夫二名がこのみてぐらの前で体をユラユラ揺すりながら悪霊を取り分ける祈祷をした。午後は悪霊がとりついたそのみてぐらを物部川に埋めに行った。

二日目は奥の間に注連を張り「精進入り」が行なわれた。「バッカイ」

「法の枕」と「三階のみてぐら」

御幣切りをする太夫たち

と呼ぶ天蓋を吊り（昔は神の位を上げるときこのバッカイを揺すっていた）、その下に神座の「法の枕」と「法の弓」を据え、各種の神霊を集める長い祈祷が続いた。ちょうど備後の弓神楽の装置と同じように、つけ蓋（引き出しのようなもの）に縛り付けた法の弓に白い布を引き、御久米を操作して先祖の霊を巫女神に祭り上げた。その後「湯立」があり、男女六名が湯釜の周りで「湯神楽」を舞った。

綾笠《あやがさ》を被《かぶ》って祭文・唱文を繰り返す

三日目は「礼神楽」と「本神楽」。これは中心的な神楽である。八名の祭員（うち女性二名）全員が色紙を細く切って作った独特な笠（「綾笠」という）を被り、法の枕と法の弓を囲み、体を左右にユラユラ揺すりながら祭文・唱文を間断なく唱え続けた。それから二名の巫女の「折敷舞」があって「本神楽」となる。

全員が白装束になり、綾笠を被り、体をユラユラ揺すりながら祭文・唱文を繰り返す。錫杖を鳴らし御久米で鬮《くじ》をする複雑な祈祷が済むと、全員が立って舞神楽をした。身内の者たちは祭場一面が埋まるほど樒《しきみ》の葉を投げあった。こうして先祖の霊を八幡神に祭り上げた。

その後もまた体を揺する神楽が続いた。最後に二名の巫女による「布の舞」、太夫による「刀の舞」があり、身内の男性が先祖のために「刀の

「本神楽」：樒（しきみ）の葉を投げあう人たち

「本神楽」：全員でする舞神楽

綾笠を被り、体を左右に揺すりながら祭文を繰り返す

舞」を奉納し終了した

四日目の最終日は午前に「恵比寿神楽」があった。これは比婆荒神神楽の「灰神楽」に相当する。前日と同じように座って体をユラユラ揺する神楽をし、太夫が家の内外を清めてから恵比寿神楽が始まる。

両手に御幣を杖のようにして持った子孫の一人が年男に扮し、口に粟の穂をくわえておもしろい演技をし、米と金と酒を背中に載せて恵比寿棚に運んだ。それから複雑な祈祷で法の枕と法の弓を鎮めた。最後に奏楽のない「弓の舞」を太夫と巫女が続けて舞った。そしてすぐ五方の注連を切り、バッカイ（天蓋）を降ろし、祭場を片付け、四日に及ぶ神楽は終了した。

中国・長江中流域の祭祀に思いを馳せる

四日間にわたる「いざなぎ流御祈祷」に参加し、私はこの祈祷の神楽に備後の弓神楽や比婆荒神神楽、あるいは安芸十二神祇神楽など中国地方

「大道場」の祭場（重慶市酉陽土家族苗族自治県小河鎮桃坂村）

の神楽に重なる部分を多く発見した。また平成十六年から通い続け見てきた中国・長江中流域の民間死霊祭祀（「道場」や「除霊」など）を思い浮かべていた。

重慶市酉陽《ゆうやん》土家《とうちゃ》族苗《みゃお》族自治県の山岳地帯で少数民族が伝えている死霊祭祀「大道場」は、亡くなった祖先を極楽浄土へ送るための法事で、一週間から二週間にわたり行なわれる。この道場がいざなぎ流御祈祷とまるで同じに見え驚嘆した。太夫の生い立ちといい、その祈祷の雰囲気といい、その展開といい、何もかもが大道場と同じなのに、私は異常な興奮に襲われた。

高知に到着してすぐ高熱が出、遅刻・早退の見学になったが、それでも重要な部分はしっかり見させていただくことができた。謎の多いこの祈祷の神楽を紐解《ひもと》くには、「長江中流域の死霊祭祀に目を向ける必要があるな」と強く感じた四日間であった。

終章

神楽の見かた・楽しみかた

――中国・四国地方の神楽探訪から

神楽の見かた

祈祷から芸能、そして演劇へ

日本の神楽は古代あるいはそれ以前から既に存在していたものに違いない。今ではこの神楽が日本列島の隅々に波及し人々に楽しまれている。神楽は人々の生活に欠かすことのできない「祈祷」として始まり、やがてそれが神道や仏教などの影響を受け「芸能」としての神楽へ発展し、今では「演劇」としての神楽さえ行なわれている。

祈祷としての神楽は神を中心に行なう神楽、芸能としての神楽は神と人間の両者を中心に行なう神楽、そして演劇としての神楽はもっぱら人間を中心に行なう神楽といえようか。神楽は時代とともに「祈祷」から「芸能」へ、そして「芸能」から「演劇」へ展開し、現在この三つが混在している。

日本の神楽

神楽は神が降臨する座である「神座《かむくら》」がその語源と考えられている。この「カムクラ」が「カングラ」「カグラ」と発音され、「神楽」の言葉ができたといわれる。そのため日本では「神楽」を「神」と不即不離の関係で捉え、研究が進んだ。神楽研究の第一人者として知られ

表 8-1　日本神楽の四類型

類型	巫女神楽	獅子神楽	伊勢流神楽（湯立神楽）	出雲流神楽（採物神楽）
神座	身体	獅子頭	湯	採物
分布域	全国	東北地方	中部地方	西日本

る本田安次氏（1906〜2001）が神楽を「神座の前の神あそび」と定義したのは、そうした背景があると思われる。

本田はこの立場から日本全土の神楽を探訪し、どのような神座に神を招いて神楽が演じられているか詳しく観察した。その結果、(1)人間の身体を神座とする巫女神楽、(2)獅子頭を神座とする獅子神楽、(3)湯を神座とする伊勢流神楽（湯立神楽）、(4)採物を神座とする出雲流神楽（採物神楽）の四つの形態があることに気づいた。そこから日本の神楽を「表8-1」のように四類型する見方が定着した。

この四類型は全国の神楽の特徴やその分布などを理解する上でとても分かりやすい。しかし巫女神楽の中に湯立があったり、採物神楽の類型でない神楽でも採物を使う場合もあるなど、適切な類型とは考えにくい。中国・四国地方の神楽は出雲流の神楽に属するとされるが、巫女舞や獅子神楽、湯立神楽も混在しているのが実情である。

さらにこの四類型は神座によりつく神を善神と考えているところに重大な弱点があるように思う。鬼神や蛇など悪神を対象とするケースが多い中国・四国地方の神楽に、この善神を中心に捉えた神楽の類型はうまく対応しきれないからである。もっと総合的な神楽の類型化が必要ではなかろうか。

神楽の再定義

そこで神楽を「神座の前の神あそび」とする通説を保留し、現在全国各地で演じられている神楽をあらためてしっかりと見直してみたいと思う。日本の神楽を探訪しそれをよく観察してみるなら、神楽は次の三つの要素で構成されていることに誰でも気づくに違いない。

(1)語りや歌を含む「舞」
(2)太鼓や笛などの「楽」
(3)天蓋や切り飾りなどの「飾り」

この三要素の中には神楽に不可欠な基本要素と呼べるものが存在する。(1)では順逆の舞、(2)では太鼓、(3)では天蓋である。この基本要素のいずれを欠いても神楽とはもはやいえなくなってしまう。能や歌舞伎と神楽の相違は、この基本要素が全て備わっているかどうかにあるといえよう。

この基本要素は本田が四類型化した日本神楽のどれにも備わっているし、鬼神や蛇がメインの中国・四国地方の神楽にもある。また五大神楽に類型化した広島県の神楽にも備わっている。中世にまでさかのぼれる祈祷の神楽にも、近世からの芸能としての神楽にも、また広島の花形神楽として熱狂的に支持されている演劇的神楽にも、順逆の舞・太鼓・天蓋は必ず備わっているのである。

したがって神楽とはこの三つの基本要素(順逆の舞・太鼓・天蓋)から成る「総合芸術」と考えるべきではなかろうか。このような視点から、中国・四国地方の神楽の特徴を考えてみよう。

中国・四国地方の神楽の特徴——鬼や蛇など悪神が主役

中国・四国地方にはおよそ一千もの神楽団体がある。バラエティーに富んだ内容の神楽が各県に伝承している。中国山地や四国山地などでは今でも古い「祈祷」の神楽が伝承する。それ以外の地域では「芸能」としての神楽が行なわれている。また石見や安芸などでは「演劇」としての神楽が活発である。どれも瀬戸内海を中心に分布しているので、それを「環瀬戸内海神楽」と呼び、その特徴を考えてみたいと思う。

環瀬戸内海神楽に共通する第一の特徴は、「神」ではなく「鬼」（あるいは蛇）が主役として登場することである。それを日本の神楽と対照し表示すると「表８－２」のようになるであろう。

環瀬戸内海神楽で鬼が中心的役割を演じるのは、当地の神楽の歴史と深く関わることである。瀬戸内海を囲むこの地域では既に四百年以上も前の豊臣秀吉の時代から、鬼や蛇など悪神が主役を演じるような神楽が行なわれていたからである。

その証拠となる資料が広島県内で発見されたことはよく知られている。天正十六年（１５８８）に書かれた鬼神舞の台本「荒平舞詞《あらひらまいことば》」である。この荒平舞は「鬼神」「荒神《こうじん》」「ダイバ」「御先《みさき》」などの名称のもとに環瀬戸内海各地で演じられ、その記録類や舞に使った仮面類が次々発見されている。

表 8-2　日本の神楽／環瀬戸内海神楽

日本の神楽	環瀬戸内海神楽
優雅な舞	華麗な舞
緩調子の楽	急調子の楽
神出現の舞（善神）	鬼神の舞（悪神）
祭儀としての神楽	演劇としての神楽

環瀬戸内海神楽にはこの鬼神舞の伝統があり、その形態を多種多様に変化させ今も各地で演じられている。神楽の基本要素を変えることなく、四百年以上にわたり継承されているのである。特に石見と安芸ではそれが華麗な鬼退治の演劇として完成した。

このように中国・四国地方の神楽は、鬼や蛇など悪神が主役を演じながら、「祈祷」「芸能」「演劇」の違う性格の神楽が混在していることを知っておく必要がある。

神楽の楽しみかた

「舞」「楽」「飾り」を確かめる

神楽は人間と自然とのつながりの中で生まれ育まれてきた芸術である。それが時代とともに変化し、性格の違う神楽として演じられている。したがって神楽を楽しむには、まず私たちが触れる神楽がどんな性格の神楽であるか理解しておくことが重要である。広島県で親しまれている神楽の写真を入れ、話を進めていきたい。

今見ている神楽は、日本神楽の四類型のどの類型の神楽なのか、広島の神楽であれば五類型のどの類型になるのか、その大よそのことを知っておくことが大切である。また、その神楽が祈祷・芸能・演劇のどの神楽にあたるかも知って楽しんでもらいたい。さらに神楽は「舞」「楽」「飾り」の三要素から構成された総合芸術なので、この三要素を確認しながら見るともっと神楽を楽しむことができるはずである。神楽を楽しみながら、人間と自然とのつながりに思いを馳せることができればさらに素晴らしいと思う。

「鍾馗」（津浪神楽団）

「塵倫」（筏津神楽団）

神楽の大会や公演に出かける

イベントや神楽大会などで行なわれる神楽に触れることは、神楽を楽しむための取っかかりになるに違いない。まずは神楽大会に足を運んでみられることをお勧めしたい。広島県では平成二十二年に「全国神楽フェスティバルｉｎひろしま」が、平成二十四年には「中国四国神楽フェスティバルｉｎひろしま」が開催された。同じ平成二十四年に「四国神楽大会」が開催され、それを見に高知県の檮原町へ行った。

このような大会で神楽を見ると、公演される神楽が日本神楽のどの類型にあたるか、あるいは中国・四国地方のどの類型の神楽であるかを掴むことができる。またそれが、祈祷・芸能・演劇のどの神楽に該当するかも容易に理解できるのである。

定期的に神楽公演をする施設をのぞいてみるのもいいと思う。たとえば広島県安芸高田市美土里町の「神楽ドーム」、岡山県井原市にある「中世夢が原」、島根

「悪狐伝」：第３回高校生の神楽甲子園で熱演（可部高校神楽部）

県雲南市の「古代鉄歌謡館」などである。公演されている神楽の類型や三要素（舞・楽・飾り）がどうなっているか確認することができるいいチャンスである。

文化庁や自治体が開催する民俗芸能大会も、神楽を楽しむための格好の入り口になる。「中国・四国ブロック民俗芸能大会」はお勧めである。平成二十四年の大会は岩国市のシンフォニア岩国で開催され、柳神楽（島根県津和野町）、津田神楽（広島県廿日市市）、岩国行波の神舞（山口県岩国市）、山代白羽神楽（山口県岩国市）などが出演した。平成二十二年に岡山県高梁市で開催された「第二十五回国民文化祭・おかやま二〇一〇」の「神楽フェスティバル」には、ユネスコ無形文化遺産登録の早池峰神楽をはじめ、本書で取り上げた備中神楽、石見神楽、比婆荒神神楽、編笠神楽、藤縄神楽などが出演した。

こうした場で神楽に触れることから、私たちのほんとうの神楽探訪が始まるのである。現地の神社などで開催される神楽は露店などが出て神楽大会や神楽公演とは違う濃厚な祭りの雰囲気が漂う。舞手や地域の方々に触れることのできる楽しい機会である。現地で見る神楽は、とれたての食材をごちそうになるようなものである。そこで神楽の三要素（舞・楽・飾り）をしっかり確認することができるのではなかろうか。

ポイントを絞って見る

その際、自分なりにポイントを絞って見ることが重要である。そして探訪する所々でそれを比較することである。たとえば「舞」にポイントを絞れば、どう順逆に回ってるか注意深く観察する。

尾道市の浦崎神楽のように、順に舞ったらそのままバックしながら舞う珍しい形や、高松市の編笠神楽のように一メートルもジャンプして舞う神楽に出合えることもある。同じように飛び上がる舞は山口県の三作神楽でも見ることができる。伊予神楽にはトルコ舞踊のように回転する「乱れ」という舞の伝統がある。神楽探訪はそのような新発見の楽しみがある。

また「飾り」にポイントを絞り、天蓋や切り飾りなどにスポットをあてて見るのも楽しい発見につながる。四角形や六角形、円形などいろいろな形の天蓋があり、そ

「戻橋」（大森神楽団）

「筑波山」（横田神楽団）

の数や色の違いも発見できる。備後神楽では天蓋を激しく上下左右に飛ばして遊ばせ、三作神楽では神楽の最後のシーンでその天蓋の中から五色の花吹雪を降らせたりする。また備中神楽ではこの天蓋の下で神がかった舞手が託宣し沈黙の時間が流れるのである。天蓋一つだけからでも神楽の秘めた世界が顔をのぞかせてくる。

さらに神楽を舞う祭場はどうなっているか。岩国行波の神舞のような神殿《かんどん》で舞う神楽が、中国・四国地方のほかの神楽でもあるのか確認しながら神楽探訪するのも楽しい。湯立神楽はどう広がっているのか、白い布や藁人形が使われる神楽の世界を発見したり、衣装や面、あるいは大蛇にスポットをあてて見るのも楽しいのではないかと思う。たとえば大蛇が各地でどんな顔をしているか、またその大蛇をどのように生き生きと舞わせているか……。各地の神楽を探訪しながら比較して見れば、神楽は一層楽しくなってくるに違いない。

発見したらメモをとり、撮影する

思わぬ発見のある神楽探訪は楽しいものである。そうした発見は忘れないようにすぐノートにメモすることをお勧めする。カメラに収めるのも一つの方法である。しかし、楽しんで神楽探訪するため心得ておかねばならない大切なことを忘れないようにしたい。

何といっても神楽は地域の方々の年に一度（あるいは数年に一度）の大切な行事である。この神楽を通して地域が互いのつながりを再確認する重要な機会である。つい最近見た神楽は、国の重要無形民俗文化財の神楽であったこともあるが、多くの神楽好きの見物客が群集していた。見物客の立ちはだかる壁を避け、わが子の舞う晴れ姿を一目みようと遠くから遠慮がちに見ていた母親の姿があり、胸がしめつけられる思いがした。

神楽は地域の方々の大切な行事なのである。地域の方々が互いのつながりを深めることができる神楽になるように協力したいものである。これが神楽の本当の楽しみかただと私は思っている。

「土蜘蛛」（琴庄神楽団）

あとがき

神楽には、日本人の心の秘密が隠されている

広島県は誰もが認める神楽どころである。質・量ともに優れ、全国でも稀有な神楽がたくさん伝えられている。本書ではこの広島県の神楽を中心に、中国・四国地方の神楽を概説し、著者が探訪した神楽を簡単に紹介した。本書を通して神楽の素晴らしさを理解していただけたなら幸いである。

私たちは日ごろ、「神楽なんて」と考えて毎日の生活を送っている。しかし神楽は、私たち日本人が古来持ち続けてきた願いや期待が目に見える形をとった価値のあるものなのだ。神楽の内には、日本人の心の秘密や生きかたの知恵が隠されているといっていいだろう。「神楽なんて」といっている私たちが、神楽を見ると感動させられてしまうのは、私たちの持つ願いや期待が、神楽の内に秘められた何かと共鳴するからだと思う。その意味で神楽に触れることは、日本人としての生き方を自覚することにもつながるだろう。

神楽はいうまでもなく、地域共同体の中で醸成されてきた「地域文化」である。地域に住んで今は亡くなられた人たちが、私たちに残してくれた目に見える贈り物でもある。だから神楽には、地域の人々の生きていく上での願いや期待が隠されているといえよう。

どうしたら地域がひとつにまとまるか。地域が活力ある共同体になるにはどうしたらいいのか。共同体の一員として、幸福な一生を過ごすにはどうしたらよいのか。そんな知恵が、神楽にはたくさん隠されているのである。

地域の中のつながりがますます希薄になっていく今日、このような神楽を「神楽なんて」といって、一笑してはおられないような気がする。

神楽は、地域の人々と豊かな環境が残してくれた贈り物

神楽は地域の人々が残してくれた苦心の贈り物であるだけでなく、私たちをとりまく自然環境が残してくれた宝物でもある。森・川・海……その豊かな環境の中から生まれた文化が神楽でもある。神楽は工場で大量生産される車や家電製品とはわけの違う、地域の「環境文化」なのである。

車や家電製品は、豊かな環境がなくても次々にいい製品が生産されていくが、神楽は豊かな環境に恵まれていなければ生まれてこないし、育つこともない。生き物たちと同じである。広島県に質・量ともに優れた神楽が残されているということは、私たちをとりまく環境がどれほど素晴らしいものであったかを証明していると私は思っている。

この神楽が、極端にショー化され神楽競演大会で盛んに演じられる一方で、優れた神楽が今、急速に廃れていく傾向にある。これはたいへん深刻な事態といわねばならない。

なぜかというと、神楽を育んできた地域共同体と私たちの自然環境の両方が激変していることを物語るからである。私たちが地域のあり方と自然本来の姿に無関心になったことの表れである。もしも、このまま優れた神楽が衰退していけば、私たちの地域共同体も自然環境もそう遅くないうちに崩壊していくにちがいない。

神楽という地域文化・環境文化を育てていきたい

そうならないように、私たちは神楽という地域文化・環境文化を育てる熟慮をこれからしていかなければならないだろう。「神楽なんて」といって毎日の生活を送っているだけでは、

地域共同体の未来も豊かな自然環境も望めない。未来の世代に、いい地域共同体と自然環境を残していくためにも、神楽は死守していかなければならないことだと私は考える。

最後に、神楽に隠された意味を探究する私の試みに、地域の視点からいろいろ励まし、時には評価さえして絶えず刺激を与えてくださった広島民俗学会の方々に、この場を借りてお礼を申し上げたい。

とりわけ、芸予諸島の神楽に目を向けるきっかけを与えてくださった広島民俗学会理事の原田三代治先生と、弓神楽の場にそれとなく招き神楽研究の精神的な力を与えてくださった同会理事であった故田中重雄宮司に感謝を申し上げたい。

また、同会員であった故岩田勝先生が残された名著『神楽源流考』（名著出版）と田中重雄先生の『備後神楽』（ぎょうせい）は、広島県の神楽を研究する上の心強い道案内役であった。両先生の学恩に与《あずか》れたことを、あらためて感謝したいと思う。

各地の神楽探訪をするときお世話してくださった地元神楽団の方々や神職、氏子の皆さん方にもお礼を申し上げたいと思う。お名前は記しきれないが、お一人おひとりの神楽に関わっておられる顔や姿が今もありありと目の前に浮かんでくる。最後に本書出版に力添えしてくださった小沢康甫氏と、南々社社長・西元俊典氏に再度感謝の意を表したいと思う。

二〇一三年十一月

三村泰臣

中国・四国各県の神楽団体（県指定以上を記載）

県（指定数）	旧国	
広島県（33）	備後（14）	◎比婆荒神神楽、神楽─入申・塩浄・魔払・荒神・八花・八幡─（比婆斎庭神楽）／豊松の神楽─荒神神楽・八ケ社神楽・吉備神楽─（豊松神楽）／神楽─鈴合わせ─（伊賀和志神楽）／名荷神楽／神楽─五行祭─（豊栄神楽）／神楽（御調神楽）／弓神楽／本郷神楽／備後府中荒神神楽／神弓祭／中庄神楽／三上神楽／備後田尻荒神神楽
	安芸（19）	神楽─神降し・八岐の大蛇・天の岩戸─（有田神楽）／神楽─神降し─（桑田神楽）／神楽─神迎え─（青神楽）／神楽─剣舞─（山根神楽）／神楽─鍾馗─（梶矢神楽）／神楽─五龍王─（水内神楽）／湯立神楽／神楽（阿刀神楽）／川角山八幡神楽／西尾山八幡神楽／津間八幡神楽／佐々部神楽／羽佐竹神楽／原田神楽／来女木神楽／小原大元神楽／坂原神楽／津田神楽／原神楽
岡山県（65）	備中（65）	◎備中神楽（65 団体）
鳥取県（1）	伯耆（1）	下蚊屋の荒神神楽
島根県（16）	隠岐（3）	隠岐島前神楽／島後原田神楽／島後久見神楽
	出雲（7）	◎佐陀神能／◎大土地神楽／大原神職神楽／奥飯石神職神楽／海潮山王寺神楽／見々久神楽／槻の屋神楽
	石見（6）	◎大元神楽／井野神楽／有福神楽／柳神楽／三葛神楽／抜月神楽
山口県（11）	山代（2）	山代本谷神楽舞／山代白羽神楽
	周防（4）	◎岩国行波の神舞／◎三作神楽／祝島の神舞神事／大波野神舞
	長門（5）	滝坂神楽舞／小鯖代神楽舞／岩戸神楽舞（楠町）／友信神楽舞／別府岩戸神楽舞
徳島県（2）	阿波（2）	金丸八幡神社の宵宮の神事／有瀬かぐら踊り
香川県（1）	讃岐（1）	垂水神社湯立神楽
愛媛県（5）	伊予（5）	◎伊予神楽／大三島の神楽／河辺鎮縄神楽／川名津の柱松神事／藤縄神楽
高知県（9）	土佐（9）	◎土佐の神楽（池川神楽 / 本川神楽 / 安居神楽 / 梼原町津野山神楽 / 東津野村津野山神楽 / 幡多神楽 / 岩原・永淵神楽 / いざなぎ流御祈祷 / 名野川岩戸神楽）

◎：国指定　（　）通称名

中国・四国地方の神楽探訪 ―記録―（イベント神楽は除く） 1

広島県	芸北神楽	1988.10.10	湯立神楽	長尾神社	山県郡安芸太田町加計
		1988.11.02	梶原神楽	大歳神社	山県郡安芸太田町筒賀
		1990.10.06	小原大元神楽	大歳神社	山県郡北広島町小原
		1999.11.03	戸河内昼神楽	大歳神社	山県郡戸河内町
		2000.10.08	湯立神楽	長尾神社	山県郡安芸太田町加計
		2001.08.25	大歳舞	大歳神社	山県郡戸河内町
		2005.10.08	青神楽	川角八幡神社	安芸高田市美土里町生田
		2009.05.09	国恩祭（八注連神事）	熊野神社	山県郡北広島町志路原
	安芸十二神祇神楽	1986.10.18	阿刀神楽	阿戸神社	広島市安佐南区沼田町阿戸
		1987.10.17	阿刀神楽	阿戸神社	広島市安佐南区沼田町阿戸
		1988.10.09	水内神楽	河内神社	広島市佐伯区湯来町黒谷
		1988.10.15	西原十二神祇	冬木神社	広島市安佐南区西原
		1989.10.14	阿刀神楽	中ノ森神社	広島市安佐南区沼田町吉山
		1990.10.13	阿刀神楽	阿戸神社	広島市安佐南区沼田町阿戸
		1994.10.08	石内神楽	臼山八幡神社	広島市佐伯区石内
		1995.10.14	西原上十二神祇	冬木神社	広島市安佐南区西原
		1996.10.12	原神楽	伊勢神社	廿日市市原
		1997.10.11	原神楽	伊勢神社	廿日市市原
		2000.10.07	五日市十二神祇	八幡神社	広島市佐伯区五日市
		2000.10.14	古江十二神祇	新宮神社	広島市西区古江東町
		2002.10.12	津田神楽	津田八幡神社	廿日市市津田
		2002.10.26	関寄せ	観音神社	広島市佐伯区坪井
		2002.11.02	三城田神楽	岡崎神社	広島市安佐南区沼田町伴
		2003.10.04	大塚十二神祇	宮ケ瀬神社	広島市安佐南区沼田町大塚
		2003.11.02	関寄せ	公民館（真亀）	広島市安佐北区高陽町真亀
		2005.10.15	阿刀神楽	阿戸神社	広島市安佐南区沼田町阿戸
		2006.10.07	原神楽	伊勢神社	廿日市市原
		2006.10.14	阿刀神楽	中ノ森神社	広島市安佐南区沼田町吉山
		2008.10.11	阿刀神楽	中ノ森神社	広島市安佐南区沼田町吉山
		2011.08.28	原神楽	伊勢神社	廿日市市原
	芸予諸島の神楽	1997.04.06	名荷神楽	名荷神社	尾道市瀬戸田町名荷
		2001.10.13	宮盛の神楽	亀山神社	呉市蒲刈町宮盛
		2002.10.05	戸田神楽	八岩華神社	呉市仁方西神町
		2002.10.19	広小坪神楽	小坪八幡神社	呉市広小坪
		2003.04.06	名荷神楽	名荷神社	尾道市瀬戸田町名荷
		2004.10.09	浦崎神楽	住吉神社	尾道市浦崎町
		2007.10.14	広小坪神楽	小坪八幡神社	呉市広小坪
		2007.10.20	浦崎上組神楽	上組集会所	尾道市浦崎町
		2008.04.13	田熊神代神楽	山ノ神神社	尾道市因島町田熊
		2008.10.18	山波神楽	艮神社	尾道市山波町
		2008.10.19	仁方大歳神楽	大歳神社	呉市仁方大歳町
		2009.10.10	浦崎神楽	住吉神社	尾道市浦崎町
		2010.10.16	山波神楽	艮神社	尾道市山波町
		2010.10.23	浦崎下組神楽	荒神社	尾道市浦崎町
		2010.11.28	備後田尻荒神神楽	高島小学校	福山市田尻町
		2011.04.10	中庄十二神祇	中庄八幡神社	尾道市因島中庄町
		2012.10.07	大田神楽	艮神社	尾道市長江

中国・四国地方の神楽探訪 ―記録―（イベント神楽は除く） 2

広島県	比婆荒神神楽	1988.01.16	比婆荒神神楽	集会所（久代）	庄原市東城町久代
		1988.12.03	比婆斎庭神楽	民家（荒木宅）	庄原市比和町森脇大門
		1991.11.30	比婆荒神神楽	公民館（八鳥）	庄原市西城町八鳥
		1997.11.29	比婆荒神神楽	油木小学校	庄原市西城町油木
		1999.10.23	神弓祭	集会所（大屋）	庄原市西城町大屋
		2000.11.25	比婆荒神神楽	民家（岡田宅）	庄原市西城町平子
		2002.11.23	比婆荒神神楽	民家（松崎宅）	庄原市東城町森
		2003.11.29	比婆斎庭神楽	民家（瀬川宅）	庄原市比和町布見
		2004.11.06	三上神楽	田原神社	庄原市田原町
		2004.12.04	比婆荒神神楽	民家（赤木宅）	庄原市東城町粟田
	備後神楽	1988.10.22	志和地の六神祇	志賀神社	三次市下志和地町
		1991.03.31	荒神祭（津口）	枯木神社	世羅郡世羅町津口
		1997.02.09	弓神楽	民家（行迫宅）	三原市久井町莇原下組
		2001.11.17	備後府中荒神神楽	集会所（角目）	府中市木野山町角目
		2002.10.20	上徳良神楽	稲生神社	三原市久井町江木
		2003.04.13	御調神楽	名剣神社	府中市河佐町
		2003.05.25	五行祭	保健福祉センター	三原市久井町和草
		2003.10.12	五行祭	辻八幡神社	三次市吉舎町辻
		2003.11.01	八ケ社神代神楽（七年申し）	集会所（百谷）	福山市加茂町百谷高山
		2003.11.23	五行祭	民家（福本宅）	三原市大和町椋梨
		2004.02.28	弓神楽	民家（杉原宅）	三原市久井町莇原上組
		2004.03.21	荒神祭（小国）	両化八幡神社	世羅郡世羅町小国
		2004.11.14	備後府中荒神神楽	吹上神社	福山市駅家町向永谷
		2005.10.16	備後神楽	両化八幡神社	世羅郡世羅町小国
		2006.10.29	五行祭（清六祭）	集会所（上安田）	世羅郡世羅町上安田
		2007.09.30	小田神楽	集会所（正力）	東広島市八本松町
		2008.11.01	五行祭（館王子）	集会所（六本木）	世羅郡世羅町六本木
		2008.11.09	荒神祭（黒川）	早立神社	世羅郡世羅町黒川
		2009.03.20	五行祭（小田神楽）	東広島市運動公園	東広島市西条町田口
		2009.11.01	荒神祭（山中福田）	八幡神社	世羅郡世羅町山中福田
		2009.12.06	五行祭	公民館（安宿）	東広島市豊栄町安宿
		2010.09.26	仁野十三年申し	仁野八幡神社	尾道市御調町仁野
		2010.10.23	五行祭（清六祭）	集会所（上安田）	世羅郡世羅町上安田
		2010.10.24	伊予兼七年申し	荒神社	尾道市木ノ庄町伊予兼
		2010.11.02	荒神祭（井永）	井永八幡神社	府中市上下町井永
		2010.11.23	五行祭	公民館（清武）	東広島市豊栄町清武
		2011.03.20	荒神祭（小国）	両化八幡神社	世羅郡世羅町小国
		2011.05.01	豊栄神楽	アザレアホール	東広島市西条西本町
		2012.03.25	荒神祭（津口）	野原八幡神社	世羅郡世羅町津口
		2012.10.27	白太三宝荒神七年申し	民家（述安宅）	尾道市御調町白太
岡山県		1987.01.09	備中荒神神楽	民家	高梁市成羽町日名畑上
		1995.09.09	備中神楽	中世夢が原	井原市美星町三山
		2001.11.23	備中神楽	地区集会所	井原市美星町明治宗金
		2009.01.02	備中荒神神楽	民家	高梁市成羽町麻操本郷地区
		2009.05.06	備中神楽	中世夢が原	井原市美星町
島根県		1982.09.25	佐陀神能	佐太神社	松江市鹿島町佐陀宮内
		1992.07.25	久見神楽	伊勢命神社	隠岐郡隠岐の島町久見

中国・四国地方の神楽探訪 ―記録―（イベント神楽は除く） 3

島根県	2000.10.10	大元神楽	加茂神社	邑智郡邑南町中野
	2000.10.28	抜月神楽	剣玉神社	鹿足郡吉賀町
	2001.09.25	佐陀神能	佐太神社	松江市鹿島町佐陀宮内
	2002.11.21	奥飯石神職神楽	塚原八幡神社	飯石郡飯南町
	2003.07.21	隠岐島前神楽	海神社	隠岐郡西ノ島町別府
	2003.11.22	大元神楽	大元神社	江津市桜江町江尾
	2005.10.21	大土地神楽	大土地荒神社	出雲市大社町
	2006.09.25	佐陀神能	佐太神社	松江市鹿島町佐陀宮内
	2006.11.18	大元神楽	飯尾山八幡神社	江津市桜江町市山
	2007.12.01	有福温泉神楽	有福温泉演芸場	江津市有福温泉町
	2007.12.02	有福神楽	下有福八幡神社	浜田市下有福町
	2008.11.04	八注連神事	市木神社	浜田市旭町市木
山口県	1990.10.09	釜ケ原神楽	河内神社	岩国市美和町釜ケ原
	1995.04.02	岩国行波の神舞	野外（神殿）	岩国市行波
	1998.11.02	山代白羽神楽	白羽神社	岩国市美和町二ツ野
	1998.11.25	嘉年の厄神舞	須賀神社	山口市阿東嘉年下
	1999.10.25	本谷の年祭神楽	河内神社	岩国市本郷町本谷
	1999.11.13	三作神楽	三作神楽伝承館	周南市夏切
	2000.03.25	笠塚神楽	野外（神殿）	岩国市由宇町上北
	2000.04.02	下の神楽	愛宕神社	岩国市下
	2000.04.08	谷津神楽舞	比叡神社	岩国市玖珂町
	2000.08.16	祝島神舞	野外（神殿）	熊毛郡上関町
	2000.11.04	別府岩戸神楽舞	壬生神社	美祢市秋芳町別府
	2000.11.18	山田の神楽	天神社	萩市山田
	2001.03.04	伊陸神舞	南山神社	柳井市伊陸
	2001.04.07	岩国行波の神舞	野外（神殿）	岩国市行波
	2001.04.29	三作神楽	三作神楽伝承館	周南市夏切
	2001.09.30	旦の十二の舞	繁枝神社	防府市台道
	2001.11.03	宇佐郷の年祭	高根神社	岩国市錦町宇佐郷
	2001.12.05	二道祖岩戸神楽舞	二道祖公会堂	宇部市奥万倉二ツ道祖
	2002.03.17	笠塚神楽	野外（神殿）	岩国市由宇町清水
	2002.03.31	笠塚神楽	野外（神殿）	岩国市由宇町（北区）
	2002.03.31	嬉野神楽	野外（神殿）	岩国市長野小泊
	2002.04.07	長野神楽舞	野外（神殿）	周東町東長野
	2002.10.06	曽根神舞	曽根八幡神社	熊毛郡平生町曽根
	2002.10.06	大波野神舞	八幡宮	熊毛郡田布施町大波野
	2002.10.13	釜ヶ原神楽	河内神社	岩国市美和町釜ヶ原
	2002.11.02	波野の年祭神楽	河内神社	岩国市本郷町波野
	2002.11.16	嘉年の厄神舞	須賀神社	山口市阿東嘉年下
	2003.03.02	伊陸神舞	南山神社	柳井市伊陸
	2003.03.30	曽根神舞	曽根八幡神社	熊毛郡平生町曽根
	2004.02.29	伊陸神舞	南山神社	柳井市伊陸
	2004.04.02	下の神楽	愛宕神社	岩国市下
	2004.04.11	大波野神舞	野外（神殿）	熊毛郡田布施町大波野（中組）
	2005.11.13	三作神楽	三作神楽伝承館	周南市夏切
	2006.05.03	三作神楽	矢立神社	防府市野島
	2006.11.02	山代白羽神楽	白羽神社	岩国市美和町二ツ野

中国・四国地方の神楽探訪 ―記録―（イベント神楽は除く）

4

山口県	2007.04.07	岩国行波の神舞	野外（神殿）	岩国市行波
	2008.04.06	長野神舞	野外（神殿）	岩国市周東町西長野
	2008.08.08	祝島神舞	野外（神殿）	熊毛郡上関町
	2008.11.02	年祭神楽（波野）	河内神社	岩国市本郷町波野
	2009.11.08	藤生神楽	野外（神殿）	岩国市藤生町
	2010.03.28	大波野神舞	八幡八幡神社	熊毛郡田布施町大波野
	2011.03.20	岩国行波の神舞	野外（神殿）	岩国市近延
	2011.10.09	山代白羽神楽（年祭）	速田神社	岩国市美和町阿賀
	2011.11.13	三作神楽	三作神楽伝承館	周南市夏切
	2012.04.08	石城神楽	須賀神社	光市塩田源城
	2013.04.07	岩国行波の神舞	野外（神殿）	岩国市行波
	2013.08.15	木間神楽	若宮神社	萩市山田木間
愛媛県	2002.04.20	川名津神楽	天満神社	八幡浜市川上町川名津
	2003.02.16	大見神楽	姫坂神社	今治市大三島町大見
	2008.04.19	川名津神楽	天満神社	八幡浜市川上町川名津
	2008.04.20	川名津神楽	住吉神社	八幡浜市川上町上泊
	2011.03.05	立川神楽	三島神社	喜多郡内子町立川
	2011.03.24	伊予神楽	八坂神社	宇和島市吉田町立間
	2012.03.11	藤縄神楽	春日神社	大洲市喜多山
	2012.03.13	鎮縄神楽	須賀神社	大洲市菅田町
香川県	2010.06.06	伊吹島神楽	伊吹八幡神社、荒神社	観音寺市伊吹町
	2010.10.12	湯立神楽	三島神社	仲多度郡まんのう町
	2011.10.22	湯立神楽	垂水神社	丸亀市垂水町
	2012.09.22	編笠神楽	荒神社	高松市鬼無町佐料
徳島県	2011.10.14	金丸八幡神社の宵宮神事	金丸八幡神社	三好郡東みよし町
高知県	2000.12.01	本川神楽	大森神社	吾川郡いの町中野川
	2001.11.04	津野山神楽	三島神社	高岡郡檮原町田野々越知面
	2002.12.08	安居神楽	八所河内神社	吾川郡仁淀川町
	2008.01.05	いざなぎ流御祈祷	民家（中尾宅）	南国市福船

参考文献

広島県と中国・四国地方の神楽に関するもの

1. 石塚尊俊『里神楽の成立に関する研究』岩田書院、2005
2. 石塚尊俊（監修）『島根県の神楽』郷土出版社、2003
3. 石塚尊俊『出雲神楽』出雲市教育委員会、2001
4. 石塚尊俊『西日本諸神楽の研究』慶友社、1979
5. 岩田勝『神楽源流考』名著出版、1983
6. 牛尾三千夫『神楽と神がかり』名著出版、1985
7. 神崎宣武『備中神楽』山陽新聞社、1997
8. 神崎宣武（編）『備中神楽の研究　歌と語りから』美星町教育委員会、1984
9. 高知県立歴史民俗資料館『鬼―展示解説資料集』2005
10. 財前司一『山口県の神楽』私家版、2002
11. 山陰民俗学会『神楽と風流』島根日日新聞社、1996
12. 島根県教育庁古代文化センター『中国地方各地の神楽比較研究』2009
13. 島根県立古代出雲歴史博物館『島根の神楽　芸能と祭儀』2010
14. 新藤久人『広島の神楽』広島文化出版、1973
15. 新藤久人『芸北神楽と秋祭』年中行事刊行後援会、1959
16. 鈴木正崇『神と仏の民俗』吉川弘文館、2001
17. 高木啓夫『本川神楽』本川村教育委員会、1998
18. 田地春江『神楽太夫―備後の神楽を伝えた人びと―』岩田書院、1995
19. 田中重雄『備後神楽』ぎょうせい、2000
20. 東城町教育委員会（編集）『比婆荒神神楽』東城町文化財協会、1982
21. 西角井正慶『神楽研究』壬生書院、1934
22. 広島県教育委員会『広島県の民俗芸能』広島県文化財協会、1978
23. 広島県『広島県史　民俗編』広島県、1978
24. 広島県立歴史民俗資料館『祭礼に舞うー広島の舞楽・能楽・神楽―』2010
25. 本田安次『本田安次著作集　日本の傳統藝能　神楽一』錦正社、1993
26. 本田安次『本田安次著作集　日本の傳統藝能　神楽二』錦正社、1993
27. 本田安次『本田安次著作集　日本の傳統藝能　神楽三』錦正社、1994
28. 真下三郎『広島県の神楽』第一法規、1981
29. 三浦秀宥『荒神とミサキ』名著出版、1989
30. 三村泰臣『中国地方民間神楽祭祀の研究』岩田書院、2000
31. 山口県教育委員会『山口県の民俗芸能』山口県教育委員会、2000

32. 山根堅一『備中神楽』岡山文庫、1972
33. 米田雄介『神楽の変容とその社会的基盤に関する研究』県立広島女子大学、2001
34. 山口県教育委員会『山代地方の神楽』2005
35. 山口県教育委員会文化財保護課『山口県の民俗芸能』2000
36. 山口県新南陽市教育委員会『周防の三作神楽』1995

（著者による論考）

1. 「志和地の六神祇」『日本民俗学』（176 号）1988
2. 「阿刀の十二神祇」『広島民俗』（29 号）1988
3. 「ジュウラセツ考」『広島民俗』（38 号）1992
4. 「広島市の荒平舞をめぐる一考察」『広島民俗』（45 号）1996
5. 「神がかる神楽と十二神祇の将軍舞」『広島民俗』（47 号）1997
6. 「将軍正行－山県郡筒賀村梶原神楽将軍祭文－」『広島民俗』（48 号）1997
7. 「安芸の十二神祇と『将軍舞』」『日本民俗学』（213 号）1998
8. 「将軍舞考－安芸の十二神祇の世界－」『民俗芸能研究』（27 号）1998
9. 「五日市の十二神祇」『広島民俗』（52 号）1999
10. 「『昼神楽』の形式とその意図－山県郡戸河内町大歳神社の事例から－」『広島民俗』（53 号）2000
11. 「周防地方の年祭とその意味」『日本民俗学』（2236 号）2000
12. 「筒賀・大歳神社の神楽」『広島民俗』（55 号）2001
13. 「佐伯郡佐伯町の神楽－佐伯郡津田村を中心として－」『広島民俗』（57 号）2002
14. 「大竹市の神楽」『広島民俗』（58 号）2002
15. 「『山代神楽』と『山代舞』」『民俗芸能研究』（34 号）2002
16. 「周防の湯立行事」『山口県神道史研究』（15 号）2003
17. 「周防の神舞」『民族藝術』（19 巻）2003
18. 「安芸と周防の『将軍舞』－神楽における神がかりの意図をめぐって－」『山岳修験』（32 号）2003
19. 「芸予諸島の神楽」『広島民俗』（61 号）2004
20. 「中国山地と瀬戸内海の神楽」『山陰民俗研究』（10 号）2005
21. 「荒神神楽の原型を探る－比婆斎庭神楽の考察から－」『広島民俗』（63 号）2005
22. 「周防伊陸の八関神楽」『山口県神道史研究』（17 号）2005
23. 「名荷神楽の研究」『民俗芸能研究』（39 号）2005

参考文献

24. 「広島県のダイバと荒平」『特別展「鬼」資料集（高知県立歴史民俗資料館）』2005
25. 「長江流域の死霊祭祀―重慶市酉陽土家族苗族自治県小河鎮桃坂村の『大道場』」『民族藝術』（22巻）2006
26. 「広島の神楽・誕生の謎」『しまね古代文化（島根県古代文化センター）』（13号）2006
27. 「安芸十二神祇神楽―阿刀神楽と伊勢神社神楽―」『民俗芸能（日本青年館）第56回全国民俗芸能大会特集号』（87号）2006
28. 「日中民間祭祀祭場的比較研究」『賽社与楽戸国際学術研討会論文集』（上冊）2006
29. 「神楽による死霊の供養」『宗教研究』（351巻）2007
30. 「神楽の建築」『民族藝術』（23巻）2007
31. 「論中国南方的大道場和日本神楽的関係」『国際儺文化学術研討会文集「追根問儺」』2007
32. 「世羅町小国の荒神信仰」『広島民俗』（68号）2007
33. 「環瀬戸内海と中韓の民間祭祀に関する比較研究」『平成19年度三菱財団事業報告書』（38巻）2007/2009
34. 「五行祭のメッセージ」『豊栄町史（通史編）』2008
35. 「安芸十二神祇神楽の価値」『広島県文化財ニュース』（197号）2008
36. 「中国地方の神楽の諸相」『民俗芸能における神楽の諸相』（京都市立芸術大学日本伝統音楽研究センター）2009
37. 「瀬戸内と朝鮮半島の民間祭祀の連携・協働に関する実証的比較研究」『福武学術文化振興財団瀬戸内海文化研究・活動支援助成報告書』2009
38. 「長江中流域と環瀬戸内海海域における民間神楽祭祀の実証的比較研究」『JFE 21世紀財団2008年度大学研究助成アジア歴史研究報告書』（王倩予と共著）2009
39. 「東アジア民間祭祀の藁人形」『民族藝術』（25巻）2009
40. 「『広島神楽』について」『広島民俗』（72号）2009
41. 「荒平の系譜」『島根の神楽―芸能と祭儀―』（島根県立古代出雲歴史博物館）2010
42. 「広島の神楽遺産」『広島民俗』（73号）2010
43. 「日本民間神楽の『白い布』」『宗教研究』（83巻）2010
44. 「広島の神楽―歴史と特徴―」『祭礼に舞う―広島県の舞楽・能楽・神楽―』（広島県歴史民俗資料館）2010
45. 「日本民間神楽における祭場の意義―神殿と天蓋を中心に―」『宗教研究』（84巻）2011
46. 「神楽における『白い布』」―中国地方の民間神楽を中心に―」『民族藝術』（27巻）2011

三村 泰臣（みむら・やすおみ）
1947年、広島県三次市に生まれる。
広島大学理学部卒業、上智大学大学院哲学研究科修士課程、同神学研究科博士課程前期修了。
現在、広島工業大学環境学部教授、広島民俗学会（会長）、日本民俗学会・民俗芸能学会（評議員）、広島県文化財保護審議会・東広島市文化財保護審議会・尾道市文化財保護委員会・世羅町文化財保護委員会（委員）。第16回広島民俗学会賞受賞。

著書：『広島の神楽探訪』（南々社、2004）、『中国地方民間神楽祭祀の研究』（岩田書院、2010）ほか。
分担執筆：『祭・芸能・行事大辞典』（朝倉書店、2009）ほか。

住所：〒731-5101　広島市佐伯区五月が丘四丁目37-15

中国・四国地方の神楽探訪

二〇一三年十二月一日　初版第一刷発行

著者　三村 泰臣
発行者　西元 俊典
発行所　有限会社 南々社
広島市東区山根町二七 - 二　〒七三二 - 〇〇四八
電話　〇八二 - 二六一 - 八二四三
FAX〇八二 - 二六一 - 八六四七
振替　01330-0-62498
印刷製本所　モリモト印刷株式会社

ISBN978-4-86489-014-4